RATGEBER ESOTERIK

Dr. Masaharu Taniguchi

QUELLE DES LEBENS QUELLE DER FREUDE

365 Schlüssel zum Erfolg

WILHELM HEYNE VERLAG
MÜNCHEN

HEYNE RATGEBER ESOTERIK
08/9524

Titel der Originalausgabe:
365 GOLDEN KEYS TO THE SUMMIT OF FULFILLMENT
(Seikatsu no Chie 365 sho)
Original Japanese language edition published by Nippon Kyobun-sha Co., Ltd.

Aus dem Amerikanischen übertragen und bearbeitet von Felicitas Jung

Genehmigte Taschenbuchausgabe
Umschlagfoto: Chriss Camerer, München
Umschlaggestaltung: Atelier Ingrid Schütz, München
Printed in Germany 1988
Satz: VerlagsSatz Kort GmbH, München
Druck und Bindung: Presse Druck Augsburg

ISBN 3-453-02742-6

Inhalt

Teil 2 Wie Sie Ihr wahres Wesen erfassen 38

Teil 3 Wie man sein Schicksal verbessert 59

Teil 9 Wie man Wohlstand erreicht 189

4 Quelle der Gesundheit 209

Teil 10 Der Ursprung körperlichen Schmerzes 210

Vorwort

Sie müssen die Art von Leben führen, die sich auf wahre Weisheit in Ihnen gründet. Das Fehlen von Weisheit in Ihrem Leben wird zu zahllosen Elendszuständen führen. Jetzt ist die Zeit für uns alle, vorwärts zu streben, die Unwissenheit abzustreifen und dem Unglücklichsein auf immer ade zu sagen.

Die erste Ursache, die Sie von der Weisheit abbringt, ist die These, daß der Mensch nur aus Materie gemachtes Fleisch sei. In diesem Buch habe ich die fundamentalen Fragen behandelt, woher Leben wirklich kommt – was Leben tatsächlich ist. Ich habe die Wahrheit aus der Bibel genommen, wie sie von Jesus gelehrt wurde und wie Sie sie konkret auf Ihr tägliches Leben anwenden können. Sie liefert konkrete Antworten auf die Fragen, woher wahre Freude kommt, wie Wohlstand erworben werden kann, und auf das Geheimnis, wie man sich eine unbegrenzt gute Gesundheit erhält. Wenn Sie sich die Wahrheit zu Herzen nehmen und wirklich so leben, wie es in diesem Buch beschrieben wird, wird Ihre Lebensweise sich vollständig verändern, und Gottes Weisheit wird Sie dann in allen Facetten Ihres täglichen Lebens führen.

Masaharu Taniguchi, Ph. D.

1
Quelle des Lebens

Morgens, wenn ich in Verehrung versunken sitze
nach Osten blickend
und über das große Leben nachdenke
das geheimverborgen, erhaben und harmonisch ist
füllt das rätselhafte, große Leben mein Sein,
Geist und Körper
und liebkost mich mit seiner Atmosphäre.
Ich verspüre eine Läuterung meines gesamten Seins,
in Geist und Körper.
Es besteht keine Grenze zwischen der Atmosphäre
des großen Lebens und meiner eigenen.
Ich bin vollkommen mit ihr in Eins verschmolzen.
Oh, welche Herrlichkeit das Leben ist!

Segnungen des Himmels und der Erde

Halten Sie nur für ein paar Augenblicke inne, und denken Sie an jene vielen Segnungen der Natur, die wesentlich für unser Leben sind. Denken Sie daran, wie sehr alles Lebende uns mit dem versieht, ohne das unsere Existenz nicht bestehen könnte. Sind wir bis jetzt nicht allzu unempfänglich gewesen gegenüber den Gaben, die uns sowohl sichtbar als unsichtbar zukommen? Tatsächlich, wir haben zu wenig Notiz von all diesem Segen genommen. Weil wir ihn für selbstverständlich genommen haben, haben wir aus Unwissenheit versäumt, dankbar zu sein.

Selbst obwohl er wirklich da ist, setzt sich nichts in Existenz um, solange Sie ihn nicht erkennen. Zum Beispiel: Selbst wenn ein Scheck über eine Million in Ihrer Tasche wäre – bis Sie ihn gewahr werden, ist es so, als gäbe es ihn nicht. So ist es mit allem. Sei es eine Segnung der Natur, die Liebe von Menschen, Eltern, oder die Liebe des Landes – solange Sie selbst nicht empfänglich genug sind, sie zu verspüren und anzuerkennen, ist es, als würde sie nicht existieren. In solcher Weise unwissend zu sein, ist das gleiche wie blind zu sein. Ganz egal, was geschieht, wir dürfen uns selbst nie erlauben, blind zu werden. In der Tat sind all die Segnungen und Gaben nur dann unser, wenn wir wahrnehmen und erkennen, daß sie für uns bereitstehen.

Millionen Kilowatt starkes Licht

Sie müssen sich zu totaler Freiheit befreien. Lösen und befreien Sie sich von allen emotionellen und geistigen Narben, die Ihnen in der Vergangenheit durch unangenehme Erfahrungen wie Elend, Haß, Kummer, Demütigung und Abneigung zugefügt worden sind. Erzeugen Sie die Freude aus dem Grunde Ihres Herzens, und werden Sie wahrhaft fröhlich und friedvoll. – Was sollten Sie demzufolge tun, um einen solchen Zustand zu erreichen? Sie könnten sich vielleicht sehr bemühen, diese Wunden der Vergangenheit zu vergessen – aber würde das ausreichen? Es gibt Leute, die bekennen: »Trotz meiner intensiven Bemühungen, die ›Widerwärtigkeiten soundsoeiner Sache‹ zu vergessen, kann ich sie aus irgendeinem Grunde nicht vergessen.« Warum ist das so? Es ist so, weil Ihr Geist wie ein gigantisches Gruftgewölbe ist, in dem die Dinge sich bis zur Decke hinauf türmen; und es ist außerdem so, weil Sie in allem, was Sie tun, versuchen, in diesem Geist-Gewölbe Ihren Weg mit einer winzigen Kerze auszuleuchten. Weil das Gewölbe ungeheuer groß und außerdem überfüllt ist, besitzt die kleine Kerze nicht genug Kraft, es zu erhellen, und das macht es so schwierig, den Geist rasch in Ordnung zu bringen.

Was hier als mattes Kerzenlicht bezeichnet wird, ist die Anstrengung Ihres kleinen Selbst. Obwohl dieses Unterfangen nicht als ganz und gar ineffektiv angesehen werden kann, mangelt es ihm an großer Stärke. Wenden Sie sich Gott zu! Gott ist wie ein Millionen Kilowatt starkes Licht von wunderbarer Kraft. Es gibt keine Dunkelheit, die sich nicht augenblicklich auflöste, wenn sie vom Lichte Gottes erhellt würde.

Einstimmung auf geistige Schwingung

Ungeachtet dessen, ob wir beten oder nicht, ob wir um etwas bitten oder nicht, versorgt uns Gott unablässig mit Segen im Überfluß, während Er das Licht der Liebe und der Weisheit über uns ausgießt. Fernsehsendungen werden von Fernsehstationen aus fortwährend gesendet, ob man selbst nun einen Fernseher besitzt oder nicht, ob man den Kanal eingeschaltet hat oder nicht. Auch Gott sendet zu allen Zeiten Segnungen aus auf dem Weg geistiger Schwingungen. Wie dem auch sei, ein Fernsehprogramm kann nicht empfangen werden, wenn der eigene Fernseher nicht auf die richtige Wellenlänge eingestellt ist. Ähnlich muß man sich, um Gottes Segen in seiner Totalität zu empfangen, unbedingt auf die geistige Wellenlänge Gottes einstimmen.

Weil Gott kein körperliches Wesen, sondern Geist ist, bestehen Seine Segnungen in geistiger Schwingung. Wenn wir daher auf diese Schwingungen antworten, indem wir uns auf sie einstimmen, können wir Seine Segnungen auf die gleiche Weise zur Manifestation in der körperlichen Welt bringen, auf die die Fernsehwellen sichtbare Form auf dem Bildschirm annehmen.

Wenn es jedoch das Ziel des Glaubens an Gott ist, von diesem Glauben materiell zu profitieren und materielle Dinge zu erlangen, dann wird dieser Glaube nicht die Kraft haben, Segen anzuziehen. Jener Glaube ist auf Egoismus gebaut, der das Gegenteil zu dem verkörpert, was Gott ist. Die Wellenlänge des egoistischen Geistes und die Gottes stoßen einander von Natur aus ab. Tatsächlich können wir wahren Segens gewiß sein, wenn unser Glaube an Gott so verfeinert wird, daß wir die Ebene erreichen, wo wir keinerlei materiellen Gewinn erwarten.

Absolute Dankbarkeit

Nur wenn der Glaube an Gott zu reinem Glauben erhoben wird, der unbefleckt ist von der Erwartung materieller Ziele, werden Segnungen von wahrer Bedeutung anfangen, zu Ihnen zu kommen. Wenn das Fernsehgerät vollständig auf das von der Station gesendete Programm eingestimmt ist, wird auch die Wahrnehmung perfekt, und das Programm erscheint sehr klar auf dem Bildschirm.

Zuerst und vor allem müssen wir uns von unserer Selbstsucht trennen. Selbstsucht zeichnet sich durch eine Neigung des Geistes aus, sich nicht Gott, sondern sich selbst zuzuwenden. Weil sie wünscht, Gott als ein Werkzeug zur Erreichung der eigenen Wünsche zu manipulieren, kann sie offensichtlich nicht zu einer Übereinstimmung mit der göttlichen Schwingung gelangen. Um für Gottes Wellenlänge empfänglich zu sein, ändern Sie daher die Richtung Ihrer Aufmerksamkeit vollkommen, so daß Ihr Geist auf Gott konzentriert ist. Mit anderen Worten: Sie müssen ›vollständig selbstlos‹ werden. Als Tugenden, mit denen man sich auf Gott einstimmen soll, erscheinen absolute Ehrlichkeit, absolute Reinheit, vollständige Selbstlosigkeit und absolute Liebe. Zu dieser fügt Seicho-No-Ie hinzu absolute Dankbarkeit und vollkommene Harmonie. Totale und absolute Wertschätzung gegenüber und vollkommene Harmonie mit jedem Ding auf Erden führen alle anderen Tugenden mit sich gemäß ihrer jeweiligen Eigenart.

Das, was tief in Ihnen wohnt

Über den Dingen zu stehen heißt Gott kennen, der inwendig in Ihnen wohnt – ihn nicht durch das körperliche Auge zu kennen, sondern durch Intuition, welche durch Glauben oder durch geistige Erleuchtung ersteht. Keinen anderen Weg gibt es, Seine Existenz zu fassen, da Er nicht körperlich und daher unsichtbar ist. Obschon es unmittelbar in Ihnen liegt, können Sie keinen Gebrauch von dem machen, von dessen Existenz Sie keine Kenntnis haben, nicht wahr? So ist es mit Gott. Obwohl Er in Ihnen wohnt – solange Sie weitab von dieser Erkenntnis sind –, ist es Ihnen nicht möglich, Ihn so anzurufen, wie Sie es wünschen. – Gott ist jedoch nicht ein bloßer Kontrollfaktor der Materie, sondern etwas viel Größeres als das. Schon bevor der Mensch Ihn überhaupt entdeckte, schützte Er ihn beständig und versah ihn mit zahllosen Segnungen.

Warum gibt es dann keine faßbaren Gaben von Gott? – Bevor wir die Existenz Gottes wahrnehmen, der unablässig über uns wacht, verabsäumen wir aus Unwissenheit, uns auf Seine Schwingungen einzustellen – gerade wie wir auch das Radio erst anstellen, wenn wir herausgefunden haben, daß ein bestimmtes Programm tatsächlich gesendet wird. Bis dahin empfangen wir Gottes Segnungen um so weniger.

Kanal des Geistes

Wenn Sie *Shinsokan** (gebeterfüllte Meditation) beten oder durchführen, dürfen Sie Ihren Geist nicht wandern lassen, son-

---

* Shinsokan-Meditation ist eine einzigartige andächtige Meditation des Seicho-No-Ie Truth of Live Movement, die dazu bestimmt ist, dem, der sie ausübt, nicht nur intellektuelles Verstehen, sondern intuitives und geistiges Bewußtsein von der Wahrheit zu bringen, daß der Mensch ein Kind Gottes und daher in jeder Weise vollkommen ist. (Zitat aus ›Seicho-No-Ie‹. Anmerkung des Übersetzers.)

dern Sie müssen sich konzentrieren. Wenn Sie schwanken, wechseln Sie beständig Ihre geistige Wellenlänge, verursachen deren Fluktuation. Beim Rundfunkhören oder Fernsehen können Sie offensichtlich auch keinen vollständigen Empfang irgendeines Programms erwarten, wenn Sie beständig die Kanäle beziehungsweise Wellenlängen wechseln.

Beten bedeutet ein Abstandnehmen von der Gewohnheit, Zuflucht bei Ihrem ›körperlichen Bewußtsein‹ (Bewußtsein Ihres eigenen kleinen Selbst, oder Intellekt) zu suchen in dem Bemühen, die Kontrolle über das Geschehen in Ihrer Umgebung zu behalten. Ändern Sie die Einstellung Ihres geistigen Kanals, indem Sie sich selbst vollständig in Gottes Hände legen, so daß Gott die Dinge übernehmen und Ihre Probleme handhaben kann. Jene Bereiche der menschlichen Existenz, über die der menschliche Verstand nichts vermag, wie zum Beispiel die Körperfunktionen, überwacht der dem Menschen innewohnende Gott und kontrolliert sie von innen, damit er gesund bleibt. In solchen Bereichen jedoch, die der menschliche Intellekt verwalten kann (wie menschliche Beziehungen, Geschäfts-Management, Erfindungen, Technik und Kreativität allgemein), anerkennt und ehrt Gott menschliche Freiheit und überläßt diese Gebiete der Urteilsfreiheit jedes einzelnen. Insofern wird Gott, ganz egal wie dürftig jemand mit seinen Geschäften zu Rande kommt oder wie sehr eine menschliche Beziehung in einen unharmonischen Zustand verfällt, nicht eingreifen oder dazwischentreten. Gott gibt dem Menschen wirklich völlige Freiheit. Von daher wird Er dem Menschen nur dann Seine Führung anbieten, wenn dieser sich aus eigenem Willen Gott zuwendet und Seinen Beistand bei der Lösung eines Problems erbittet.

Wunsch, der niemals verfehlt, sich zu materialisieren

In den ›Worten der Weisheit‹ von Seicho-No-Ie (veröffentlicht in *Hikari No Goroku*) steht geschrieben: »Wünsche sind die Mutter der Materialisierung.« Wenn Sie etwas suchen und eine positive und hoffnungsvolle Haltung einnehmen, daß Sie es bekommen werden, ist das Ei dieses Wunsches bereits in Ihrem

Unterbewußtsein befruchtet worden und hat schon begonnen, sich wie ein Fötus zu bewegen. Glauben Sie mit aller Kraft, mit einbewußter, unzweideutiger Festigkeit: »Ich wünsche dies und das mit Gott; diese Hoffnung wahrzumachen ist der Wille Gottes.« Dann machen Sie eine ernstliche Anstrengung zu seiner Verwirklichung, egal was für schwierige Probleme den Weg blockieren mögen. Der Wille wird Ihnen ohne Zweifel die Kraft geben, feindliche Umstände zu überwinden und Ihren Wunsch schließlich zur Erfüllung bringen.

Nichtsdestoweniger sollte Ihr Begehren, um wahrhaft mit Gottes Willen übereinzustimmen, von solcher Art sein, daß es bei seiner Materialisierung niemandem Schaden zufügt und keinem irgend etwas nimmt. Sollte daher Ihre Hoffnung Elemente enthalten, die geeignet wären, anderen zu schaden, so ist sie nichts als Ihre Ichsucht und gegen Gottes Willen. Sogar wenn Sie selbst davon überzeugt sein sollten, daß es Gottes Wille sei, betrügen Sie sich doch nur mit einer falschen Auffassung dieser Begriffe.

Erst geben, dann nehmen

Wenn Heiratsgelegenheiten sich erst spät ergeben, dann nur, weil ein Ausdruck der Liebe auf Ihrer Seite fehlt. Statt Liebe zu suchen, müssen Sie erst Liebe geben, da das Gesetz des Geistes bestimmt, daß man erhält, was man gibt. Öffnen Sie der Liebe, die Sie in sich tragen, einen Weg, damit sie in ihrem vollen Ausdruck hervorsprudeln kann. Sie müssen die innere ›Gottesliebe‹ lieben und diese voll und reich in Ihrem täglichen Leben zum Ausdruck bringen. Gerade so, wie Sie sich nach Liebe sehnen, sucht die Person, die die andere Hälfte Ihrer Seele ist, ebenfalls Liebe. Warum werden Sie jedoch nicht zusammengeführt? Es ist dies so, weil der Ausdruck Ihrer Liebe ungenügend ist. Bringen Sie Ihre Liebe offener zum Ausdruck.

Wir wissen von Fällen, wo Arbeitslose, die sich erfolglos nach einem Job umgesehen haben, schließlich eine Stellung erhalten, nachdem sie sich, ernste Dankbarkeit im Herzen, in ihrem näheren Umkreis zugunsten anderer engagiert haben mit Arbeiten wie zum Beispiel Fensterputzen oder Straßenreinigung. In gleicher Weise sollten Sie, wenn Sie Liebe suchen, erst Gott lieben und Liebe um Seiner Liebe willen ausüben, ohne Belohnungen zu erwarten. Leben Sie Liebe, um Ihre Nächsten glücklich zu machen. Früher oder später wird die Zeit kommen, ohne Frage, wo Sie beide, die Sie dieselbe Seele teilen und einander suchen, zusammengebracht werden.

Der Eine, der Sie nie verläßt

Falls Sie verfehlen, Liebe zu gewinnen, sollten Sie derjenige sein, der zuerst Liebe gibt. Sollten Sie jemandem, der jedes warmen Gefühls für Sie ermangelt, erzählen, daß Sie ihn lieben, einfach nur weil Sie hoffen, so Ihre Liebe zum Ausdruck bringen zu können, werden Sie nur lächerlich gemacht und abgewiesen werden. Nichts verursacht peinlichere Verlegenheit, als von jemandem zurückgewiesen zu werden, an dem Ihnen liegt. Es ist also durchaus nicht leicht zu lieben.

Nichtsdestoweniger gibt es selbst zu Zeiten, wo niemand sich etwas aus Ihnen zu machen scheint, jemanden, der Sie liebt. Sie sind keineswegs allein. Sie mögen sich fragen: »Gibt es wirklich eine solche Person? Wer könnte das sein?« Es ist niemand anderer als Gott; nicht der Gott, der weit weg im Himmel ist und Sie beobachtet und versucht, Sie zu strafen, sondern der Gott, der direkt in Ihnen ist.

Lieben Sie diesen Gott, und leben Sie, um ihm zu gefallen. Vergessen Sie nie die Existenz Gottes, der Sie liebt, und lieben Sie ihn von ganzem Herzen.

Talent jedes Individuums

Daß Sie ein Selbstausdruck Gottes sind, heißt, daß Gott in Ihnen sich durch Sie in Form irgendeines Talentes oder einer Fähigkeit manifestiert. Daher bedeutet die eigenen Fähigkeiten und Gaben lieben, den innewohnenden Gott zu lieben. Das Vermögen und das Talent, die Ihnen mitgegeben wurden, existieren nicht aus einem gleichgültigen Grunde, sondern sie wurden Ihnen zu dem speziellen Zweck gegeben, anderen zu dienen.

»Bringe hervor Deine Fähigkeit, und trage bei zum Wohlergehen eines andern.« Jesus sagte: »Wenn Du mich liebst, so mußt Du meine Gebote beachten.« Wahrhaftig, wenn Sie Liebe für Gott übrig haben, müssen Sie Sein Gesetz befolgen, das Ihnen befiehlt, Ihre Begabung anzuwenden und anderen zu nützen. Das ist die Art, wie man Gott lieben kann.

Dienste ohne Belohnung

Es war einmal eine sehr einsame Witwe, die keine Verwandten oder Bekannten hatte, die sich etwas aus ihr gemacht hätten oder enger mit ihr in Kontakt zu stehen pflegten. Obwohl sie dringend Freunde wünschte, hatte sie Schwierigkeiten, auch nur einen zu finden. An einem gewissen Punkt jedoch entschied sie sich, auf den Rat eines Studenten der geistigen Erleuchtung hin, dasjenige zu lieben, das da Gottes Selbst-Manifestation in ihr war, das heißt ihre Begabung, und jemanden zu unterstützen, indem sie es artikulierte und gebrauchte. Ihr einziges Talent bestand darin, daß sie ganz gut Klavier spielen konnte – obschon sie nicht ganz so gut spielte, daß sie eine professionelle Pianistin hätte werden können. Indem sie nun dieses Talent liebte und indem sie versuchte, einen Weg zu seinem Ausdruck zu finden, setzte sie eine Anzeige in ein Lokalblatt und bot ihre Dienste unentgeltlich an, um in einer kleinen Kirche oder einem Kindererholungsheim zu spielen. Dies brachte ihr prompt die Antwort von einer Anzahl von Organisationen ein, die ihre Dienste in Anspruch nehmen wollten; und auf einmal bekam sie sehr viel zu tun.

Ihr einziges Interesse bei ihrer Arbeit war allein das, Gott zu lieben; so beschäftigte sich ihr Geist nur mit dem Gedanken, daß sie ihre Dienste aus Liebe anbot und daß sie wünschte, ihre Fähigkeit zu gebrauchen, durch welche Gott sich zum Ausdruck bringen wollte. Daher machte sie sich weder etwas aus dem, was die Leute dachten, noch betraf es sie, wie gut oder schlecht sie spielte. Sie war, mit anderen Worten, vollständig selbstlos. Alles, was sie tat, war, daß sie ihr Äußerstes versuchte, um Gott zu dienen, indem sie ganz und gar das anwendete, was

Gottes Selbstverwirklichung in ihr war. Gradweise nahm sie wahr, daß ihre Musik den Leuten gefiel. Mehr noch: Sie entdeckte, daß es nicht nur ihre Musik, sondern daß sie selbst es war, die die Leute liebten. Wie hatte sie sich einst, als sie in völlige Einsamkeit getaucht war, nach der Liebe der Menschen gesehnt! Jetzt jedoch verloren diese Angelegenheiten an Bedeutung und wurden ein geringfügigeres Problem. Die Freude, die sie hatte, wenn sie versuchte, Gott in ihrem Werk wahrzunehmen, und zu wissen, daß sie von Gott geliebt wurde, war für sie genug.

Aber einmal, als sie bei einem Ferienlagertreffen von Kindern beschäftigt war, lernte sie zufällig einen gewissen Herrn kennen, den Vater eines der Kinder. Da er seine Frau verloren und ein Kind zu versorgen hatte, brauchte er sehr dringend Hilfe. Sie verliebten sich ineinander, und bald darauf heirateten sie. Jetzt ist sie glücklich verheiratet; und während sie eine fröhliche Hausfrau ist, fährt sie fort, Freude darin zu finden, anderen durch den Gebrauch ihrer gottgegebenen Begabung Dienste zu leisten.

Selbstlos leben

Sorge und Betroffenheit über das, was andere vielleicht von Ihnen denken, werden hauptsächlich von Eitelkeit und Konkurrenzdenken verursacht, deren Prinzip der Gedanke ›Sie gegen andere Menschen‹ ist und die viele menschliche Probleme erzeugen. So mögen Sie sich beispielsweise besorgt fragen: »Was werden die Leute denken?«, »Wird nicht irgend jemand schlecht von mir denken?«, »Ich darf mich nicht von anderen besiegen lassen.«

Nur wenn man alle Eitelkeit, allen Stolz und alles Konkurrenzdenken aufgibt und es unternimmt, Gott und nur Gott zum Ausdruck zu bringen, kann man wahre geistige Freiheit erreichen. Derjenige, der sich selbst dem Wohl anderer Menschen widmet und auf Gott als auf das einzige Ziel seiner Handlungen abzielt, wer dem Zweck lebt, nur Gott zu dienen, wird geistige Befreiung erlangen. Für ein solches Individuum werden Belohnung und Lob nach menschlichen Begriffen unbedeutend. Mehr noch: nur Gott-Willen wahrzunehmen und zu gestalten, wird anfangen, in seinem Alltag an Wichtigkeit zuzunehmen, und er wird wahre geistige Freude finden, wie nichts sonst sie zu geben vermag. Auf solche Weise wird er in wachsendem Maße zu einer Person werden, die einzig und allein gibt, und das sogar, ohne sich dessen bewußt zu sein. In solcher Selbstlosigkeit wird Gott aus allen Facetten seines Alltagslebens herausscheinen.

Strahlende und fröhliche Gedanken

Wir menschlichen Wesen, die wir Kinder Gottes sind, sind nicht nur mit einem freien Willen begabt und mit dem Recht, uns unser eigenes Schicksal auszuwählen und zu bestimmen, sondern auch mit einem Werkzeug, wodurch wir das in eine materielle Form bringen können, was wir wählen. Dieser Apparat ist der unserer eigenen Gedanken, Worte und Taten. Anders ausgedrückt: Wenn wir Gedanken, Worte und Handlungen nutzen, die positiv und konstruktiv sind, schaffen wir uns ein gutes und glückliches Schicksal; während wir mit solchen, die von einer pessimistischen und zerstörerischen Wesensart sind, eine unvorteilhafte, schlechte ›Bestimmung‹ selber schmieden.

Wenn wir gute Gedanken hervorbringen möchten, dürfen wir unseren Geist nicht den bösen Zeichen in unserer Welt, wie Unglücksfällen und Krankheiten, zuwenden. Zuerst muß unser Sein seinen Brennpunkt in Gott finden. Die Eigenschaften Gottes müssen sich unserem Wesen tief einprägen, um es zu erhöhen und sich selbst mit Dankbarkeit für sie zu überfluten.

Weisheit, die zur Lösung von Problemen führt

Niemand quält sich freiwillig mit Kummer, ängstlicher Angespanntheit oder bösen Vorahnungen; trotzdem kann der Durchschnittsmensch sich nicht von Furcht dieser oder jener Art freihalten, wie hart auch immer er dagegen ankämpfen mag. So verkrampft es beispielsweise unseren Geist, wenn ein Familienmitglied egoistisch und rücksichtslos ist. Wir sind enttäuscht, weil unser Sohn zuviel Geld für Luxusartikel ausgibt. Wir befürchten, daß jemand in der Familie krank werden könnte.

Nichtsdestoweniger tragen unsere Angespanntheit oder unser Ärger – egal wie intensiv – nicht im geringsten dazu bei, das Problem zu lösen. Im Gegenteil: sie erschweren und komplizieren die Situation nur noch mehr. Daher ist es unter feindlichen Umständen lebenswichtig, daß wir den Frieden unseres Bewußtseins wiederherstellen, das Herz des Problems durchdringen und die Ursache oder den Samen in unserer geistigen Welt feststellen, der die Verwirrung in der körperlichen Welt hervorrief. Dann sollten wir uns von dieser geistigen Ursache befreien und unser Bewußtsein Gott zuwenden, indem wir *Shinsokan*-Meditation praktizieren, um von Ihm die Weisheit zu erhalten, die nötig ist, um zu einer Lösung zu gelangen.

Die Gewohnheit, Gott anzurufen

Selbst wenn Sie kein Problem haben: rufen Sie immer Gott an. Wenn Sie mit einem Problem belastet sind – unnötig zu sagen: Rufen Sie Gott an. Gott ist beständig in Ihnen und um Sie. Er versucht beständig, Ihnen Führung zu vermitteln, auch wenn Sie Ihn nicht anrufen. Jedoch können Sie ihn nicht hören – selbst wenn Sie Ihn brauchen –, bevor Sie nicht ein gewisses Geschick entwickelt haben, Ihn zu rufen. Da Gott Geist ist und ebenso Seine Stimme, ist Er natürlich für das körperliche Ohr nicht hörbar. Daher müssen Sie auf alle Fälle meditieren, um intuitiv das geistige Flüstern Gottes zu hören.

Was immer es sein mag – das Phänomen, das in der körperlichen Welt erscheint, ist ein bloßes Ergebnis. Sie können daher mit diesem Ergebnis angestrengt arbeiten, und zeitweise mögen Sie auch eine Lösung finden, indem Sie nur mit diesem Ergebnis arbeiten –, jedoch nur eine scheinbare Lösung. Sie können die gleiche Art von Phänomen, das heißt einen Effekt oder eine bestimmte Ursache, nicht daran hindern, von Zeit zu Zeit als eine natürliche Folge wiederzukehren, ehe Sie nicht die geistige Ursache beseitigen, die ihm voranging. So gibt es, um die Ursachen von ihren Wurzeln an zu beseitigen, keinen anderen Weg, als daß Sie Ihr Bewußtsein Gott zuwenden und, mit der Hilfe Seiner Führung, zuerst das Problem in Ihrem Geist lösen.

Fähigkeit kommt von Gott

Sehen Sie Ihre Fähigkeiten nicht als Ihre eigenen an, da alle Fähigkeit von Gott herstammt. Wahre Erkenntnis dieser Tatsache sollte Ihnen bewußt machen, daß es nicht gerechtfertigt sein kann, wenn Sie Ihre Fähigkeiten nur zu eigenen, egoistischen Zwecken nützen.

Sichern Sie Ihre gottgegebenen Fähigkeiten zu Gottes Nutzen. Irgendeine Fähigkeit als Ihre eigene anzusehen, bedeutet, sie zu begrenzen. Was Sie, mit Ihrer begrenzten Größe und Ihrem Eigengewicht von hundert und etlichen Pfund, physisch zu leisten vermögen, ist ziemlich unbedeutend. Sie sollten erkennen, daß, was immer Sie potentiell können, seinen Ursprung in Gott hat; das heißt, nichts davon ist Ihr Besitz. Erst dann können Sie beginnen, sich selbst in Wahrheit dem Wohlergehen anderer zu widmen und Ihr Vermögen voll auszuschöpfen, zu dem ausschließlichen Zweck, Gott zu manifestieren und zu erhöhen, frei von Eitelkeit oder von Besorgnis um die Meinungen anderer. Das wird dann sein, wenn Sie wirklich Seine Liebe ausüben können und Ihrer engstirnigen, ichbezogenen Art und Weise zu denken entwachsen.

Gefühl der Einheit mit Gott

Wenn Sie das Gefühl der Einheit mit Gott erfassen, gibt es nichts mehr, das nicht konkrete Form annehmen kann, wenn Sie es sich wünschen. Geben Sie Liebe reicher, totaler und kompromißloser, indem Sie sich nichts zurückerwarten. Wenn Sie so handeln, muß sich für Sie ein neues Leben entfalten. Sie brauchen nicht ängstlich oder unsicher zu sein, was die Zukunft angeht. Falls Angespanntheit oder Furcht in Ihrem Herzen erwacht, so deshalb, weil Ihr Gefühl der Einheit mit Gott kein reales ist. Weil Ihr Glaube, mit Gott eins zu sein, schwankt und nicht stark genug ist, verfehlen Sie ein festes Selbstvertrauen und ein Vertrauen in Ihre Fähigkeiten. Streben Sie ernsthaft und mit Kraft danach, Ihr Vertrauen sowohl in sich selbst als auch in Ihre Fähigkeiten zu vertiefen.

Meditieren und beten Sie daher inniger und intensiver, um Selbstvertrauen zu erlangen. Führen Sie häufiger, mit Ihrem gesamten Sein, *Shinsokan*-Meditation durch. Aus dieser Praxis heraus und durch sie wird Ihr Gefühl der Einheit mit Gott sicherlich verstärkt werden. Folglich werden Sie Selbstvertrauen ausstrahlen und sich gleichzeitig Ihrer Fähigkeiten sicher fühlen. Ferner wird solche Übung Ihrer Angst und Besorgnis, was irgendwelche negativen Umstände angeht, ein Ende setzen. Mehr noch: Was immer Sie wünschen, wird mit Sicherheit beginnen, Frucht zu tragen.

Gabe von Gott

Gott ist unendlich. Daher werden zweifellos, wenn Sie den Bewußtseinskanal Ihres Geistes weit öffnen, Gottes grenzenlose Vorräte reichlich und im Überfluß in Sie hineinströmen. Seien Sie nicht geizig, da solch eine geistige Haltung Ihren Kanal verengen und dann sogar verschließen würde. In der Tat ist das Bewußtsein ein Gefäß, das genau die gleiche Form annimmt wie Ihr Gedanke.

Zuallererst sollten Sie, was immer Sie besitzen, nicht als Ihr Eigentum betrachten, sei es nun eine Fähigkeit oder Geld. Denken Sie davon vielmehr wie von einer Gabe Gottes, die Sie sich borgen. Indem Sie das behalten, benutzen Sie es dann in einer Weise, die Gott am meisten gefallen würde. Nur wenn Sie geben, was Sie haben, wird Ihnen mehr zugestanden werden. Ein Beispiel. Luft ist im Überfluß vorhanden; aber wenn Sie nur einatmen, ohne wieder auszuatmen, können Sie nicht mehr einatmen und werden sich als Ergebnis nur in Krämpfen winden. Indem Sie Luft ausatmen, mögen Sie denken, sie zeitweise zu verlieren. In Wirklichkeit wird Ihnen ein neuer Vorrat an Sauerstoff gegeben, und dadurch wird der Stoffwechsel aufrecht erhalten. Leben im Stadium des Wachstums wächst nur um so mehr mit dem Ausatmen, indem es Luft von sich gibt. So zieht es Ihnen in der Folge Segen zu, wenn Sie geben, was Sie augenblicklich besitzen. Dies ist eine Welt des Stoffwechsels und Kreislaufs, und der Mensch kann nur solange am Leben bleiben, wie er Stoffwechsel und Kreislauf ausübt. Ihr Stillstand bedeutet für ihn Tod.

Weg, mit der inneren Welt zu kommunizieren

Solange Sie von Geschehnissen in Ihrem Alltagsleben der physischen Welt überwältigt werden, können Sie niemals dem entgehen, von ihnen geistig bestürzt und verwirrt zu sein. Sie werden unablässig von der äußeren Welt belagert werden. Daher wird der Verkehr mit Ihrer inneren Welt aufhören, so daß es für Sie unmöglich wird, Führung von dieser inneren Welt zu empfangen. Manchmal kann das zu unerwartetem Versagen und Unglück führen. Es ist daher wirklich wichtig, daß Sie mindestens 30 Minuten täglich in Meditation verbringen, um all die Versuchungen und Einflüsse von Geschehnissen und immer wechselnden Situationen aus Ihrem Bewußtsein in die äußere Welt zu entlassen. Halten Sie den Pfad Ihres Bewußtseins immer offen, so daß Sie unmittelbar mit der inneren Welt kommunizieren können. Wenn es einmal täglich oder morgens und abends durchgeführt wird, ist *Shinsokan* im höchsten Maße effektiv. Daher ist es eine Praktik wie Zen-Meditation.

Als ich in Fukuoka, Saga-und-Nagasaki-Präfektur, war, las ich in der Abendausgabe der Zeitung *Nishi-Hippon* vom 26. August 1963 einen Artikel mit dem Titel ›Leer von Gedanken und Gefühlen – Kinder praktizieren Zen-Meditation‹. Der Artikel berichtete über die Sommer-Zen-Sitzung für Kinder, die jeden Morgen im Sairinji-Tempel, Saga-City, stattfindet, und zeigte ein Bild. Er sagte ferner, daß die Sitzung von den Eltern der Teilnehmer sehr gut aufgenommen wurde, und brachte Kommentare: »Mein Kind lernt in diesen Tagen mehr.« – »Ich finde mein Kind folgsamer dem gegenüber, was seine Eltern sagen.« – »Meins bietet uns jetzt mehr Hilfe im Haushalt an.«

Da alle Formen der Meditation einen dazu bringen, sein von den Tumulten der äußeren Welt bedrängtes Bewußtsein der inneren Welt zuzuwenden, wo man Führung durch die Weisheit von Gottes perfekter Welt erhält, kann auch Zen-Meditation diese guten Ergebnisse erzielen.

Wenn Sie vor einem Problem stehen

Ganz egal, wie schwierig Ihr Problem Ihnen erscheinen mag, kein Problem ist schwierig in Gottes Augen. Selbst wenn in Ihrer Umgebung alles zusammenbrechen sollte und Sie vielleicht sogar zeitweilig all Ihr Vermögen verlieren – Gott kann es vollständig wiederherstellen; tatsächlich sogar viel besser, und er kann Ihren Wohlstand noch vermehren. Denken Sie daran, daß alle Planeten des Universums durch Gott erschaffen wurden; so auch alle Mineralien, Pflanzen und Tiere. Das Bewußtsein, daß alle Kraft bei Gott ist, sollte Sie zu der Überzeugung führen, daß Gott die Macht hat, jedwede auch noch so schwierigen feindlichen Umstände, denen Sie sich gegenübersehen, zum Guten zu lösen. Durch Wiederherstellung des Zerstörten kann Gott schließlich eine Welt schaffen, die für Sie noch erfüllter ist als zuvor.

Obwohl diese Tatsache durch ein bißchen Denken klar werden sollte, können einige Leute sie nicht völlig akzeptieren. Selbst unter denen, die bekennen, sie seien sich dessen völlig bewußt, verfehlen viele ein Tiefenverständnis, indem sie auf intellektueller Ebene zaudern und es dadurch nicht bis in ihr Unterbewußtsein dringt. Daher müssen wir, um von dieser Wahrheit bis ins Unterbewußtsein durchdrungen zu werden, so oft wie möglich bekräftigen, daß diese große Kraft Gottes direkt in uns ist, und wir müssen jede mögliche Gelegenheit ergreifen, um *Shinsokan*-Meditation durchzuführen.

Den Ursprung allen Segens kennen

Nichts ist wichtiger als zu wissen, daß alles, was für uns lebenswichtig ist, seinen Ursprung in Gott hat. Wenn wir dies wirklich erkennen, wird eine natürliche und allesumfassende Dankbarkeit Gott gegenüber aus unserem Herzen brechen. Wenn wir auf diese Weise Gott gegenüber dankbar werden, werden unsere Schwingungen rein werden und uns in den Stand setzen, mit Gott vollkommen geistig zu verkehren. Dann werden alle Güter, wie Gesundheit, wirklicher Wohlstand und allgemeine

Bedürfnisse, die in Gottes Welt bereits existieren, auch in der physischen Welt materialisiert werden.

Innige Beziehung zwischen Gott und Mensch

Gott ist für uns Vater und Mutter. Obwohl Gott das Universum als das Gesetz druchdringt, sollte er nicht nur als kaltes Gesetz betrachtet werden. Von Gott als bloßem Gesetz zu denken, hieße ihn begrenzen. Während Gott Gesetz ist, ist er gleichzeitig eine Person. Dem Menschen gegenüber ist er ein liebender Vater-Mutter-Gott. Tatsächlich gibt es Liebe zwischen Gott und Mensch, die derjenigen in der menschlichen Eltern-Kind-Beziehung vergleichbar ist.

Gerade so, wie menschliche Eltern wünschen, vom Kind als Eltern anerkannt zu werden, wünscht auch Gott, vom Menschen als sein Vater erkannt zu werden. Weiterhin wünscht Gott, daß der Mensch ihm so diene, wie er seinen menschlichen Eltern als ihr Kind dienen würde. Gott sagt: »Es ist niemand außer mir, der dich gebar, im wahren Sinne gebar; und daher bin ich dein einziger Elternteil.« Wenn Sie in dieser Weise Gott als Ihren Vater betrachten, bewahrheitet sich das Wort, daß »die größten unter deinen Brüdern und Schwestern deine Eltern« sind. – Weiter sagt Gott: »Die Reichtümer meiner Welt gehören euch Menschen, die meine Kinder sind.«

Geben Sie selbstbegrenzende Schranken auf

Ihre Lebenskraft und Lebensfähigkeit entspringt aus Gott. Diese Erkenntnis ist Quelle eines generell starken Selbstvertrauens. Nehmen Sie an, diese Lebenskraft wäre ausschließlich Produkt dieses physischen Klumpens Fleisch, der doch nicht sehr groß und nicht sehr ›gewichtig‹ ist; sie könnte nicht sehr bedeutend sein, wie groß auch immer sie erscheinen mag.

Erkennen Sie, daß Sie mit einem unbegrenzten Potential ausgestattet sind, das auf Gott zurückgeht. Nur dies kann Ihnen die Sicherheit geben, daß Ihre Lebenskraft nie erschöpft sein wird und daß Ihre Fähigkeiten unendlich und in reichem Maß ausgenützt werden können, wann immer der Bedarf danach entsteht. Es ist dieses Gefühl der Sicherheit, das auch den Weg Ihres Bewußtseins öffnen wird, um Gottes Kraft in großer Fülle in Sie einzulassen. Das Rohr, durch welches Gottes Unendlichkeit fließt, darf niemals mit einem selbstbegrenzenden Begriff verstopft sein, der den Menschen als einen bloßen körperlichen Klumpen Fleisch sieht.

Kette durch Selbsthypnose

Zu viele Leute haben zu wenig Achtung vor sich selbst. Die Idee, daß sie eine bloße körperliche Existenz seien, entstanden durch geschlechtliche Paarung eines männlichen und eines weiblichen Körpers, verursacht den Verlust ihrer Selbstachtung. Folglich halten sie sich zu oft irrtümlich für gemein, niedrig und unrein. Tatsächlich ist es diese falsche Vorstellung, die sie negativ beeinflußt, erniedrigt und ihren gottgegebenen Fähigkeiten kettenähnliche Beschränkungen auferlegt, indem sie ihr Potential zur Hälfte ungenutzt läßt. Befreien Sie sich von dieser selbstbegrenzenden hypnotischen Versklavung.

Um dieses Ziel zu erreichen, sollten Sie wieder und wieder Bücher und Sutras lesen, die sich mit der Wahrheit auseinandersetzen. Es gibt viele Fälle von ernsthaften Erkrankungen, die durch wiederholtes Lesen der Heiligen Sutra ›Nektarregen der heiligen Lehre‹ geheilt wurden. Dies bezeugt die Tatsache, daß Worte der Wahrheit, die in dieser Sutra ausgelegt werden, die Kraft haben, die selbstbegrenzenden Beschränkungen zu entfernen, die bis dahin die eigene Lebenskraft verringert haben.

Wie man geistige Wiedergeburt erlangt

Geben Sie Ihre materialistische Weltsicht vollkommen auf. Indem Sie das tun, werden Sie das Rohr öffnen, durch das die unendliche Kraft Gottes in verschwenderischer Fülle in Sie einfließt. Um Ihr Bewußtsein zu öffnen, sollten Sie Bücher, Monatszeitschriften und heilige Sutras lesen, die von Seicho-No-Ie veröffentlicht werden.

Die Zeit der Erleuchtung wird bald kommen. Einige Menschen erfahren sie schnell, bei anderen dauert es etwas länger. Die Zeit wird gewiß kommen; wenn Sie schließlich den Materialismus, den Sie unterbewußt verinnerlicht haben, ablegen und deutlich verstehen und erkennen, daß Sie wirklich eine geistige Existenz sind. Danach wird Ihre vollkommene, wahre Natur eines Gotteskindes sich manifestieren. Zu dieser Zeit werden Sie Ihr völlig freies Selbst entdecken, das von Ihrem vorherigen Du ganz und gar verschieden ist. Dann sind Sie wiedergeboren und nicht länger das bedrückte, verkleinerte Du der Vergangenheit. Sie werden herausfinden, daß Sie selbst ein großes Kind Gottes sind, die höchste Form von Gottes Selbstausdruck. Dann werden Sie ein Ich entdecken, das in jeder Weise frei ist. Ganz egal, wohin Sie gehen, Ihre wahre Fähigkeit als eine gottgegebene wird sich verwirklichen und so alles möglich machen.

Beistand vom wachenden Gott

Sie haben bestimmt schon viel über wunderbare Geschehnisse wie das Erlangen bestimmter Fähigkeiten, Heilungen schwerer Krankheiten wie Krebs, Wiederversöhnung zwischen Familienmitgliedern, Fälle von Geschäftserfolg etc. gelesen. Auch Sie werden, wenn Sie den Weg von Seicho-No-Ie einschlagen, erleuchtet werden von der Erkenntnis, daß der Mensch ein geistiges Wesen ist. Auch Sie werden ähnliches erleben, was diese Wahrheit bezeugt. Gleichermaßen werden Ihre unglücklichen Umstände und Krankheiten verschwinden.

Sie brauchen nicht besorgt zu sein, falls Sie nicht den bildungsmäßigen Hintergrund oder die Intelligenz haben, um die Auslegungen in Seicho-No-Ies Veröffentlichungen und heiligen Schriften zu verstehen. Wenn Sie sie lesen, wird der Gott, an den wir glauben, der ein Wächter-Gott ist und uns in unserer Kampagne für Weltfrieden und Erleuchtung führt, mit Ihnen sein und Ihnen helfen, schwierige Worte zu verstehen, so daß die Wahrheit Ihr ganzes Wesen relativ leicht durchdringen wird. Es gibt viele lebende Beweise dafür, daß ungebildete ältere Frauen, erstaunlich genug, die Erkenntnis der Grundwahrheit dadurch gewannen, daß sie die *Wahrheit des Lebens* mit der Unterstützung von *furigana* lasen (einer Lautschrift, die das Leben der chinesischen Schrift erleichtert).

Zuschauer spielen besser

Befreien Sie sich von dem Problem, das Sie lange Zeit gequält hat. Solange Sie tief in dieses Problem verwickelt sind, ist es schwer, den Schlüssel zu seiner Lösung zu finden. Von alters her ist immer wieder gesagt worden, daß Zuschauer besser spielen. Wenn Sie einbezogen sind, ist es wahrscheinlich, daß Sie von den Phänomenen der äußeren Welt berührt oder beeinflußt werden und dadurch die Sicht verlieren, was Ihre wahre Weisheit angeht. Dies macht es wiederum unmöglich für Sie, die Situation richtig zu beurteilen. Oft erinnern Studenten, obwohl ihnen die Antwort auf eine Frage während einer Prüfung nicht einfiel, die Lösung in dem Moment, wo sie hinausgehen und frische Luft atmen. Warum? – Darum, weil sie in dem Moment, wo sie hinausgehen, das Problem los sind und dadurch die Freiheit ihres Geistes wiedergewinnen. Das entfernt die Schranke zur Weisheit und macht deren freien Fluß möglich.

Wenn Sie vor einem Problem stehen, versuchen Sie, Ihren Geist in ähnlicher Weise von ihm abzuwenden und üben Sie *Shinsokan,* indem Sie bekräftigen: »Gottes Weisheit fließt in mich ein.« Bewahren Sie Ihr Bewußtsein klar wie einen Spiegel; und erst nachdem Ihr Geist seinen Frieden wiedergewonnen hat und kristallklar geworden ist, suchen Sie nach einer Lösung. Es ist sicher, daß Ihnen gute Ideen kommen. Das, was zwischen Ihnen und dem Strom der unendlichen göttlichen Weisheit steht, ist nichts als Ihre eigene Verblendung.

Das Unterbewußtsein in Übereinstimmung mit dem Geistbewußtsein halten

Warum kennen Hoffnungen kein Ende und keimen weiter eine nach der anderen, auch wenn eine bereits verwirklicht worden ist? – Weil wir, als Ausdruck des Unendlichen Seins (Gottes) das Unendliche in uns verkörpern. Jedermann ist ein Träger für bewußten Selbstausdruck des universellen Lebens; das heißt jeder von uns stellt ein Ventil dar, durch das das innewohnende Unendliche bewußte Verwirklichung auf dieser körperlichen Ebene erfährt. Anders gesagt, durch Wünsche, die unaufhörlich neu entstehen, entfaltet sich die latent in uns vorhandene Unendlichkeit der göttlichen Welt in sichtbarer und erkennbarer Form.

Jedoch kann es Zeiten geben, zu denen Ihre Hoffnungen nie Frucht zu tragen scheinen, und infolgedessen werden Sie enttäuscht und entmutigt. Wenn Ihr Wunsch nicht Wirklichkeit wird, so entweder, weil der Wunsch in Ihrem Bewußtsein nicht mit dem Ihres Unterbewußtseins übereinstimmt, oder weil Ihre Bemühungen nachlassen oder Ihnen die starke Unterstützung des Glaubens fehlt.

Wenn Ihr Geistbewußtsein (das Bewußtsein, das in Ihrem jetzigen Bewußtsein dominiert) abgelenkt wird durch das, was in der äußeren Welt geschieht, und es versäumt, den Wunsch Ihres inneren Bewußtseins aufzufassen oder wahrzunehmen, wird es ihn zu einem selbstsüchtigen Wunsch verzerren. Wenn das geschieht, gewinnt dieser Wunsch keine entsprechende Bekräftigung durch das Unterbewußtsein und wird daher an der Materialisierung gehindert.

Professor Glenn Clark nennt diese Theorie ›Hirschfuß‹; das heißt, die Ursache, warum ein Hirsch fähig ist, einen felsigen Berg, wie steil auch immer, zu erklimmen, ohne fehlzutreten oder zu stürzen, ist, daß seine Hinterfüße (das Unterbewußtsein) genau dorthin treten, wo seine Vorderfüße (Geistbewußtsein) gegangen sind.

Seien Sie ehrlich sich selbst gegenüber

Einige Leute sagen, wenn sie Ferien gemacht und Spaß gehabt haben: »Es ging uns prima heute.« Daran ist nichts auszusetzen. Nur: Wenn allein Ferien Freude machen und Arbeitstage nicht, ist das nicht gut. Der Mensch, als Kind Gottes, sollte jederzeit glücklich sein. Außerdem ist die Arbeit, die man tut, eine von

Gott verliehene Aufgabe (zur gegebenen Zeit und am gegebenen Ort), so daß man, wenn man arbeitet, es im Herzen wissen sollte, daß man ›mit Gott‹ ist.

Man sollte sich sowohl zufrieden fühlen wie auch Erfüllung in der Arbeit finden. Die Ansicht, daß nur Ferien Freude machten, stammt von dem egoistischen Denken Erwachsener, das sich uns während unserer Kindheit eingeprägt hat durch Andeutungen, daß es schöner sei, einen Tag zu seinem eigenen Vergnügen zu verbringen, als zu arbeiten und die Interessen anderer zu unterstützen.

Der Mensch sollte ehrlich sich selbst gegenüber sein. Aber ehrlich zu leben heißt nicht egoistisch leben, ohne Rücksicht und unter Vernachlässigung des Glücks anderer Leute. Vielmehr heißt es im wahren Sinn des Wortes, auf solche Weise zu leben, daß es anderen gefällt und zum Wohle aller beiträgt; denn der Mensch in seinem wahren Wesen, wie er von Gott erschaffen wurde, ist mit allen anderen verbunden.

Wahres Glück

Es ist dem Menschen unmöglich, das Gefühl wirklichen Glükkes zu kennen, solange er nach materiellen Dingen sucht. Natürlich ist es möglich, das Gefühl von Glück aus Materiellem abzuleiten, aber da dieses Gefühl kein wahres Glück ist, kann es nicht von Dauer sein.

Nur indem man nach geistigen Werten sucht, kann man wahres Glück fassen und halten. Es ist unmöglich, geistige Werte zu erlangen, indem man versucht, demjenigen zu gefallen, was dem körperlichen Auge sichtbar ist, das heißt der Physis. Nur indem man zum Universellen beiträgt, das hinter der körperlichen Existenz liegt, die scheinbar das Individuum ausmacht, kann man wahrhaftig geistige Werte erreichen. Das allumfassende Leben, das aller Menschheit gemeinsam ist, ist nicht körperlich, sondern geistig, so daß der Mensch nur dann wahre Freude daraus ziehen kann, wenn er dem universellen Leben der Menschheit dient, und Erfüllung darin finden kann, wenn er diese geistigen Werte erreicht hat.

Derjenige, der denkt, andere Leute seien ihm gegenüber kalt oder ungünstig eingestellt, muß seine Sicht vom Leben grundlegend ändern. Ich sage ›grundlegend‹, weil jeder Mensch seinem wahren, gottgeschaffenen Selbst nach ein Kind Gottes ist, weil diese ganze Welt Gottes Welt ist, von Grund auf geschützt durch Gottes Liebe und in Harmonie erhalten, und weil alle Menschen Brüder und Schwestern sind. Diese Wahrheit zu erkennen, bedeutet, sein Weltbild fundamental zu verändern.

Sie müssen verstandesmäßig erkennen, daß diese Welt geschaffen wurde und erhalten wird durch den einen Schöpfergott. Wenn Sie wirklich jemals solche Gedanken gehegt haben wie »Dieser Mensch ist mir feindlich gesinnt« oder »Der Manager meiner Gesellschaft behandelt mich kalt«, können die Ergebnisse keine guten gewesen sein, da das ›Leben‹ dem ›Lehren‹ entfremdet war. Nur wenn die Lehre im Alltagsleben verkörpert und integriert erscheint, wenn sie praktiziert wird, kann Glauben in einer Religion anfangen, eine Ergebnisse produzierende Kraft zu entfalten.

Was ist der Mensch?

Im Leben jedes Menschen gibt es eine Zeit, wo er sich ernsthaft mit der Frage auseinanderzusetzen hat: »Was bin ich?« Besonders auf die Jugend trifft das zu.

Viele Leute jedoch, unfähig, das wahre Wesen des Menschen zu erfassen und zu verstehen, werden gleichgültig, geben den Versuch auf, darüber nachzudenken, und schlagen sich so bedeutende Fragen wie »Was ist der Mensch?« aus dem Kopf. Sie sehen den Sinn des Lebens allein in sinnlichem und körperlichem Vergnügen.

Wenn nicht, so sind sie besessen von der Idee, materielle Dinge wie Geld oder Geschäftserfolg zu sammeln und anzuhäufen. In der Folge werden sie, obwohl nach außen hin größer und größer durch anwachsenden Erfolg und Reichtum, innerlich immer kleiner und leerer. Auf diese Weise werden viele Menschen zu hohlen Muscheln.

Wir dürfen nie resignieren, sondern müssen mit lebhafter und ernstgemeinter Ausdauer die Frage des ›Was bin ich?‹ oder des ›Was ist der Mensch?‹ verfolgen. In *Shōbōgenzō* lehrt der Zen-Mönch Dohgen: »Der Weg zum Buddhismus ist der, sich selbst zu finden; sich selbst zu finden heißt, sich selbst zu vergessen; sich selbst zu vergessen heißt, sein falsches Selbst zu negieren und zu verlassen und von allen Dingen zu lernen; wenn man sein falsches Selbst negiert, kann man wahrhaft Gottes Wirklichkeit in allen Erscheinungen um sich herum abgebildet sehen; denn wenn man auf diese Weise selbstlos wird, indem man mit seinem kleinen Ego fertig wird, wird sich das kleine Ego anderer auch auflösen, so daß nur Buddhaschaft aus allem scheinen wird.« Wahrhaftig, Buddhismus heißt, sich selbst zu finden, zu wissen, was der Mensch wirklich ist.

Falsches Selbst

Es mag so scheinen, als ob, um sich selbst zu finden, ein genaues und gründliches Studium des Selbst vonnöten wäre; aber Dohgen sagt im Gegenteil, »sich selbst finden heißt: sich selbst vergessen«. Diese paradoxe Lehre verweist deutlich auf die Existenz eines wahren und eines falschen Selbst im Menschen. Von daher können wir, um Dohgens Worte verständlicher zu machen, diese modifizieren, indem wir sagen: »Sein wahres Selbst finden heißt: sein falsches Selbst vergessen.«

Das falsche Selbst ist dasjenige, das, sich selbst als von anderen getrennt wahrnehmend, eine dualistische Sicht der menschlichen Beziehungen annimmt und sie mit dem Glauben an das ›Überleben der Bestangepaßten, Stärksten‹ koppelt. Konsequenterweise kommt es schließlich dahin, gleichgültig demgegenüber zu sein, ob es andere verletzt oder das Ergebnis ihrer Bemühungen um eigenen Profits und Vergnügens willen zerstört. Man tut wirklich gut daran, ein solches falsches Selbst zu vergessen. Wenn Sie das falsche Selbst verlassen haben, das Sie dazu bringt, andere zu diskriminieren, werden Sie wahrnehmen, daß Sie selbst eine allumfassende Existenz sind, die überallhin ausstrahlt, und daher eins mit allem auf der Welt. Das ist genau, was Dohgen mit seinen Worten lehrte: »Sich selbst vergessen heißt: sein falsches Selbst negieren und verlassen und von allen Dingen lernen.«

Wahres Selbst

Für jene, die mit brennendem Ernst und ohne nachzulassen weiterhin der Frage auf den Grund gehen wollen, was das Wesen des Menschen sei, wird die Zeit kommen, da ihnen plötzlich die intuitive Wahrnehmung aufdämmert, daß das Leben viel größer ist als die physische Existenz, für die sie es gehalten hatten. In der buddhistischen Literatur und in der Bibel wird berichtet, wie ernsthaft sowohl Sakyamuni als auch Jesus sich mit Meditation wie auch mit anderen praktischen Übungen beschäftigten, auf der Suche nach ihrem wahren Selbst. Während und nach dieser Zeitspanne wurden sie durch ihr falsches Selbst oder ›Satan‹ versucht – ein letztes Zeichen von Irreführung; aber mit deren Zusammenbruch fanden sie beide zu wahrer Erleuchtung. Sakyamuni entdeckte seine wahre Buddhanatur, und Jesus erkannte sich selbst als ein Kind Gottes.

In Wahrheit wohnt im Menschen Buddhaschaft oder Göttlichkeit. Wenn sie gebildet und entwickelt wird, sollte sie Sie in die Lage versetzen, unbegrenzte Kraft zum Ausdruck zu bringen. Die Unfähigkeit, so zu handeln, resultiert einfach daraus, daß Sie, wie viele Leute, sie nicht ernst genug suchen und entwickeln. Sie ist auch eine Folge davon, daß Sie sich selbst als eine körperliche Existenz ansehen, begabt mit nur begrenztem Wissen und eingeschränkten Fähigkeiten, und weil Sie sich selbst verkleinern und herabsetzen.

Heiliger Schmerz

Professor William James, der eine pragmatische Theorie entwikkelte, indem er Psychologie, Philosophie und Religion in eine Disziplin integrierte, die auf das tägliche Leben angewendet werden kann, behauptet, daß der Mensch, selbst wenn er unter normalen Umständen denken mag: »Ich habe mein Bestes getan und all meine Fähigkeit ausgenutzt«, nur 25 Prozent seines wirklichen inneren Potentials ausgeschöpft hat. Wenn wir erst einmal wirklich den innewohnenden Gott in uns selbst erkannt haben, wird sich die qualvolle Frage »Ist das Leben lebenswert?« oder »Was ist der Sinn des Lebens?« von selbst lösen. Das Fragen nach dem Wesen des Lebens ist ein heiliger Schmerz, der von innen kommt, ein Zeichen des innewohnenden Gottes, der danach schreit, von den physischen Sinnen oder dem Bewußtsein erkannt zu werden.

Es ist genau wegen dieses inneren Dranges, Gott anzuerkennen, der bereits in uns ist, daß wir uns mit der Frage nach dem Leben quälen. Hätte Gott nicht seinen Sitz in uns und wäre der Mensch bloß ein Stück Physis, so würde Erkenntnis oder Bewußtsein auf der körperlichen Ebene keinen geistigen Konflikt oder Widerspruch hervorrufen, und eine solche Frage nach der Bedeutung des Lebens könnte nicht entstehen.

Erkenntnis der unsichtbaren Welt

Natürlich sind wir in gewisser Weise körperliche Existenzen. Physisch gesehen leben wir in Beziehung zum körperlichen Universum und nehmen die Dinge mit den Organen unserer fünf Sinne wahr – Auge, Ohr, Nase, Zunge und Haut – und leben und handeln entsprechend dem, was sinnlich erkannt wird.

Trotzdem gehört zum Menschen etwas mehr. Wir können uns nicht davon abhalten, über die unsichtbare Welt nachzudenken. Wir grübeln darüber, was der Geist ist, ob die Seele nach dem physischen Tode weiterexistiert oder ob es Gott gibt. Der Grund dafür, daß wir das tun, liegt darin, daß wir, während wir einerseits in Beziehung zur sichtbaren Welt existieren, andererseits der unsichtbaren Welt angehören. Jedoch sind, um die unsichtbare Welt wahrzunehmen, die körperlichen Sinnesorgane nicht sehr hilfreich.

Wir müssen zu tiefer Kontemplation wie Zen-Meditation oder anderen ähnlichen geistigen Praktiken unsere Zuflucht nehmen oder aber *Shinsokan*-Meditation praktizieren. Indem wir so in einen selbstlosen Zustand eingetreten sind, rufen wir von innen das hervor, was über und jenseits der körperlichen Wahrnehmung ist.

Strom, der innerhalb des Lebens fließt

Wir müssen tief in die heilige Quelle graben, die innerhalb unseres Lebens fließt – unser latentes unterirdisches Reservoir, unser innerer heiliger Strom des Lebens –, um sie als beständige Quelle heiligen Wassers, die niemals austrocknet, an die Oberfläche zu bringen. Obwohl Wasser, das auf der Bodenoberfläche läuft wie das Wasser eines Flusses, den Vorrat für den Hausgebrauch stellen kann, kann es doch manchmal vertrocknen, oder Schmutz kann es zum großen Teil verunreinigen, wie zum Beispiel zu Zeiten von Überschwemmungen. Dieses Wasser, das auf der Bodenoberfläche fließt, ist wie der Verstand des menschlichen Gehirns, der in der physischen Welt auftaucht. Er kann austrocknen oder durch unreine Dinge verschmutzt werden.

Die Weisheit der wahren Welt oder Welt Gottes jedoch kennt keine derartige Begrenzung. Wenn sie in Anspruch genommen wird, zeigt sie sich vollständig unbefleckt von der Oberfläche des Bodens.

Ein Reisender, erschöpft und durstig, fühlt seine Lebensgeister wiedererweckt, wenn er eine Quelle findet, die aus dem Boden sprudelt. So ist es mit Ihnen. Wenn Sie vor einem schwierigen Problem stehen, das keine körperliche oder intellektuelle Anstrengung lösen kann, graben Sie und rufen Sie die Weisheit der göttlichen Welt an, die verborgen in Ihrem Leben läuft. Diese Weisheit wird Sie zweifellos zur Lösung des Problems führen und von daher zur Erneuerung Ihres Lebens.

Weisheit aus Gottes Welt

Der Mensch, so wie er von Gott erschaffen ist, ist ›individuell-eins verschmolzen‹ – mit anderen Worten, während er ein Individuum ist, ist er zugleich universell. Wenn Sie außer acht lassen, was durch die fünf Sinne wahrgenommen wird, und statt dessen auf die Stimme der Weisheit hören, die aus Gottes Welt kommt, und sich ihr in völligem Vertrauen fügen, können Sie gewiß sein, einen Weg zu Frieden, Harmonie und gegenseitiger Unterstützung zu finden. Andererseits, wenn Sie die Führung durch die Welt Gottes ignorieren und Ziele und Profit zu Ihrem eigenen Nutzen und nach eigenem intellektuellen Manövrieren verfolgen, müssen notwendig Mißhelligkeiten und Konflikte entstehen und Ihren Weg behindern.

Wenn Sie daher eine wichtige Angelegenheit ausführen, folgen Sie nicht der bloßen intellektuellen Entscheidung, sondern empfangen Sie Führung von der Weisheit der Welt Gottes, indem Sie meditieren.

Shinsokan ist nicht unbedingt erforderlich, wenn der eigene Geist sich in einem völlig natürlichen, selbstlosen Zustand befindet, weil das, was dann an die Oberfläche tritt, Weisheit seines inneren Selbst ist. Sie wird ihn davon abhalten, Fehler gemäß Einflüssen der körperlichen Welt zu begehen. Unter gewöhnlichen Umständen haben wir jedoch eine Tendenz, in Verfolgung unseres eigenen Vorteils nur auf der Basis unserer physischen Wahrnehmung zu urteilen. Eine solche Haltung ruft sofort geistige Unruhe in Gestalt von Reibungen und Konflikten hervor, wie auch Besorgnis und Angst. Es ist daher ausschlaggebend, daß wir immer *Shinsokan* üben und die Weisheit von Gottes Welt hervorrufen.

Naturgesetz und Gesetz des Geistes

Das Gesetz ist der der Weisheit der gottgeschaffenen Welt entspringende Befehl, der den Selbstausdruck des Lebens regelt. Eine folgsame Übereinstimmung mit dem Gesetz hilft daher dem Leben, sich selbst frei zum Ausdruck zu bringen, indem es die Dinge in die Lage versetzt, reibungslos voranzukommen. Im Gegensatz dazu würde ein Handeln gegen das Gesetz die Dinge daran hindern, glatt und erfolgreich vonstatten zu gehen, und Schmerz und Unannehmlichkeiten schaffen. Das ist nicht so, weil Gott Sie etwa strafen wollte, sondern es ist vielmehr so, als wenn jemandem, der gegen den Strom anzugehen versucht, viel mehr Schmerz begegnet, als einem, der mit ihm schwimmt. Manchmal ertrinkt auch einer darin. Da Gott nicht in der Sprache der Menschen spricht, gibt es keinen anderen Weg für den Menschen, als das Gesetz selber zu entdecken.

Innerhalb des Gesetzes gibt es die Naturgesetze und die Gesetze des Geistes, die zusammen die beiden Seiten der Ordnung darstellen, durch die das Leben sich selbst verwirklicht. Daher sollten beide mit gleicher Wichtigkeit behandelt werden. In den alten Zeiten waren die Menschen Gegenstand vieler natürlicher Gefahren, da die Arten von Naturgesetzen, die sie entdeckten, auf einer niedrigen Ebene lagen, und ihr Leben war unsicher gemäß ihrer Unwissenheit. Als die Leute mehr über das Naturgesetz entdeckten und mit ihm in Übereinstimmung lebten, entwickelte sich Zivilisation, und die Stabilität im menschlichen Leben nahm zu. Nichtsdestoweniger kennt die Menschheit immer noch nicht das Gesetz des Geistes, so daß von dieser Seite Gefahr das menschliche Leben bedroht. Die Atombombe ist eine dieser Gefahren.

Leben, wenn es nicht gegen das Gesetz des Geistes, sondern in Übereinstimmung mit ihm gelebt wird, indem man weisen Gebrauch davon macht, ist gar nicht so unglücklich und auch nicht gefährlich; auch ist es nicht so kompliziert, wie man meinen möchte.

Wenn man liebt, wird man geliebt werden: Wenn ein Land das andere als aggressiv verdammt, wird es seinerseits als kriegstreibend bezeichnet werden. Selbst der Präsident der Vereinigten Staaten oder der Premier der Sowjetunion kennen dieses simple geistige Gesetz nicht, so daß all ihre wie auch immer gearteten Versuche nur dahin gehen, materielle Gesetze zu entdecken.

Daher kommen sie am Ende nur dahin, daß sie um die Wette Atom- und Wasserstoffbomben produzieren. Darum steht die Menschheit durch Krieg beständig am Rande der Zerstörung. Um Frieden in die Welt zu bringen, gibt es keinen anderen Weg, als das ›Gesetz des Geistes‹ schnellstens unter der Menschheit zu verbreiten.

Anwendung des geistigen Gesetzes

Der Wert eines Landes oder einer Nation hängt von der Qualität ihrer Menschen ab, das heißt davon, ob sie groß sind oder nicht.

Die Größe eines Volkes besteht nicht nur in dem, was es über die Gesetze der Natur und der Wissenschaft weiß, oder in seiner Fähigkeit, sie im täglichen Leben anzuwenden, sondern auch in seinem ausgewogenen Wissen von dem Gesetz des Geistes und seiner Fähigkeit, mit ihm übereinzustimmen und es anzuwenden. Der Anwendung des Naturgesetzes Priorität einzuräumen und somit das geistige Gesetz zu vernachlässigen, wie es die Menschheit tut, bedeutet, daß sie sich selber der Gefahr der Auslöschung durch Selbstzerstörung entgegentreibt, wie wir sie heute in unserer Welt sehen. Wir müssen eine auf dem geistigen Gesetz aufbauende Wissenschaft weithin bekanntmachen, damit wir ein ausgeglichenes Wissen sowohl von den Naturgesetzen wie auch von den Gesetzen des Geistes erlangen. Nur dies ist die Grundlage, auf der ein Weltfriede gebaut werden kann.

Substanz gegen Methodenlehre

Prächtige Zeremonien, Kostüme und Gebäude – ein Ausdruck der Würde der Welt Gottes in der physischen Welt – sind nützlich und hilfreich, um in den Leuten eine Vorstellung von der Herrlichkeit des himmlischen Paradieses zu erwecken. Die Substanz einer Religion sollte jedoch nicht in der Würde von Zeremonien, Zeremoniengewändern, Kirchen oder Monumenten bestehen. Sie sind nicht mehr als ein Mittel und stellen nicht das Wesentliche dar. Daher haben wir in Seicho-No-Ie keine prächtigen und verwickelten Zeremonien; alles, was wir haben, ist eine Zeremonie, während der die Heilige Sutra ›Nektarregen der Heiligen Lehre‹ gelesen wird und die die Worte der Wahrheit verkörpert. Selbst bei dieser Zeremonie trägt der Leiter seine normale Kleidung und bemüht sich nicht um irgendeine Art von Dekoration. In jedem Fall verlassen wir uns, um die Wahrheit zu verbreiten, auf die Kraft des Wortes, die wir in verschiedenen Veröffentlichungen, Lesungen, Rundfunksendungen etc. zu vermitteln suchen.

Da Seicho-No-Ie das Ziel der Verwirklichung des inneren wahren Selbst mehr betont als die äußere Form, begrüßen wir alle Menschen gleichermaßen mit Verehrung als Kinder Gottes, ob sie nun schön oder schäbig gekleidet sind. Weil jedoch selbst diejenigen, die in dieser materiellen Welt als arm erscheinen, tatsächlich über unendlichen Wohlstand in der gottgeschaffenen Welt verfügen, ist es durchaus keine Ehre, nichts von diesem wahren Wesen zu wissen und in Armut zu sein.

Wenn man sich das Gesetz des Geistes zu Herzen nimmt und mit aller Kraft danach strebt, den Wohlstand der gottgeschaffenen Welt auf der physischen Ebene zu realisieren, wird man tatsächlich auch materiell wohlhabend werden. Daher ist es wirklich eine große und tugendhafte Tat, die Leute sowohl die Wahrheit wie das Gesetz des Geistes zu lehren.

Wie man den Samen des Wohlstands sät

Selbst jene, die arm sind, sind nicht arm ihrem wahren, gottgeschaffenen Wesen nach. Sie wissen bloß nicht, wie sie den Wohlstand der göttlichen Welt zum Ausdruck bringen und realisieren sollen. Wahrscheinlich ist das so, weil sie das geistige Gesetz nicht kennen, das sagt: »Gebe, und dir wird gegeben werden.« Kärglich und knauserig, in der Überzeugung, daß Geld zu sparen, ohne welches auszugeben, der einzige Weg sei, um reich zu werden, verfehlen sie, zu erkennen, daß anderen Leuten zum Wohle Geschenke zu machen so sein würde, als ob man einen Samen des Wohlstands aussäte. Es stimmt, daß der Same, der in einem Safe angehäuft wird, nicht verfällt. Bevor er jedoch in den Boden gesät wird, kann er nicht keimen, um sich hundertfach, tausendfach und zehntausendfach zu vervielfältigen. Genau deshalb lehrte Sakyamuni, »herumzugehen und die Leute in der Zeit des Hungers sogar noch um mehr Essen zu bitten«.

Zur Zeit des Hungers wird keine Ernte eingebracht, so daß die Farmer selbst in Armut sind. *Takahatsu* bedeutet, von Tür zu Tür zu gehen und eine Gabe Reis zu verlangen, Reis, der mit Verständnis gegeben werden kann – trotz der wirtschaftlichen Schwierigkeit. Warum wird das getan? – Es wird getan, damit die Leute erkennen, daß die aus der mageren Ernte resultierende Armut durch die Nichtachtung des Gesetzes ›Gebe, so wird dir gegeben werden‹ verursacht wird; das heißt, daß sie das Endergebnis des Versäumnisses ist, den Samen des Wohlstands im Himmel und auf der Erde zu säen. Darum sagte Sakyamuni, man solle zur Zeit des Hungers sogar noch öfter zu den Farmern gehen, um ihnen zu helfen, die Saat der Güter zu säen, indem man in ihrem Geist einen Willen zum Schenken erweckt.

Unbemerktes Kommen des Segens

Menschen beeinflussen sich gegenseitig, wenn sie miteinander in Kontakt kommen, durch die Luft oder Atmosphäre, die sie mit sich tragen. Da alle Menschen, indem sie leben, wesenhaft eins sind, stehen sie miteinander in Wechselbeziehungen; geradeso wie ein Erdbeben in Chile eine Flutwelle in irgendeinem Teil Japans verursachen kann, weil das Wasser im Meer eins ist. Es braucht nicht einmal unbedingt den Austausch von Worten, damit Leute sich berühren, obwohl der Gebrauch der Kraft des Wortes den Grad der Einflußnahme steigert. Manchmal können sogar Worte, die durch das Telefon übermittelt werden, einen großen Eindruck auf das Bewußtsein desjenigen machen, der sie hört. Ich sah einmal einen Film, in dem eine Figur eine ernste Neurose entwickelte, nachdem sie Tag für Tag Telefonanrufe von einem Fremden erhalten hatte, der drohte, sie zu bestimmter Stunde an einem bestimmten Tag zu töten.

Warum dann nicht anstelle solcher furchteinflößender Worte solche Worte äußern, die Freude bei dem erzeugen, den Sie täglich treffen – ganz zu schweigen von der Zeit, die Sie mit ihm am Telefon reden; zum Beispiel Worte des Lobes und der Ermutigung wie »Du wirst erfolgreich sein«, »Dein Wunsch wird sich erfüllen«, »Du wirst gut in der Schule sein«, »Du wirst bald gesund werden«, »Du kannst nur gesund und fröhlich sein, weil du ein Kind Gottes bist«! Wenn Sie die Menschheit segnen, indem Sie solche Worte des guten Willens auf sie regnen lassen, werden Sie Ihrerseits selbst Wohlstand und Glück erreichen nach dem geistigen Gesetz: »Die, welche segnen, werden mit Segen belohnt werden.« Was Seicho-No-Ie durch seine Kampagne für Weltfrieden anstrebt, ist, der Menschheit durch die Kraft des *Wortes* Segen zu bringen.

Quelle des Lebens

Emmanuel Swedenborg behauptet: »Das Leben hat nur eine Quelle, und die Menschen sind jeder für sich ein Strom, der aus ihm herausfließt. So wird dieser Strom ohne eine konstante Erneuerung von der Quelle des Lebens her augenblicklich austrocknen.« Des weiteren fährt er fort: »...wer in Übereinstimmung mit dem Licht seiner inneren Vernunft denkt, kommuniziert mit der Ersten Ursache über ein bestimmtes Mittel, so daß seine Existenz aufhört, wenn dieses Verbindungsglied verletzt wird.«

Was Swedenborg als die ›einzige Quelle des Lebens‹ oder die ›Erste Ursache‹ bezeichnet, ist Gott.

Liebe, die keine Gegenleistung erwartet

Wie können wir aber mit der ›Quelle des Lebens‹ oder der ›Ersten Ursache‹ kommunizieren beziehungsweise ein Verbindungsglied zu ihr herstellen? Trotz der Tatsache, daß wir in Wirklichkeit bereits mit Gott verbunden sind, kann diese Verbindung nicht in die Wirklichkeit hinübergebracht werden, wenn unsere Wellenlänge nicht mit Seinen geistigen Schwingungen zusammenklingt. Da Gott Liebe ist, müssen wir, um uns auf die Schwingung der Liebe einzustimmen, unsere Herzen mit Liebe zu anderen Menschen erfüllen. Mehr noch: In der gleichen Weise, wie Gottes Liebe keine Belohnung erwartet, müssen auch wir Liebe geben, ohne eine Erwiderung zu erwarten.

Herrscher Wu aus der Liang-Dynastie im alten China war ein kenntnisreicher Schüler des Buddhismus, und man wußte von ihm, daß er eine so wunderbare Betrachtung einer bestimmten Sutra gegeben hatte, daß die Engel sie priesen und Hunderte von himmlischen Blumen ihr zu Ehren niederregneten. Er war sehr fromm und hatte außerdem aus anbetender Ehrfurcht viele Tempel errichtet. Trotz alledem: Als er den heiligen Dharma anläßlich seines Besuches aus Indien zu Verkündigungszwecken fragte: »Auf wieviel belaufen sich meine guten Taten?«, nachdem er ihm von seinen Schenkungen und seiner Hingegebenheit erzählt hatte, schnitt ihm Dharma das Wort ab, indem er rief: »Auf nichts!« und verließ ihn. Warum? – Weil der Herrscher in allem, was er tat, Belohnung und Gewinn erwartete – indem er Schenkungen machte, heilige Schriften las, Vorlesungen hielt usw. Nur Gaben, die frei von der Erwartung auf Belohnung gegeben werden, können eine wahre, geistige Belohnung garantieren.

Führung durch die unhörbare Stimme

Man wird in dem Maße mehr in Einklang mit der Quelle des Lebens oder dem Unendlichen kommen und fähig werden, wunderbare Eigenschaften zu manifestieren, die unter normalen körperlichen und geistigen Bedingungen nicht möglich sind, wie man einen Sinn für die Einheit mit Gott entwickelt.

Wenn im Gegensatz dazu der Geist egoistisch und individualistisch eingestellt ist, von materiellen Vorurteilen eingenommen, schwindet die geistige Harmonie mit dem ›universellen Leben‹ oder dem ›Ganzen‹ und macht normales, gesundes Leben unmöglich. Eine solche geistige Haltung schafft so die verschiedensten Sorgen, unharmonische Konflikte, Krankheiten oder geschäftliche Mißerfolge. Daher müssen wir unser Bewußtsein immer in einem guten Zustand halten, so daß wir mit dem Ohr des Geistes die Führung der ›unhörbaren Stimme‹ vernehmen können, der Stimme des großen Lebens. Zu diesem Zweck ist es auf alle Fälle wesentlich, daß wir wenigstens einmal täglich meditieren (wenn möglich, zweimal: einmal, wenn wir nachts zu Bett gehen, und das andere Mal, wenn wir morgens aufstehen), den Kanal unseres Geistes Gott zuwenden und mit ihm kommunizieren. Indem wir das tun, werden wir eine intuitive Fähigkeit entwickeln, wodurch wir uns irgendwie von Gefahr fernhalten können – indem wir beispielsweise Straßenbahnen oder Automobile vermeiden, denen später ein Unfall zustößt.

Geheimnisvolle Kraft, die im Menschen wohnt

Im Menschen ist eine geheimnisvolle, verwunderliche Kraft. Während einige Menschen diese Fähigkeit in gewissem Grade weitergebildet haben, haben andere sie kaum entwickelt. Eine Beobachtung derjenigen, die dieses Potential genutzt haben, zeigt an, daß diese Fähigkeit bei weitem das intellektuelle Wissen des Gehirns oder die Wahrnehmung der körperlichen Sinne übersteigt, in ihrer Natur von diesen völlig verschieden.

Durch ernste und sorgfältig praktizierte Meditation kann jeder diese innere Begabung kultivieren. Obwohl die geheimnisvolle innere Fähigkeit verschiedene Formen annimmt, wenn sie sich materialisiert, ist die größte unter ihnen das intuitive Erfassen der gottgeschaffenen Welt (auf das im Buddhismus Bezug genommen wird als ›Erlangen der Weisheit Prajñās‹); so kommt zum Beispiel einigen Leuten die Inspiration in Form einer ›Stimme‹, während andere sie als ›Gestalt‹ erleben. Was noch wünschenswerter ist als diese mysteriösen geistigen Phänomene, ist jedoch, daß es ins tägliche Leben integriert wird, alltägliche Angelegenheiten gerecht zu beurteilen. Die geheimnisvolle Weisheit wird dann selbst dort herangezogen, wo Sie Entscheidungen treffen, die auf gesunden Menschenverstand gegründet sind. Dann fangen Ihre Absichten an, die richtige Stelle zu treffen und alle Ihre Wünsche fruchtbar zu machen.

Essenz des Lebens – Weisheit

Die wirkliche Essenz des Lebens ist ›Energie‹, welche gleichzeitig Weisheit bedeutet. Leben wird da zur Existenz, wo Weisheit Chaos und Unordnung zu einem Ziel hin regiert und ordnet.

›Weisheit‹ bedeutet ›geistige Kraft, vermittels der Gedanken eine bestimmte Ordnung zu schaffen‹. In der Physik wird das Chaos Äther genannt, welcher von sich aus formlos ist und unfähig, irgend etwas zu erzeugen. Wenn das Chaos zerbricht und nach der Ordnung von ›yin‹ und ›yang‹ (Prinzipien von Minus und Plus) zusammengesetzt wird, bekommen die Dinge Existenz. Ohne Ordnung kann das Material nicht existieren; oder, umgekehrt ausgedrückt: Materie ist eine Form der Weisheit, die zur Manifestation gebracht worden ist. Von daher ist anorganische Materie, von Geist entleert, zwar theoretisch denkbar, in Wirklichkeit jedoch nicht existent. Materie ist nicht ›ein anorganisches Ding ohne Geist‹, sondern vielmehr ›als Ordnung realisierte Weisheit‹. Diese ›als Ordnung inkarnierte Weisheit‹ ist das, was die Menschheit so reichlich ausgeschöpft hat, indem sie menschliche Kulturen hervorbrachte. Ordnung unter dem Deckmantel der Freiheit zu zerstören heißt, menschlichem Fortschritt entgegentreten.

Ich bin mutig

In Schweden gibt es eine Maxime, die lautet: »Fürchte wenig, wünsche viel; iß wenig, verdaue viel; seufze wenig, atme leicht;

rede wenig über Unwesentliches, aber sprich Worte der Wahrheit in Fülle; hasse wenig, aber liebe viel. Und alles, was gut ist, wird dein werden.«

Was sollte man tun, um sich nicht zu fürchten? Sich ›wenig zu fürchten‹ bedeutet, ›mutig‹ zu sein. Wie kann man aber mutig oder tapfer werden? – Da alles, was im Bewußtsein bestätigt wird, sich in der Wirklichkeit manifestiert, sollte der, der sich Mut wünscht, bewußt versichern, daß er bereits mutig ist. Jeden Tag sollte er sich sagen: »Da ich ein Kind Gottes bin, bin ich mutig; ich bin tapfer. Mut besitze ich bereits.« Ständige Wiederholung dieser Bejahung wird dem Unterbewußtsein den Eindruck eingravieren, ›daß ich Mut besitze‹, und das wird bei Gelegenheit das mutige Selbst an die Oberfläche bringen, das aus der ›wirklichen, gottgeschaffenen Welt‹ stammt.

Wahrhaft allgemeingültige Religion

Die Religion, die darauf besteht, die einzige Religion zu sein, die die Seelen der Menschen retten könne, ist eine selbstsüchtige Organisation und hat etwas von Partisanentum in sich. Wenn es wahr wäre, daß man von keiner anderen Religion Rettung erfahren könnte, dann folgte daraus doch wohl, daß Leute, die vor der Gründung dieser Religion gelebt haben, keinen Weg hatten, jemals gerettet zu werden. Gott kann unmöglich so lax, unzuverlässig und unvollkommen sein.

Nicht im Namen einer Religion, einer Partisanenorganisation oder eines Bildes – des Gegenstandes der Verehrung – wird die menschliche Seele gerettet, sondern durch die *Wahrheit* selbst. Die Wahrheit hat immer existiert, schon vor der Gründung jeder Religion oder religiösen Organisation, vom anfanglosen Anfang bis in Ewigkeit existiert sie. So hat die Menschheit schon immer Rettung erlebt, bevor auch nur eine Religion gebildet wurde. Seicho-No-Ie erlebt und erklärt diese Wahrheit in reiner und allgemeingültiger Weise.

Sokagakkai denunziert Seicho-No-Ie, indem er sagt: »Seicho-No-Ie ist nicht rein, weil es eine Kombination verschiedener Religionen ist, gegründet auf deren ausgewählte gute Aspekte; dagegen ist Sokagakkai sehr rein, da es nur die Lehre des Mönchs Nichiren lehrt, und daher steht es weit über so einer religiösen Mixtur.« Nichtsdestoweniger war die Lehre Nichirens dazu bestimmt, Leuten in einer Periode der Weltuntergangserwartung einzuleuchten; so war sie nicht ohne Begrenzungen, die ihr von den verschiedensten Faktoren der Zeit auferlegt wurden. In diesem Sinne machte sie vor der reinen Wahrheit halt, die universellen und ewigen Wert besitzt, und ist daher nicht unbedingt allgemeingültig. Wahrheit ist das, was überall gültig ist und zu jeder Zeit, über die Grenzen von Ort und Zeit hinaus, und dazu in der Lage, alle Menschen gleichermaßen zu retten.

Seicho-No-Ie wählt aus anderen Religionen nur das aus, was allgemein wahr ist

Einige Leute klagen Seicho-No-Ie an, eine Religion zu sein, die sich auf eine Mixtur und Kombination gründe, weil ihre Schriften Hinweise auf die Lehren Sakyamunis, des Mönchs Shinran oder des Gründers von Tenrikyo einschließen oder Beispiele dafür anführen, wie Jesus die Kranken heilte. Der Grund, warum wir uns den Lehren jener Retter zuwenden, die Religionen wie Christentum oder Buddhismus gründeten, ist, daß diese Religionen, obwohl man annehmen sollte, daß sie Kerzen zur Erleuchtung der Welt seien, nun am Rande des Verlöschens stehen, da sie ihre ursprüngliche Kraft, Menschen zu retten, verloren haben. Nicht daß wir versuchten, eine neue Religion zu erschaffen, indem wir sie kombinierten; wir versuchen nur, ihr Licht wiederzubeleben. Abseits von jenen kurzlebigen okkulten Bewegungen, die emporschießen wie Bambussprossen nach dem Regen, müssen jene Religionen, die auch nach Hunderten von Jahren noch die Herzen der Leute ansprechen, irgendeine unschätzbare Wahrheit besitzen, die den Menschen zu retten vermag.

Sie sind jedoch von unreinen Bestandteilen getrübt, die nichts mit der Wahrheit zu tun haben und die im Anfangsstadium, als diese Religionen geboren wurden, mit ihnen vermischt wurden, um den Gewohnheiten, den Sitten und dem öffentlichen Empfinden der Zeit Genüge zu tun. Da diese Bestandteile nicht allgemeingültig sind, verkamen sie nach und nach zu den Lehren, die mit dem Vergehen der Zeit den gradweisen Verlust an Licht und Kraft verursachten. Indem es die reinen Lehren von jenen unreinen Substanzen trennte, hat Seicho-No-Ie die bloße Wahrheit, wie sie von jenen Religionsstiftern gelehrt wurde, erfolgreich wiederhergestellt.

Im Verlaufe meiner Studien, die allgemeingültigen Lehren jener Gründer herauszufinden, entdeckte ich, daß in der Tat alle Religionen die gleiche Wahrheit umschlingen und zu dem einen Gipfel der Erfüllung führen. Daher behaupten wir, auf ihre Lehren gestützt, daß »alle Religionen von ein und derselben Wahrheit« sind, und wir legen diese Wahrheit in einer sehr allgemeinen Weise aus. Der Scheineindruck einer Mixtur der verschiedenen Religionen ist genau dem von Gold vergleichbar, das die gleiche Qualität hat, jedoch aus Erzen stammt, die in verschiedenen Minen gefördert wurden. Durch das Herausziehen der wahren Lehren verschiedener Religionen erleuchtet Seicho-No-Ie die Herzen der Menschen mit authentischer ›goldener Wahrheit‹ und bringt ihnen nicht nur Glück auf der körperlichen Ebene, sondern auch geistige Rettung. Unser Sich-Beziehen auf verschiedene Religionen hebt wahrhaftig nicht darauf ab, eine Mixtur zu erzielen, sondern vielmehr darauf, die authentische und ewige Wahrheit in diesen Religionen zu erkennen. Keine Religion lehrt die Wahrheit auf so allgemeine Weise wie Seicho-No-Ie. Noch mehr, indem es das tut, erlaubt es den Menschen, die Religion, an die schon ihre Ahnen glaubten, beizubehalten, und hilft ihnen dabei trotzdem gleichzeitig, die wahre Bedeutung dieser ihrer eigenen Religionen besser zu verstehen. Eine wahrhaft allgemeingültige und selbstlose Religion ohne die leiseste Spur von selbstsüchtigen und parteilichen Interessen – das ist Seicho-No-Ie.

Die Wahrheit macht Sie frei

»Die Wahrheit wird Sie frei machen.« Die Wahrheit, wie sie von Seicho-No-Ie gelehrt wird, ist die Essenz der Religionen, und sie ist authentisch. Daher werden die Ergebnisse, wenn man diese allgemeingültige Wahrheit wirklich anerkennt und sie tief in seine Seele hineintrinkt, plötzliche und dramatische sein. Es wird nichts geben, was nicht gelöst werden könnte, sei es nun eine Krankkeit oder eine andere Schwierigkeit.

Eine Religion ist etwas, was den Menschen vollständig von allen Irrtümern befreit und ihn zu völliger geistiger Freiheit führt – zu Freiheit von allen Sorgen, Ängsten und Kümmernissen. Bejahen sie bewußt, wann immer es möglich ist, die Wahrheit, daß der Mensch ein Kind Gottes und daher vollkommen ist. Wahrheit ist unendlich mächtiger als Unwahrheit. Zur rechten Zeit wird alles, was gegen das Sein als Kind Gottes ist, wie Unglück, Krankheiten und Katastrophen, aus dem Bewußtsein derer verschwinden, die diese Wahrheit bestätigen.

Lassen Sie die Traurigkeit der Vergangenheit hinter sich

Weil die einzig wirkliche Existenz das Sein des Menschen als ›Kind Gottes‹ ist, ist alles andere – das Böse – nicht existent. So gehören unerfreuliche Ereignisse der Vergangenheit an. Sie sind wie die Wolken, die zeitweilig aufziehen; wenn sie fort sind, können sie nirgends rekonstruiert werden, selbst wenn man versuchte, sie wieder einzufangen. Entwurzeln Sie daher alle negativen, unerfreulichen Ereignisse, die in der Vergangenheit stattgefunden haben, in Ihrem Geist und wischen Sie sie aus Ihrem Bewußtsein aus. Dann werden Sie die ›Kette des Bewußtseins‹ gesprengt haben, die versuchte, Sie in die unerfreuliche Welt zurückzuziehen, und Sie werden in der Lage sein, geradewegs auf die Welt der Freude zuzugehen.

Schicksal entsteht im Bewußtsein

Es gibt keine Menschenseele auf Erden, die nicht Glück, Reichtümer und gute Gesundheit sucht; aber warum kann man sie nicht erlangen? – Weil man in die falsche Richtung sieht. Sollten Sie denken, daß das menschliche Glück aus einem bestimmten Ding, Zustand oder Ort besteht, suchen Sie nach dem Glück dort, wo es nicht wirklich existiert.

Da das Schicksal des Menschen so ist, wie sein eigenes Bewußtsein es entwickelt hat, ist es vor allen anderen Dingen wesentlich, daß wir unser Bewußtsein in Harmonie und Frieden halten. Wenn wir beständig die Vollkommenheit der von Gott erschaffenen Welt im Geist bejahen und sie uns vorstellen, wird das, was wir tun – wenn auch in einer natürlichen und spontanen Weise – anfangen, diese Vollkommenheit in der Realität zu entwickeln und uns in der Folge Glück, Wohlstand und Gesundheit bringen.

Das ›Jetzt‹ zur Gänze leben

Drücken Sie Ihre Liebe ganz offen aus, wenn Sie mit Ihrer Familie zusammen sind, tauschen Sie Zeichen der Zuneigung aus und reden Sie fröhlich. Sie dürfen das gegenwärtige Leben, das ›Jetzt‹, nicht mit den Irrtümern der Vergangenheit oder mit bösen Vorahnungen für die Zukunft trüben. Ergreifen Sie das *Jetzt* mit aller Macht und leben Sie es vollständig und fröhlich aus. Seien Sie Gott dankbar, der die Quelle dieser Fröhlichkeit ist.

Wenn Sie arbeiten, konzentrieren Sie sich auf Ihre Arbeit, und seien Sie mit ganzem Herzen dabei – mit völliger Hingabe, in der Überlegung, daß Gott Ihnen beisteht. Glauben Sie, während Sie Ihre Arbeit tun, daran, daß Sie gerade dann mit Gott zusammen sind, und werfen Sie sich auf Ihre Tätigkeit mit brennender Dankbarkeit. Wenn Sie das ›Jetzt‹ dankbar leben, ohne dem nachzutrauern, was vergeht, und ohne abzulehnen oder zu beklagen, was kommt, wird Ihr Leben immer von Glück erfüllt sein.

Es gibt keinen Feind

Da alle Menschen Kinder Gottes sind und gleichermaßen Göttlichkeit und Buddhaschaft verkörpern, gibt es einfach niemanden, der seiner wahren Natur nach von Grund auf schlecht ist, noch gibt es im Grunde jemanden, der Ihnen schaden will oder

Feindschaft gegen Sie hegt. Hin und wieder mögen Sie scheinbar mit jemandem uneins sein und sich demzufolge gegenseitig wehtun, indem jeder darauf besteht, seine eigene Meinung durchzusetzen. Alle Menschen sind jedoch Teil eines Lebens in der göttlichen Welt; beruhigen Sie sich daher und hören Sie auf, den anderen anzugreifen oder mit ihm zu streiten. Begeben Sie sich in tiefe Versenkung, und schauen Sie in sein wahres Wesen als Kind Gottes. Bejahen Sie aus ganzem Herzen, daß Sie bereits in Harmonie mit ihm sind. Zur rechten Zeit wird die Wirklichkeit des *Lebens,* das innerlich eins mit allen ist, in die sichtbare Welt treten und Versöhnung auch im tatsächlichen Leben möglich machen.

Jesus lehrte: »Betet für eure Feinde.« Was das wirklich bedeutet, ist, daß Sie, da es in Wirklichkeit überhaupt keine Feinde gibt, mit dem geistigen Auge in die wahre Natur Ihres scheinbaren Feindes blicken sollten. Dies ist es, was ›lieben‹ wirklich bedeutet.

Fernsehen des Geistes

Was für einer Beschäftigung auch immer Sie sich widmen mögen, wohin immer Sie dafür gehen mögen, oder wen immer Sie heiraten mögen: Sie brauchen sich nicht zu sorgen oder ängstlich zu werden. Wo Sie auch sein mögen, es ist unzweifelhaft Gottes Land, wo Gott sich durchweg zum Ausdruck bringt, und Sein beständiger Schutz liegt über Ihnen. Wenn Sie mit der Bahn fahren, wenn Sie am Steuer sitzen, wenn Sie mit dem Schiff unterwegs sind, wenn Sie fliegen: Gott verläßt Sie auch nicht für einen Moment. Er ist immer bei Ihnen. Rufen Sie sich das ins Gedächtnis. Lassen Sie diese Tatsache nie aus Ihrem Bewußtsein entgleiten. Bleiben Sie sich ihrer immer lebhaft bewußt.

Gott zu erkennen, sich Gott ins Bewußtsein zu rufen, heißt, den Kanal des ›geistigen Fernsehers‹ auf Gott einzustimmen. Das wird Gottes Schutz in die Wirklichkeit umsetzen. Auf diese Weise werden Sie, egal wo Sie sind, sich immer in Sicherheit bewegen.

Quelle des Wohlstands

Wenn Sie sich Wohlstand wünschen, müssen Sie die Wellenlänge Ihres ›geistigen Fernsehers‹ mit der Quelle des Wohlstands verknüpfen. Da Gott die Quelle aller Resourcen ist, braucht nicht erst gesagt zu werden, daß die Quelle des Wohlstands bei Gott liegt. ›Sich einstimmen‹ heißt, geistig eins zu sein, eins mit allem, woran Sie nur denken. Es ist daher lebenswichtig, daß Sie den Kanal Ihres Bewußtseins auf Gott selbst einstimmen. Darum sollten Sie meditieren: »Gott, der Vater und Mutter ist, die mir Leben gaben, versäumt es nie, mir zu geben, was ich brauche.« Oder noch präziser: »Gott hat mich bereits mit allem ausgestattet.«

Sie dürfen Gottes Segnungen niemals anzweifeln oder begrenzen aufgrund von scheinbarer Armut, Feindschaft oder Schwierigkeit in Ihrem gegenwärtigen Leben. Wenn Sie sich nach einer passenden Stellung umsehen, sagen Sie sich immer und immer wieder: »Die Stellung, die ich suche, ist mir bereits von Gott vermittelt worden.« Erwecken Sie gleichzeitig in Ihrem Bewußtsein feste und tiefe Dankbarkeit für Ihre jetzige Stellung. Falls Sie arbeitslos sind, bieten Sie Ihre Dienste ohne die Erwartung auf Erkenntlichkeit an, indem Sie irgendeine Arbeit tun, die jemandem in Ihrer Umgebung zugute kommen könnte, z. B. Straßenkehren oder Fensterputzen, und sprechen Sie leise zu sich: »Ich bin dankbar. Ich habe bereits eine Stellung.« Das wird bald dazu führen, daß Sie eine für Sie geeignete Stellung finden, da Sie sich auf Gott eingestimmt haben, der die Quelle aller Energievorräte ist.

Kraft, Leben zu spenden; Kraft, die Kranken zu heilen

Das gesamte Universum ist der Ozean von Gottes großem ›Leben‹, das durchdrungen ist von der ›Kraft, allem Leben zu geben‹, der ›Schöpfungsenergie‹, die alles lebende Sein auf der Welt aus ›Leere‹ hervorgebracht hat, der ›Kraft, alle physiologischen Funktionen zu beherrschen‹. Dies ist die Kraft, die Kranken zu heilen. Jedes menschliche Wesen ist umgeben und umhüllt von dieser unendlichen Kraft, die das Leben alles Lebenden erhält, der Kraft, die alle Krankheiten kuriert. Jene unter Ihnen, die an einer Krankheit leiden und wieder gesund werden wollen, sollen sich auf die Schwingung dieser unendlichen Kraft einstimmen. Meditieren Sie wie folgt:

»Das All ist erfüllt von Gottes heilender Kraft. Ich wende mich nun der heilenden Kraft Gottes zu und stimme mein ganzes Sein auf sie ein. Gottes unendliche Heilkraft fließt nun im Übermaß in mich ein und wischt fort alle dunklen Gedanken, Sorgen und Kümmernisse und erfüllt all meine Organe und Zellen mit überschäumendem Leben. Ich genese. In jeder Minute, in jeder Sekunde gewinnen meine Zellen Energie wieder und werden mehr und mehr in einen gesünderen Zustand verjüngt und übergeführt. Auch nachdem ich diese Meditation beendet habe, wird die heilende Kraft des großen Lebens fortfahren, endlos in mich einzuströmen; es gibt also keinen Raum mehr für meine Krankheit, wo sie existieren könnte. Ich danke Dir, o Gott, für Deinen Schutz.«

Befreiung von selbstbeschränkenden Komplexen

Auch wenn Seicho-No-Ie nicht vorgibt, daß sein Ziel das Heilen von Krankheiten sei, hat es doch tatsächlich den Anstoß zu zahllosen Heilungen gegeben, wie die lebendigen Zeugnisse in unseren Veröffentlichungen immer wieder zeigen. Der Grund dafür, warum es bei der Heilung von Krankheiten hilft, wenn dies nicht das eigentliche Ziel ist, besteht darin, daß es die Wahrheit lehrt.

Wie Jesus sagte: »Ihr werdet die Wahrheit wissen, und die Wahrheit wird euch frei machen«, ist es die Kenntnis der Wahrheit, die zu allen Formen der Freiheit führt: Freiheit von Krankheiten, Freiheit von Armut, Freiheit von allen das Selbst einengenden Komplexen. Im Buddhismus wird der Weg, totale Freiheit des Geistes durch die Wahrheit zu erlangen, *›gedatsu‹* genannt (Befreiung des Geistes, die dadurch zuwege gebracht wird, daß er alle selbstauferlegten begrenzenden Schranken auflöst), und diejenigen, die *gedatsu* erreicht haben, werden Erleuchtete oder Buddhas genannt. In Wahrheit ist die wirkliche innere Natur des Menschen Buddhaschaft, daher auch vollständig frei. Der Grund, warum der Mensch körperlich Unvollkommenheit zur Schau stellt, ist nur der, daß er seine Buddhanatur in Ketten legt und daher seine innere Lebenskraft bindet, indem er ihr Beschränkungen auferlegt. Das verursacht einen Verlust an Freiheit und begrenzt seine eingeborenen Fähigkeiten, und als Folge davon unterliegt er einer Krankheit oder verarmt. Wenn man jedoch die Wahrheit erkennt, werden diese selbstbegrenzenden Ketten verschwinden, um die Abbildung der göttlichen Vollkommenheit in der Realität zu ermöglichen. Seicho-No-Ie ist eine weltweite, nichtkonfessionelle Bewegung zur Verbreitung dieser Wahrheit.

Dasjenige, was die eigene Lebendigkeit, die Umgebung oder das Schicksal bestimmt, sind die eigenen Gedanken, das heißt die Gedanken, die man bewußt hat. Es gibt zwei Wege, diese Gedanken zu ändern: Einer führt durch Verblendung, die von außen kommt, und der andere durch die Verwirklichung der Selbsterkenntnis im eigenen Innern.

Eine gewisse buddhistische Sekte, die in den letzten Jahren einige Verbreitung erfahren hat, besteht darauf, daß die Leute ein Objekt verehren, das für einen ›Glückserzeuger‹ erklärt wird. Sie erklären, daß man, »falls man es anbetet, glücklich wird«. Manchmal sprechen die Mitglieder dieser Sekte Leute an, nicht allein, sondern zu mehreren, und veranstalten eine Überredungssitzung in überzeugendem Tonfall, wobei sie wiederholt drohen: »Wenn Sie dies hier verehren, werden Sie glücklich werden. Wenn Sie an andere Religionen glauben, wird ein Unglück über Sie kommen; denn bis jetzt sind alle Religionen falsch gewesen.« Wenn ihre Überredung einen hypnotischen Effekt hat, der stark genug ist, kann die Verehrung dieses Gegenstandes sich manchmal als erfolgreich im Heilen von Krankheiten, für den Fortschritt in Studien und für die Verbesserung von Fähigkeiten herausstellen. Andererseits kann die Grundtechnik, andere Religionen abzuwerten in dem Versuch, Bekehrte zu gewinnen, Unglücksfälle, wie z. B. Verkehrsunfälle, zur Folge haben, wodurch der Geist dieser Methode, die den Zusammenstoß provoziert, gespiegelt wird. Diese Phänomene sind jedoch keinesfalls das Ergebnis der Verehrung jenes Objekts, sondern werden durch die Veränderung der eigenen Gedanken, die durch den Einfluß anderer herbeigeführt wurde, bewirkt. Wenn Beispiele von verschiedenen guten Ergebnissen dieser geistigen Haltung publiziert werden, steigern sie nur den Verblendungseffekt.

Eine Veränderung, die durch Verblendung durch äußere Vermittler bewirkt wird, ist wie Hypnose. In solchen Fällen wird man zu einem Sklaven des Hypnotiseurs reduziert und daran gehindert, eine eigenständige gesunde Persönlichkeit zu entwikkeln. So ist man der geistigen Unabhängigkeit eines freien Denkers beraubt. Wenn so etwas geschieht, wird das Individuum, für immer versklavt durch die Verblendung durch den Hypnotiseur, von den Führern einer solchen Sekte nach ihren Anordnungen manipuliert werden. Ich sah einmal eine Wochenschau, die einige junge Mitglieder zeigte, wie sie nach den Befehlen eines Führers herummarschierten, ganz wie in einer Armee. Als ich sie beobachtete, wie sie diesen Anordnungen Folge leisteten, in einem Zeitalter, wo Freiheit geschätzt und so hoch gepriesen wird, hatte ich das Gefühl, eine Gruppe hypnotisierter, geistig geketteter Leute zu sehen, und konnte sie nur bedauern. Sollte sich diese Organisation zu einer politischen Kraft entwickeln, so stellt sie ein großes Risiko für das Leben einer Nation dar, da ihre Mitglieder hypnotisierte Untertanen sind.

Erkenntnis, die aus dem inneren Selbst kommt

Vervollkommnung Ihres Schicksals, Steigerung Ihrer Fähigkeiten, Heilung Ihrer Erkrankungen etc., die durch die innere Überzeugung, daß das Leben des Menschen Gottes Leben ist, ermöglicht werden, sind völlig unabhängig von Verblendung und Einflüssen der äußeren Welt. Um genauer zu sein: Es geschieht durch die Manifestierung Ihrer inneren Vollkommenheit, daß sich Ihre Fähigkeiten wie auch Ihr Schicksal verbessern. Daher werden Sie, je tiefer der Glaube wird, um so weniger von der Verblendung anderer beeinflußt werden, und um so vollständiger werden Sie in der Lage sein, einen selbständigen Charakter zu entwickeln.

Nicht an den eigenen Unzulänglichkeiten kleben

Das Wichtigste beim Aufbau des Charakters einer Person ist, daß sie ihre Würde und Großzügigkeit ausweitet. Unzulänglichkeiten in anderen Leuten zu entdecken und zu kritisieren bringt nicht mehr, als daß man sich selbst verkleinert. Es ist eine Tatsache, daß ein solches Verhalten nur das Rohr verengt, das Sie mit Gott verbindet, und den freien Fluß der göttlichen Segnungen mit Müll behindert. Es muß daher nicht noch betont werden, daß Sie die Schwächen anderer nicht bloßstellen oder angreifen sollten. Mehr noch, es ist genauso unklug, daß Sie sich selbst wegen irgendeiner Unzulänglichkeit als dumm bezeichnen. Denn wenn man einer Unzulänglichkeit einen Platz für sich einräumt, wird sie nicht kleiner werden, sondern sich nur noch verstärken und vergrößern.

Natürlich muß man sich seiner Fehler bewußt sein, wie es auch genauso wichtig ist, zuerst die schmutzigen Kleider und die Unterwäsche herauszusuchen, wenn man Wäsche effektvoll behandeln will. Nichtsdestoweniger muß sie, wenn es zum richtigen Waschen kommt, mit vollständig sauberem, schmutzfreiem Wasser gewaschen werden. Das gleiche gilt für den Menschen. Mehr noch als ein Gefühl für Sünden und Fehlverhalten ist ein ›reines Denken‹ wichtig – ein Wissen, das bestätigt, daß wir als Kinder Gottes bereits im Besitz aller Verdienste und Tugenden Gottes sind und daß sie durch uns in vollständigem Ausdruck erblühen.

Drang im Seeleninnern

Es ist ein Obersatz vor allen anderen, daß Sie sich geistig vermittels Meditation zu der Höhe erheben sollen, wo Sie eng mit Gott verbunden sind. Meditieren Sie tief, und bejahen Sie geistig mit unveränderlichem Glauben, daß Ihnen das, was Sie sich wünschen, bereits gewährt wurde, und rufen Sie dann aus dem Kern Ihres Herzens selbst eine umfassende Dankbarkeit hervor. Eine der göttlichen Botschaften von Seicho-No-Ie lehrt: »Suche mit diesem dankbaren Herzen, und du wirst Mich und Meine wahre Rettung finden.«

Wenn Sie nach tiefer Meditation Ihr innerer Drang dazu bewegt, anderen Ihre Dienste anzubieten oder sich an öffentlichen Arbeiten zu beteiligen, sollten Sie diesem Impuls ohne Zögern und mit gleichbleibender Entschlossenheit folgen. Dieser selbstlose Akt der Liebe wird Sie in größere Nähe zu Gott bringen und konkrete Verwirklichung des Göttlichen schließlich möglich machen. Wenn Sie sich jedoch nicht die Mühe machen, diese liebende Tat Wirklichkeit werden zu lassen, obwohl es Sie dazu drängt, verzögern Sie damit möglicherweise die Verwirklichung Ihres eigenen Wunsches, weil Sie es von sich gewiesen haben, anderen zu geben, und Liebe nicht spontan ausgeübt haben.

Gleich und gleich gesellt sich gern

Wenn sich ein dunkler Gedanke in Ihr Bewußtsein einschleicht, ist das so, als ob die erste Bande Diebe in Ihr Haus eingebrochen wäre. Sollte dies geschehen, müssen Sie die erste Spur von düsteren Gedanken so schnell wie möglich aus Ihrem Bewußtsein löschen; sonst ist es sehr gefährlich, weil es anderen Dieben erlaubt wird, einer nach dem anderen in Ihren Geist einzudringen und Ihren wertvollsten Besitz fortzustehlen, Ihr ›fröhliches und hochgesinntes Bewußtsein‹. Wirklich, das unschätzbarste und wichtigste Gut für Sie ist ›Fröhlichkeit‹, weil diese Welt durch das Gesetz ›Gleich und gleich gesellt sich gern‹ regiert wird. Solange Sie sich mit guter Laune aufrecht halten und eine fröhliche Haltung bewahren, werden sich strahlende Ereignisse in ihrem Leben sammeln, die Glück, Gesundheit und Wohlstand mit sich führen.

Andererseits sind, wenn ein dunkler Gedanke, der in Ihr Bewußtsein gedrungen ist, andere Kräfte überrennt, um zu Ihrer ersten und überwiegenden emotionellen Kraft zu werden, düstere Vorkommnisse wie Krankheit, Mißgeschick, Unglück und Armut unvermeidbar – auch dies nach dem Gesetz der dinglichen Welt: ›Gleich und gleich gesellt sich gern.‹

Rosen und Dornen im Rosengarten

Menschen besitzen sowohl gute als auch schlechte Seiten. Es ist wie mit Rosen in einem Rosengarten: Wenn Sie an Rosen nur das Gute beobachten und schätzen, Ihre Augen nur auf den schönen Blumen ruhen lassen, während Sie ausrufen: »Das ist wunderschön!« oder »Das ist himmlisch!«, werden Sie nur die Schönheit der Rosen sehen. Wenn Sie in gleicher Weise die Leute betrachten, gibt es wirklich nur schöne Menschen auf dieser Welt. Im Gegensatz dazu findet die Freude an der Schönheit der Rosen keinen Platz in Ihnen, wenn Sie Dornen, Würmer oder Schaben auf der Rückseite der Blätter bemerken und von dieser Wahrnehmung in Besitz genommen werden. Ihr Bewußtsein ist dann lediglich mit unerfreulicher Häßlichkeit beschmiert.

Das gleiche ist es mit dem Leben. Wer nur die Unzulänglichkeiten anderer bemerkt und an ihnen fett wird, für den gibt es keine Möglichkeit, das Leben oder seine Schönheit zu genießen, noch kann er die Schönheit des menschlichen Geistes schätzen. Die glücklichsten Leute in der Welt sind diejenigen, die sehen können und dankbar sind sowohl für das reine Gute wie auch für die guten Absichten in anderen, gerade wie die, die Augen nur für die Schönheit der Rosen des Rosengartens haben. Es ist diese Haltung, die das Glücklichsein herbeizieht und Wohlstand und Gutes in Ihr Leben bringt nach dem Gesetz: ›Gleich und gleich gesellt sich gern.‹

Verkehren Sie feindliche Umstände in Glück

Unangenehme Umstände allein können Sie nicht gut unglücklich machen. Wenn eine Schwierigkeit allein den Menschen unglücklich machen würde, dann müßten ihn auch Bergsteigen, Skifahren, Skateboardfahren usw. unglücklich machen. Die Leute finden aber ganz im Gegenteil Bergsteigen aufregend vergnüglich und begeistern sich für Ski- und Skateboardfahren. Warum? – Weil sie großes Vergnügen daraus ziehen, die Schwierigkeit zu überwinden. Tatsächlich leiten sich Vergnügen und Freude nicht aus der Abwesenheit ungünstiger Umstände, sondern von einem ekstatischen Gefühl ab, das einen beim Besiegen von Problemen überkommt. Mit anderen Worten, es ist nicht das Problem selbst, das den Menschen unglücklich macht. Er hat die Wahl, je nach seiner geistigen Haltung und nach dem geistigen Rahmenwerk, die Schwierigkeit entweder in Freude zu verwandeln oder aber in Elend und Schmerz.

Was sollte man also tun, wenn man vor einem Hindernis steht, um nicht Qual, sondern Vergnügen zu ernten? Sollte man dem Problem helfen, indem man eine passive, negative Haltung zu ihm einnimmt, und in Abwehrstellung gehen? Dann würde man ohne Änderung nur noch unglücklicher und irgendwann von dem Problem zerdrückt werden. Ganz egal, was für eine schwierige Lage es ist, der Sieger ist derjenige, der Mut genug hat, die Initiative zu ergreifen und die Dinge voranzutreiben. Bevor ein Problem Sie in die Ecke treibt, greifen Sie es erst in aggressiver, starker, positiver Haltung an.

Verwandeln Sie Passivität in Aktivität

Wenn man von einem Problem bedrängt wird, ist es natürlich gut, sich Wege zu überlegen, wie man es lösen kann. Und wenn Sie das tun, ändern Sie Ihre Haltung von passiv zu aktiv, da dies dem Problem die Macht nehmen wird, Sie zu besiegen. Als Yamoto-Takeru-no-Mikoto (eine Gestalt in einem japanischen Mythos) mit einem Bataillon von Verrätern im Pampasgras der Steppe Krieg führte, befanden sich die Verräter an einer Stelle, wo der Wind von ihnen fort blies, und Mikotos Gruppe da, wo der Wind auf sie zu stand. Dann legte die Verräterschar Feuer an das Gras, und das Feuer, wild brennend, kam, sich ausbreitend, auf die Gruppe Takeru-no-Mikotos zu. So zwängte es Mikoto in eine passive, defensive Position. Eine solche Haltung gibt einem Problem den Anstoß, einen zu besiegen. Mikoto fand sich dazu gedrängt, eine schnelle Entscheidung zu treffen – entweder vorzurücken oder sich zurückzuziehen.

Unter dem Druck dieser Notwendigkeit änderte er dann seine defensive Lage, indem er das Feld hinter sich in Flammen setzte. Da der Wind wütend blies, breitete sich das Feuer hinter ihm schnell aus und brannte das Pampasgras immer weiter weg ab. So schuf es einen offenen Raum. Danach, wo alles Pampasgras vor ihm ebenso verbrannt war, gab es kein Feuer mehr, das ihm hätte schaden können. Plötzlich änderte sich die Windrichtung, und die Flammen wendeten sich gegen die Verräter, schluckten sie und trieben sie in Verlust und Niederlage.

Ähnlich kann im Leben eine Änderung der Haltung von defensiver Passivität zu offensiver Aktivität eine vollständige Wendung von der Niederlage zum Sieg verursachen.

Last für das Bewußtsein

Feindliche Umstände in der äußeren Welt müssen nicht notwendig eine Last für Sie bedeuten. Es ist nur die geistige Last, die eine Beschwerung schafft, die ernst genug ist, Sie zu verletzen. Was ist dann aber eine geistige Last?

Sie ist verwurzelt in dem Glauben, daß »in dieser Welt das Böse existiert, das den Menschen mit Sicherheit beschädigt«. Darum verlieren die Leute den Mut. Das ist es, was die Menschen daran hindert, sich einer guten Sache als Angreifer zu widmen. Das ist es, was nach einer letzten Analyse die Ursache dafür ist, daß ihre Lebenskraft schwindet sowie der Fluß an guten Ideen unterbunden wird. Mehr noch, dies ist die Ursache, die zu einem Verlust der Widerstandskraft gegen Keime führt, der Grund dafür, daß man von einer Krankheit niedergeworfen wird, und die Ursache einer Reise ohne Wiederkehr. All dieses ist das Ergebnis einer Irreführung durch die Idee, daß es ›das Böse‹ in dieser Welt gebe. Diese falsche Vorstellung begrenzt und reduziert die unendliche Fähigkeit, die einem Kind Gottes gegeben ist.

Praxis der Liebe

Was Sie auch tun mögen, wo immer Sie sind, das, was unabdingbar und wesentlich ist, wenn Sie sowohl Erfolg als auch Sieg gewinnen wollen, ist ein fest verankertes Vertrauen, dem eine positive Haltung den Rücken deckt, und die Überzeugung, daß der allmächtige und allwissende Gott in Ihnen wohnt.

In Ihnen *ist* Gottes Leben und so auch Gottes unendliche Weisheit, die als Ihr inneres Wissen erscheint, das Sie immer unter seiner Führung behält. Jedoch selbst wenn das so ist, wissen Sie nicht, wie Sie Ihre große innere Weisheit anwenden sollen, als wäre sie ein unentdeckter vergrabener Schatz, einfach weil Sie sie nicht wahrnehmen. Daher wird die Entdeckung dieser Kraft eine dramatische Veränderung in Ihrem Leben nach sich ziehen von unglücklich zu glücklich, von dunkel zu hell, von krank zu gesund.

Natürlich sollte die Verfestigung eines Glaubens an den innewohnenden Gott Sie dazu drängen, daß Sie ernsthaft zu leben und sich in einer gottgemäßen Weise zu verhalten suchen. Gott ist Liebe. Es genügt nicht, einfach wahrzunehmen, daß Gott in einem ist. Liebe muß gelebt werden. Nur wenn Liebe praktiziert wird, können wahres Glück, Verbesserung des eigenen Schicksals und Gesundheit erlangt werden. Wenn diese Lehre Ihnen auch nur ein bißchen hilft, sollten Sie sie anderen weitergeben, damit auch sie geistig gerettet werden, denn das heißt wahrhaft Gottes Liebe auszuüben und zu verwirklichen.

Verwirklichung des inneren Ideals

Im Herzen jedes Menschen gibt es irgendeine Art von Ideal. Der Grund, warum viele Menschen ihr Leben beenden, ohne ihre Ideale verwirklicht zu sehen, liegt darin, daß sie glauben, ihre Träume hätten nur eine geringe Chance, Frucht zu tragen. Folglich begrenzen sie sich selbst.

Unsere Seele hat eine intuitive Weise, ein Ideal zu erfassen; so mag sie z. B. wie durch Eingebung fühlen, daß sie eine Aufgabe hat, ein religiöser Kreuzritter zu werden, der der Menschheit geistige Rettung bringt. In den meisten Fällen überwiegt jedoch unser oberflächliches, den Geist regierendes gewöhnliches Empfinden, indem es dem Bewußtsein vorschreibt: »Ich kann mir mit einem solchen Beruf unmöglich meinen Lebensunterhalt verdienen.« Oder: »Ich besitze nicht die natürliche Gabe für eine solche Arbeit.« Oder auch: »Wenn ich mich einer großen Gesellschaft anschließe, komme ich in der Welt schneller voran.« Darum zieht sich die leise Stimme des eigenen inneren Ideals in den Hintergrund des Bewußtseins zurück, wo sie langsam einschläft, bevor man sie wahrgenommen hat. Nichtsdestoweniger wacht dieser innere Traum ab und zu auf und verursacht der Seele Schmerz und Reue, daß sie nicht das Leben führt, das sie sich eigentlich ersehnt; aber wieder sagt das angepaßte Oberflächenbewußtsein: »Jetzt ist es zu spät. Also gib auf.« Ganz egal, an welchem Punkt des Lebens man sich befindet: Es ist nie, niemals zu spät.

Flüstern Gottes

Das Flüstern eines Ideals im Seeleninnern ist im Grunde genommen nichts anderes als das Flüstern Gottes, der in Ihnen wohnt. Es kann kein Zweifel darüber bestehen, daß sich Gottes Absicht, die wir durch Seine Stimme hören, mit der Hilfe Seiner Macht verwirklichen wird. Meditieren Sie daher, und prägen Sie Ihrem Geist die folgenden Worte ein: »Ich mache mich nun selbstlos vor Dir, o Gott, und habe den Wunsch, Deinem Willen zu folgen. Ich bitte hiermit demütig darum, daß dein Wille enthüllt werde, so daß ich weiß, was ich tun muß.« Bringen Sie Ihren Geist in einen Zustand kristallklarer Ruhe, um Gottes Stimme zu hören, entschlossen, ihr zu willfahren. Dann werden Sie fähig sein, durch diese ›unhörbare Stimme‹ zu erkennen, was Sie tun sollten.

Jedes Individuum ist mit einer Aufgabe oder Mission betraut, die niemand sonst erfüllen kann. Herrn A's Aufgabe ist nicht die von Herrn B. Der kritische Punkt dabei ist der, daß einem nicht immer die eigene Aufgabe klar ist. Außerdem ist diese Mission nicht nur von Mensch zu Mensch verschieden, sondern verändert sich auch von Zeit zu Zeit. Nehmen Sie einmal an, jemand hat als höchstes Ziel die Besteigung des Fuji. Würde es für ihn an irgendeinem Zeitpunkt seines Lebens falsch sein, sich woanders aufzuhalten als auf dem Fuji? Nicht unbedingt. Manchmal muß er sich auf dem Weg am Fuße des Berges Fuji aufhalten. Doch muß er zu anderen Zeiten dabei sein, den Berg schon zur Hälfte zu besteigen. In verwandter Weise schreibt die Mission vor ihrer Verwirklichung vor, daß man sich zu verschiedenen Zeiten verschiedenen Aufgaben widmet. Daher ist es für Sie sehr wichtig, Ihr gegenwärtiges Werk getreulich und liebevoll auszuführen.

Verringern Sie Ihre Schulden

Die Segnungen, die wir von Gott erhalten haben, sind mannigfaltig und unzählbar; Luft, Sonnenschein, Wasser, Pflanzen und Mineralien, die zum Herstellen von Kleidern notwendig sind, Nahrung, Wohnungen usw. – nichts von alledem wurde von Menschen geschaffen. Es sind von Gott bereitgestellte Gaben. Weiterhin ist jeder Teil von uns – Augen, Ohren, Nase, Zunge etc. – von Gottes Weisheit entworfen und mit Seinem Material geschaffen. Das nicht als Gottes Gabe zu werten, würde Sie in Schulden bringen. Diejenigen, die verschuldet sind, können sich nicht wahrer Freiheit erfreuen.

Meditieren Sie zuerst, und danken Sie dabei Gott. Allein dadurch würden Sie schon einen Teil Ihrer Verschuldung zurückgezahlt haben. Sprechen Sie dann mit anderen Leuten über Gottes Segnungen, und wenden Sie sich mit Eifer einer Arbeit zu, die dazu beiträgt, anderen gleich Ihnen Rettung zu bringen. So kann der Mensch seine Schuld verringern und gleichzeitig die Freiheit des Geistes gewinnen.

Wie man das Unterbewußtsein reinigt

Laßt uns unseren Geist von jeder einzelnen unangenehmen Erinnerung der Vergangenheit befreien. Wie kann man seine Befähigung nachweisen, ein an den erleuchtenden neuen Gedanken Glaubender zu sein, wenn man nichts daran ändert, daß das eigene Bewußtsein mit solchen Unerfreulichkeiten beschmutzt ist wie dem Gedanken daran, was irgend jemand irgendwo irgendwann gesagt hat? Ist es nicht albern, seine eigenen Gefühle mit Ärger, Haß, Sorge, Verachtung, Beleidigung usw. zu verletzen? Das Glück des Menschen hängt nicht von der Summe des materiellen Wohlstands ab, den er besitzt, noch hängt es von der Umgebung ab, die ihn umgibt, sondern davon, ob sein Bewußtsein friedvoll ist und eine glückliche und angenehme Haltung einnimmt. Daher ist es nicht nur notwendig, allen Ärger, allen Haß, alle Sorge und Beleidigung aus dem bewußten Geist zu verbannen, sondern es ist auch wesentlich, jene unangenehmen Gedanken und Emotionen, die in Ihr tieferes Sein eingebettet sind, vollständig aus dem Boden Ihres Unterbewußtseins zu löschen. Um das zu erreichen, müssen Sie *Shinsokan*-Meditation üben, während Sie sich vorstellen, wie Sie selbst von Gottes überfließender Liebe umgeben sind.

»Gottes unendliche Liebe fließt in mich ein und umgibt mich. Gott umfängt mich mit zärtlicher Sorgfalt und unbegrenzter Liebe, vergibt all meine Sünden und kreuzt sie aus. Nun bin ich wiedergeboren ohne Sünden oder Karma. Daher sind die Wunden, die tief in mein Herz gegraben waren – Beschwerung, Sorge, Beleidigung usw. –, alle verschwunden. Ich danke Gott.«

Hoffnung ist die Mutter der Verwirklichung

In den ›Worten der Weisheit‹ von Seicho-No-Ie heißt es: »Hoffnung ist die Mutter der Verwirklichung.« Der Wunsch, der aus den Tiefen Ihrer Seele aufsteigt, ist in Wahrheit bereits in der Welt von wahrer Existenz verwirklicht. Das ist es, was im Vaterunser als »wie im Himmel« bezeichnet wird, und es auf die physische Ebene herunterzubringen, heißt: »Dein Wille geschehe auf Erden«.

›Himmel‹ ist die wahre Welt, die Gott schuf, wo alles Gute bereits existiert. Es würde eine schwierige Aufgabe sein, in diese Welt hineinzubringen, was nicht bereits existierte, aber weil das Gute in der göttlichen Welt bereits *ist*, besteht nicht die geringste Schwierigkeit, es ›von dort nach hier‹ zu bringen. Sollte es Ihnen daher schwierig vorkommen, so kommt das nur daher, weil Sie sich selbst eine Begrenzung auferlegen, indem Sie nicht erkennen, daß Ihr Wunsch in der wahren Welt schon verwirklicht ist.

Glauben und Beten

Jakobus sagte: »Wenn einem von euch Weisheit mangelt, so bitte er Gott, der allen Menschen einfältig gibt und niemandem einen Vorwurf macht; und sie wird ihm gegeben werden. Aber er bitte im Glauben, nicht schwankend. Denn er, der da schwankt, ist wie eine Welle der See, die vom Wind getrieben und geschüttelt wird. Dieser Mensch denke nicht, daß er irgend etwas vom Herrn erhalten werde.« (Jakobus 1:5 – 7). Wahrlich, als Kindern Gottes ist uns alles Gute bereits gegeben.

Wenn jedoch alles auf dieser physischen Ebene geschehen sollte, die durch Zeit und Raum so eng begrenzt ist, so würde das ein unkontrollierbares Durcheinander ergeben – daher haben wir, wie beim Fernsehen, nur die Wahl, welchem Kanal wir unsere geistigen Schwingungen zuwenden wollen.

Der Weg zu einer Einstimmung auf die Schwingung Gottes ist der eines unzweideutigen Glaubens und einer festen Überzeugung. Wenn Sie beten, so glauben Sie in Ihrem Herzen: »Es ist mir bereits gegeben worden. Ich bin dankbar.« Wie auch ein im Fernsehstudio aufgenommenes Programm in sichtbarer Form auf dem Bildschirm erscheint, so wird Ihre Dankbarkeit ein Instrument sein, durch das Programme (dessen, was am besten für Sie ist) schrittweise, als Ihr Schicksal, verwirklicht werden.

Magnetische Kraft der Liebe

Sie sind ein Kind Gottes. Indem Sie ein Kind Gottes sind, haben Sie Gottes unendliche Weisheit in sich. Wenn sie daher diese Weisheit in Anspruch nehmen, so werden Ihre Handlungen, was auch geschehen mag, wie selbstverständlich beginnen, sich in Übereinstimmung mit Ort und Zeit zu bewegen.

Sie sind ein Kind Gottes. Da Gott unendliche Liebe ist, haben Sie auch unendliche göttliche Liebe in sich. Liebe besitzt magnetische Kraft, so daß, diese unendliche Liebe tätig werden zu lassen, Liebe zu praktizieren heißt, die mächtige Liebe in sich freizusetzen; sie zieht in Ihre Umgebung, was immer für Sie notwendig ist. Wer liebt, wird geliebt werden. Wer von sich selbst gibt, dem wird gegeben werden. Liebe ist sowohl die Quelle der Gesundheit wie auch die des Wohlstands.

Falls die Lehre von Seicho-No-Ie Sie in irgendeiner Weise inspiriert hat, oder falls Sie etwas durch sie gewonnen haben, sollten Sie sie mit anderen Leuten teilen, indem Sie ihnen davon erzählen. Dadurch werden Sie noch größere Segnungen erfahren.

Hören Sie auf, sich zu sorgen

Es gibt keinen einzigen Menschen auf der Welt, der nicht ein glückliches und angenehmes Leben führen möchte. Trotzdem verderben sich die Leute ihr Leben mit Kümmernissen und Sorgen, verdunkeln es mit unglücklichen, unangenehmen Gedanken. Einige Leute machen sich Sorgen um ihre Gesundheit, andere um ihre Finanzen, nur um das anzuziehen, was sie am meisten fürchten, und darunter zu leiden. Kummer oder Sorge wird Ihre Gesundheit nicht verbessern, noch werden dadurch Ihre finanziellen Schwierigkeiten behoben. Außerdem können keine guten, konstruktiven Ideen entstehen, solange Ihr Geist in einer dunklen Allee der Sorge wandert, da Ihr Bewußtsein dann vernebelt ist.

Um ein Problem wirklich zu lösen, müssen Sie zuerst Ihren Kopf heben und Ihr Herz klären, so daß Ihre geistige Wellenlänge mit der Gottes zusammenklingt. Dann können Sie Gottes Weisheit erhalten. Da wir menschlichen Wesen wirklich alle Meister unserer selbst sind, kann jeder sein Bewußtsein unter Kontrolle halten, indem er sich befiehlt: »Sorge dich nicht. Was könntest du durch Sorgen erreichen? Gott schützt mich beständig.« Indem Sie sich so überzeugen, befreien Sie sich von Ungemach.

Der Schöpfergott

Der Schöpfergott ist Sumiyoshi-Gott der Sumiyoshi-Welt, Gott der Freude, der Wiedererzeugung, des Paradieses, Gott unerschöpflicher Vorräte und Buddha des himmlischen ewigen Lebens, der jedem, der mit ihm verbunden ist, ewige Jugend gibt, oder auch Gott von Urashima-Taro (japanische Version von ›Rip Van Winkle‹). Es ist für uns von eminenter, lebenswichtiger Bedeutung, das Empfinden für die Einheit mit diesem Schöpfergott zu entwickeln, indem wir meditieren. Wenn wir mit diesem Gott verschmelzen, wird alles Unglücklichsein verschwinden und durch ein Gefühl des Glücks ersetzt werden.

Wir sollten immer den Schöpfergott anrufen und eins mit Ihm sein, wodurch wir das Paradies Seiner Welt (oder Sumiyoshi-Welt) auf der körperlichen Ebene verwirklichen und diese Welt zum Himmel machen. Wenn Sie den Schöpfergott anrufen, wird Sein Leben, Quelle der Wiederherstellung und Wiedergeburt, von neuem in Sie fließen und Sie gesund machen, übergroße Spannung lösen und Ihr Herz zu Frieden erheben, indem es Ihr ganzes Sein mit Frieden und Sicherheit durchdringt. Neue Einfälle werden Sie inspirieren, und scheinbar unlösbare Probleme werden einen Weg zur Lösung finden.

Selbstlose Liebe

»Bleibt fest in der brüderlichen Liebe. Gastfrei zu sein vergesset nicht; denn dadurch haben etliche ohne ihr Wissen Engel beherbergt« (Hebräer 13:1 – 2). Liebe nur denen gegenüber, die man kennt oder die einem nahestehen, beinhaltet Elemente von parteilicher Liebe, die aus Bindung, aus Anhänglichkeit entsteht; daher kann sie nicht als ›selbstlose‹ Liebe betrachtet werden. Andererseits würde es, wenn Sie jemandem, der in Ihrer Nähe im Zug sitzt, von Seicho-No-Ie erzählten, ein Akt der Liebe einem Fremden gegenüber sein. Sie würden Boten des Himmels unterhalten und hereinbitten, wenn auch unwissend, die in der Folge aktive Verfechter unserer Bewegung werden könnten, um die Menschheit zu erleuchten.

Wenn jemand versagt, so ist das nur ein Phänomen – eine bloß zeitweilige Erscheinung, die über keine wirkliche Existenz verfügt. Daher sollten Sie denjenigen nicht aus dem Grunde verurteilen, weil er Ihnen schlecht erscheint, sondern statt dessen tief und ehrlich meditieren und im Gebet in seine wahre Natur als in die eines Gotteskindes schauen, die vollkommen ist. So ruft man fortwährende brüderliche Liebe hervor. Wenn Sie beten und in seine wahre Natur als in eine vollkommene hineinsehen, wird seine Vollkommenheit zur Verwirklichung gedrängt werden, und durch Ihre Aufrichtigkeit und durch die Tiefe Ihres Gebetes wird ein feiner Mensch aus ihm zum Vorschein kommen.

Bewertung durch Gott

Erfolg im wahren Sinne des Wortes besteht nicht darin, daß man weltlichen Ruhm erringt oder viele Stimmen mit einem unverhältnismäßig hohen Aufwand gewinnt. Vielmehr liegt er in dem, was man in Übereinstimmung mit dem Willen Gottes erreicht hat. Mit anderen Worten: Die Stimmen einer großen Zahl von Menschen zu sammeln läuft nicht auf wahren Erfolg hinaus, sondern was wirklich zählt, ist, wieviel man in den Augen Gottes wert ist. Weiter genügt es nicht, den Gegenstand nach materieller Sicht zu erreichen. Vielmehr ist die geistige Erleuchtung, die man im Verlauf des Strebens nach dem Ziel erreicht hat, ein Anzeichen des Erfolges. Was nach Gottes Einschätzung zählt, ist, ob man währenddessen irgendein Gesetz verletzt oder irgendeine in seinen Augen unmoralische Handlung verübt hat. Selbst im Ringen und Boxen hat eine Verletzung der Regeln einen Verlust an Punkten zur Folge. Ähnlich bedeutet im geistigen Wachstum das Erreichen des Zieles auf der körperlichen Ebene nicht den letzten Zweck in sich selbst. Das Wesentliche ist vielmehr, danach zu streben, die höchstmögliche Anerkennung durch Gott in der Form geistigen Wohlbefindens zu verdienen.

›Jetzt‹ wiedergeboren werden

Gott gibt uns ohne Ausnahme immer einen neuen Tag. Tatsächlich ist jeder Morgen für uns eine ›Wiedergeburt‹. In unserer augenblicklichen Wiedergeburt in gerade diesem Moment wird uns Gott keines Ereignisses irgendeiner Art anklagen, das in der Vergangenheit stattfand. Wir können Gott nicht dankbar genug dafür sein, daß er ›*jetzt*‹ gegeben hat. Laßt uns Ihm von Herzen kommenden Dank darbringen.

Was auch immer in der Vergangenheit geschehen sein mag, egal, was es ist, ist vergangen. ›*Jetzt*‹ besitzt die Kraft, alles und jedes auch rückwirkend zu ändern. Wenn Sie wahrhaft und fest, in dieser gegenwärtigen Existenz des ›*Jetzt*‹, den innewohnenden Gott erfassen, ist das ganz so, als ob in Ihrer Seele eine Kerze angezündet würde. Sünden, Karma und andere Übel der Vergangenheit haben alle nur eine zeitweilige Existenz nach der gleichen Art, wie die Dunkelheit sie hat. Dunkelheit mag existent erscheinen, aber in Wirklichkeit ist sie nur eine scheinbare und vorübergehende Phase, die aus einem ›Lichtmangel‹ entsteht; so daß, wenn das Licht nur erscheint, die Dunkelheit sofort verschwindet. In ähnlicher Weise werden Sünden, Karma und das Böse der Vergangenheit sich auflösen, wenn sie auch zu existieren scheinen, wenn Sie dahin gelangen, die feste Wahrnehmung, daß Gott gerade ›*jetzt*‹ in Ihnen ›*ist*‹, zu halten.

Ihr Gegenüber ist ein Spiegel Ihres eigenen Bewußtseins

Wir neigen dazu, uns oft durch Fehler und Unzulänglichkeiten, die wir an anderen entdecken, beschweren zu lassen und sie scharf zu kritisieren; aber manchmal sind jene ›Fehler‹ nichts als ein Bild, das unser eigenes Bewußtsein spiegelt. Weil wir selbst unfreundliche Gefühle gegenüber jenem Individuum haben, zeigt es uns ein rauhes, unfreundliches Wesen. Wenn wir daher unsere Vorstellungen von ihm abändern, wird es sich seinerseits ändern, unsere Haltung reflektierend.

Zu allererst müssen wir meditieren und die geistige Plattform erreichen, auf der wir, erfüllt von Gottes Liebe, allen Menschen vergeben können; und dann müssen wir uns mit den Augen des Geistes intensiv vorstellen, daß auch der andere von Gottes Liebe erfüllt ist und seine wahre Natur als die eines Gotteskindes manifestiert, frei von jedweder üblen Absicht und jedem abweisenden Gefühl. Wenn wir so Feindschaft loslassen und unsere Gedanken auf seine gottgeschaffene Vollkommenheit konzentrieren, wird er bei Gelegenheit dazu kommen, die innere Göttlichkeit zum Ausdruck zu bringen, Vergebung für das suchen, was er in der Vergangenheit getan hat, und ein liebenswerter Mensch werden. Dafür hat es schon viele Beispiele gegeben.

Fehler sind für den Menschen auch eine unverzichtbare Erfahrung

Selbst wenn Sie anscheinend versagt haben: Nichts stellt für den Menschen einen Fehlschlag dar. Selbst wenn es so aussieht, daß jemand Ihnen etwas Fürchterliches angetan hat, können Sie Kritik an ihm nicht bloß auf der Basis seines Oberflächenverhaltens üben, da Gott, der in ihm wohnt, ihn zu Erfahrungen führt, die für ihn notwendig sind.

Wenn Sie sehen, daß jemand vor einem Problem steht oder unglücklich ist, sollten Sie ihn niemals mit Verachtung behandeln und sich Bemerkungen wie »Ein Unglück ist über ihn gekommen, weil er nicht das gleiche glaubt wie wir« entschlüpfen lassen. Vielmehr sollten Sie sich klarmachen, daß Sie teilweise für sein Unglück verantwortlich sind; das heißt, wenn Sie nicht versäumt hätten, ihn mehr über Seicho-No-Ie zu lehren, hätte ihm das Elend erspart bleiben können. Seien Sie daher bekümmert, daß Sie sich zu wenig um ihn bemüht haben. Beten Sie dann mit glühendem Eifer, daß Gottes Segnungen auf ihn herabkommen mögen, um ihn zu führen und ihn von Fehlschlägen fernzuhalten, während Sie gleichzeitig bejahen, daß er imstande ist, ein glückliches, wohlhabendes Leben zu führen, ohne Fehler zu machen.

Rufen Sie die Vollkommenheit der göttlichen Welt durch Meditation und Gebet hervor

Meditieren Sie beständig. Graben Sie durch Bejahungen die Tatsache in Ihr Bewußtsein ein, daß die gottgeschaffene Welt vollkommen ist. Wenn ein Gespräch anfängt, sich um Klatsch und Kritik einzelner zu drehen, halten Sie sich von einer Beteiligung daran fern, und bejahen Sie ferner in stiller Meditation die innere Natur des Kritisierten als eines Gotteskindes, das dem innewohnenden Gott gehört; erfassen Sie diese Natur, so daß derjenige zukünftig mit Sicherheit gut wird. Wenn Sie von jemandem hören, der an einer Krankheit leidet, sollten Sie beten, daß Gott ihn beschützen mag, und in Kontemplation daran denken, daß seine Krankheit bereits geheilt ist. Das ist es, was ›die innere Vollkommenheit des Menschen zum Ausdruck bringen‹ bedeutet.

Wenn ein Mißverständnis ein Zerwürfnis bewirkt, ist das erste, was Sie tun sollten, den Frieden Ihres Geistes wiederherzustellen und dann bewußt zu bejahen, daß Sie und der andere bereits in vollständiger Harmonie sind, umgeben von Gottes Liebe, und daß kein Konflikt oder Mißverständnis zwischen Ihnen existiert. Wenn diese Bejahung von Frieden und Eintracht in Ihrem Geist fest Wurzeln schlägt, wird der Kampf in der körperlichen Welt sich von selbst auflösen.

Wie man den Gipfel erreicht

Wenn aus irgendeinem Grund ihr Ressentiment gegenüber jemandem über längere Zeit anhält, so nicht deshalb, weil er Unrecht hat, sondern vielmehr, weil Sie durch eine Reihe von Vorurteilen und eigenen Betrachtungsweisen eingenommen sind, was Gut und Böse angeht. Bedenken Sie, daß jedes Individuum aus eigener Erfahrung lernt, daß, welche Handlung es auch immer begeht, sei sie richtig oder falsch, ihr eigenes Ergebnis zeitigen wird.

Daher ist das jetzige Wesen einer Person nicht identisch mit dem, das sie endlich haben wird. Es ist bloß eine Seite, die Sie auf dem Weg zum Gipfel zeigt – dem Weg der Vervollkommnung ihrer wahren Natur. Irgendwann wird dieser Mensch auch auf dem Gipfel seiner ›gottgeschaffenen Vollkommenheit‹ ankommen. Lassen Sie uns daran glauben und für ihn beten. Sollten Sie enttäuscht sein, wenn Sie nach einmaligem Gespräch jemanden noch nicht überzeugen konnten, sich unserer Bewegung anzuschließen, und ihn demzufolge im Stich lassen, fehlt auf Ihrer Seite die Liebe. Sie sollten fortfahren, ihn zu besuchen, und mit ihm über die Lehre sprechen. Selbst die, die die Lehre nicht auf Anhieb verstehen, werden mit der Zeit dazu kommen, ihr Bewußtsein zu öffnen und auf sie zu hören.

Umpolung vom Negativen zum Positiven

Lassen Sie sich nicht ängstigen und in Panik versetzen, was auch geschehen mag. Gott schützt beständig diejenigen, die immer das Bewußtsein der Einheit mit ihm aufrechterhalten. Was daher von Grund auf falsch oder katastrophal ist, kann Ihnen nicht zustoßen. Der negative Pol wird mit Sicherheit zum Positiven umschlagen. In der dunkelsten Stunde der Nacht ist die Morgendämmerung ganz nahe. Der Winter kann nicht ewig dauern. Der Frühling kommt mit Sicherheit. Nur diejenigen, die enttäuscht sterben, im Glauben, der Winter werde nie vergehen, der Mensch habe keine Chance, der Sonne Angesicht zu sehen, beenden ihr Leben, ohne den Frühling zu erfahren.

Alles verändert sich. Daher ist es nicht möglich, daß Schwierigkeiten sich festsetzen und nicht verändern. Nur Gottes Liebe verändert sich nie; Er bietet dem Menschen immer Schutz und Führung. Fürchten Sie sich nicht. Ein aus Holz gemachter ›Gegenstand der Verehrung‹ kann nicht die ganze Zeit mit herumgetragen werden. Gott aber ist allgegenwärtig; wenn Sie sich daher auf Ihn durch Meditation und Gebet einstimmen, werden Sie immer unter Gottes Schirm und Schutz sein.

Sehen Sie Leben nicht als eine Schlacht an

Nehmen Sie nicht eine solche Haltung dem Leben gegenüber ein, die daraus eine Schlacht macht. Da ein Kampf sich auf das Schema Gewinner/Verlierer gründet, würde eine solche Idee unvermeidlich dazu führen, daß Sie mit Angst und Angespanntheit zu allen Zeiten auf der Hut sind. Zweifellos kann so weder geistiger Frieden noch Glück entstehen. Ein geistiger Führer des Westens schrieb in seinem Gedicht: »Ich kämpfe nicht meinen Kampf, sondern ich singe nur meine Psalmen.« So sollte das menschliche Leben aussehen.

Die *Lotussutra* erklärt die von Gott geschaffene Welt als den Ort, wo Engel die himmlische Trommel schlagen und die Leute fröhlich danach tanzen. Kein Schimmer von Tumult oder Kampf. Statt dessen zeigt diese Schilderung, wie alles Gute überwiegen wird, wenn man natürlich lebt, wenn man seine Anstrengungen nur auf die Ausführung seiner von Gott gegebenen Aufgabe in der von Gott bestimmten Weise richtet – als ob man seine Lieblingslieder sänge.

Neue Ideen

Dies ist eine Ära der Revolution nicht nur der Technik, sondern auch des Managements. Meditation kann auch hier zu neuen, von Gott gegebenen Ideen und zu Erfolg in der Geschäftswelt führen. Bejahen Sie beim Meditieren: »Gott versorgt mich täglich mit neuen Einfällen, die helfen, meine Geschäfte zu entwikkeln. Ich mache mich selbstlos und höre auf Gottes Willen, so daß ich für neue Ideen offen bin, die Gott mir eingibt, ohne sie zu stören.« Wenn Sie dann, nachdem Sie in wahrer Demut aufnahmebereit geworden sind, in Erwartung der göttlichen Inspirationen verharren, werden Sie in den verschiedensten Weisen zu Ihnen kommen: manchmal während der Meditation, machmal beim Lesen heiliger Schriften; zu anderen Zeiten vielleicht auch bei der Arbeit, oder jemand anderer bringt Sie auf gute Gedanken. Wenn Ihnen gute Einfälle kommen, ist es wichtig, daß Sie sie sofort ausführen.

Kraft, über den ›gesunden Menschenverstand‹ hinauszugehen

Meditation ist das beste Mittel, den menschlichen Geist mit dem göttlichen zu verbinden. In der Welt Gottes existiert alles Gute in Form von ›Idee‹ oder ›Willen‹. Durch Verbindung mit dem Göttlichen können Sie, was immer Sie wollen, über die Antenne Ihres Bewußtseins erhalten und eventuell in der physischen Welt materialisieren.

Wenn wir mit Problemen konfrontiert werden, die unser ›gesunder Menschenverstand‹ für absolut unlösbar hält, resignieren wir oft. Wir nehmen sogar davon Abstand, zu beten. Trotzdem ist nichts unmöglich, solange das Bedürfnis oder der Wunsch richtig ist, obwohl es nach allgemeinem Empfinden für unmöglich gelten müßte. Egal, wie ernst ein Fehler ist, Gott hält immer eine Lösung bereit, die den Verlust mehr als ausgleicht. Es gibt keine widrigen Umstände, die zu schwierig wären, als daß Gott sie lösen könnte. Selbst bei einer äußerst verwickelten menschlichen Beziehung kann eine Lösung ausgearbeitet werden, die jeden befriedigt,wenn Gottes Liebe sich zeigt. So können auch so ernste Probleme wie Drogenabhängigkeit ins Lot gebracht werden, wenn Gottes Kraft in Anspruch genommen wird. Denn es gibt nicht ein einziges Laster, das Gott nicht beseitigen könnte. Wir haben tatsächlich Beispiele dafür gesehen.

2
Quelle der Freude

Oh, welche Freude!
Ich bin Leben!
– Leben, das durch Gott erhalten wird.
Mein Leben wird durch Gott erhalten!
Meine Existenz wird durch Gott erhalten.
Wenn ich meine Augen öffne,
Ist mein Herz bis zum Rand von Freude erfüllt
wegen dieses Lebens,
das mir gegeben ist.
Vor meinen Augen
Sendet die Morgensonne Licht aus,
geheimnisvoll und wunderbar,
Und vergoldet des Gartens Grün mit ihrer Glut.
Inmitten der Frische
Tanzt ein anderes Leben,
– Ein Spatz, von einem Zweig zum andern hüpfend,
goldschimmernd.
Luft schwingt wie ein Walzer,
Überall, innen und außen, –
Oh, was für eine wunderbare,
strahlende Welt des Lebens!

Machen Sie nicht menschliche Weisheit geltend

Der Mensch kann sein Glück nicht mit eigenen Händen schaffen oder herbeiführen. Das Buch Genesis im Alten Testament erzählt metaphorisch durch die Geschichte von Adam und Eva, die aus dem Garten Eden vertrieben wurden, nachdem sie die Frucht vom Baume der Erkenntnis gegessen hatten, wie der Mensch es für möglich hält, daß er selbst Glück erzeugen könne, und wie er versucht, Glück durch Manipulationen des menschlichen Wissens und menschlicher Weisheit zu schaffen.

Das japanische Wort ›saiwai‹ oder ›sakihae‹ für ›Glück‹ ist semantisch abgeleitet von dem Wort, das ›ausgedehnt‹ bedeutet. Glück ist Gottes Leben (Weisheit, Liebe usw.), auf uns ausgedehnt und über uns ausgegossen. Die Bibel sagt, daß die Menschen, als sie im Garten Eden lebten, ›nackt‹ waren. Sie lebten, mit anderen Worten, natürlich, ohne irgendwelches künstliches Verhalten anzulegen, das heißt, ohne menschliche Weisheit oder menschliche Kniffe auszunutzen. Wenn man mit Gottes Entwürfen übereinstimmt, ohne sich auf unkluge menschliche Absichten zu versteifen, kann man in einer wirklich glücklichen Welt leben.

Leben ist eine vollständige Bezahlung des Eigendenkens

Diese Welt wird von dem Gesetz von Ursache und Wirkung beherrscht. So bestimmt, in der materiellen wie in der geistigen Welt, das Gesetz der Natur, daß bestimmte Ursachen bestimmte Ergebnisse hervorbringen. Was jedoch für uns wichtig ist, damit wir unser Schicksal bestimmen können, ist nicht so sehr die physische Beziehung, die zwischen der Bewegung eines Dinges und seiner Auswirkung auf ein anderes besteht, sondern sind vielmehr die Zusammenhänge im jeweiligen geistigen Rahmenwerk (Ursache), die jene Effekte in der materiellen Welt verursachen.

Das Denken ist dasjenige, was im Geist befindlich ist, das heißt das, was einem bewußt ist, und das Phänomen eines bestimmten Endergebnisses ist das, was durch den Gedanken auf körperlicher Ebene bewirkt wird. Was daher die Art des Lebens bestimmt, das wir in dieser gegebenen Zeitspanne führen können, ob ein sehr glückliches oder ein elendes, ist unsere dauerhafte Denkweise – mit anderen Worten, das, über das wir uns den größeren Teil des Tages Gedanken machen. Menschliches Schicksal ist die dauerhaft beibehaltene Denkweise, die vollständig bezahlt wurde.

Der nicht gesäte Same wird nicht sprießen

Das Gesetz von Ursache und Wirkung erlaubt unter keinen Umständen die List, es zu umgehen, um ein gutes Ergebnis aus einer falschen Handlungsweise zu ziehen, wie es manchmal durch von Menschen festgesetzte Regeln geschieht. Es gibt absolut keine Ausnahme zu dem Gesetz, daß eine gute Ursache gute und eine schlechte schlechte Ergebnisse zeitigt. Mit Bezug auf dieses Gesetz lehrt der Buddhismus, daß es »kein Umgehen des Gesetzes von Ursache und Wirkung« gibt. In Japan sagt man, daß der Same, solange er nicht gesät ist, niemals sprießen wird, während der Same, der gesät wird, auch keimt. So wird sich der Same einer Eierpflanze letztendlich so entwickeln, daß er einen Eierkürbis trägt. Wenn ein Melonenkern gesät wird, wird eine Melonenranke eine Melone hervorbringen. Daher sagt ein anderes Sprichtwort: »Ein Eierkürbis wird nicht auf einer Melonenranke wachsen.«

Jesus lehrte diese Wahrheit in Wendungen wie: »Dir geschehe, wie du geglaubt hast«, »Dein Glaube hat dir geholfen« oder »Wenn du so viel Glaube wie ein Senfkorn hast, wirst du zu diesem Berg sagen, gehe von hier nach dort; und er wird sich bewegen.« Ähnlich heißt es im Buddhismus: »Die körperliche Welt ist das abgebildete Bewußtsein.«

Kraft des Einblicks

Im Menschen ist das Unendliche, das in ihm lagert als eine ihm eigene, grenzenlose Fähigkeit, die darauf wartet, ausgeschöpft zu werden. Da die fünf körperlichen Sinne des Menschen Organe sind, die zum Blick auf die äußere Welt entwickelt wurden, fehlt ihnen das Vermögen, in die innere zu blicken. Daher hält die Abhängigkeit von den körperlichen Sinnen von der Wahrnehmung der innewohnenden, gottgegebenen Vollkommenheit ab. Daher ist der Mensch Furcht und Zweifeln unterworfen. Nur die Innensicht seines wahren Selbst vermittelt eine Gelegenheit, das Unendliche des göttlichen Selbst zu erfassen. Denjenigen, die es versäumen, sich innerer Schau zuzuwenden, ist der Weg zur Erkenntnis der gottgeschaffenen Welt daher fast zur Gänze verschlossen, und die körperliche Welt ist für immer von einem eisernen Wall umgeben, der nicht erstiegen werden kann.

Eine große Zahl von Leuten, die von dieser ›eisernen Wand‹ des Physischen umgeben sind, haben ihre Freiheit verloren und leben folglich wie Gefangene. Der Ärger des Dichters Takuboku Ishikawa: »Ich mag noch so hart arbeiten, meine finanziellen Schwierigkeiten bessern sich nicht«, verdeutlicht gut die Klagen derer, die nicht hinter diese Wand gelangen können. Es gibt einfach keinen Weg, diese Wand zu zerstören, solange man versucht, sie von der Außenseite zu berennen. Nur Einsicht im Sinn von Innensicht ermöglicht es, sie zu übersteigen; und Meditation ist ein Mittel zu solcher Innenschau.

Vakuum, das von Wundern erfüllt ist

In Abhängigkeit von der Art ihres Denkens machen manche Leute aus ihrem Leben eine Hölle, während andere sich den Himmel schaffen. Was verursacht diesen Unterschied? – Das Universum ist nicht aus Materie gemacht, sondern besteht seinem inneren Wesen nach aus geistiger Substanz. Geist ist universelle Weisheit, deren Schwingungen sich in einigen Fällen in körperlich sichtbaren Formen manifestieren, in anderen Fällen als unsichtbare übersinnliche Formen wie ›Raum‹ erscheinen.

Daher trägt jede sichtbare Existenz den Anschein einer zufälligen, mit anderen Dingen völlig unzusammenhängenden Erscheinung.

Nichtsdestoweniger steht selbst das, was reines Vakuum zu sein scheint, unter dem ordnenden Befehl von universeller Weisheit und Liebe (universeller Schwerkraft, das heißt der Kraft gegenseitiger Anziehung). Darum verlieren Sonne und Planeten oder Atom und Elektron nicht die Kraft, die sie zusammenhält, und fallen nicht auseinander, obwohl sie scheinbar durch Raum getrennt werden; daher sagt die buddhistische Lehre, daß ein Vakuum voller Wunder ist. Anders ausgedrückt: eine bloße Leere wie ein Vakuum ist nichtexistent; vielmehr zeigt sich in ihr der ›Geist‹, der das All eint. Inmitten dieses Geistes leben und bewegen wir uns und halten unsere Existenz aufrecht.

Zuerst das Reich Gottes suchen

Ein Vakuum ist keinesfalls leer, sondern besteht aus Weisheit und Kraft, die alle lebenden Wesen erhalten, wie sie zur Zeit sind. Sollte das Vakuum zwischen dem Kern und dem Elektron, die ein Atom bilden, seine Form verlieren, so würde sich das Atom auflösen; wenn der Raum oder das Vakuum zwischen Sonne und Planeten in sich zusammenfallen würde, so gerieten Sonne und Planeten aus ihrer Bahn, was entweder zu einer Zerstreuung führen würde, da die gegenseitige Anziehung dann aufgehoben wäre, oder zu einem Aneinanderkleben des einen am andern, weil der Zwischenraum schrumpft.

Auf jeden Fall ist ein Vakuum nicht bloßer Raum, der nichts enthält, sondern in ihm ist ein Geist oder die unendliche Weisheit verkörpert, gekoppelt mit grenzenloser Kraft. Die physische Welt ist das, was die Idee (geistige Vorform) in jener geistigen Welt projiziert, in Übereinstimmung mit gewissen Zeitgesetzen, geradeso wie Szenen auf einem Film (das heißt Welt, die auf dem Film bereits existiert) sich eine nach der andern auf einer Kinoleinwand entwickeln. Wenn wir daher Glück, Gesundheit und Wohlstand in der sichtbaren Welt materialisieren, müssen wir uns zuerst ein Bild von der Welt des Glücks, der Gesundheit und des Wohlstands machen, wie sie in der unsichtbaren Welt existiert. Deshalb wird gelehrt: »Suche zuerst das Königreich Gottes« vor der Suche nach materiellem Profit in der physischen Welt.

Im Anfang war das Wort

In welchem Zustand war das All vor der Geburt der Materie? – Zu jener Zeit existierte natürlich noch keine Materie, da der Geist noch nicht die Schwingung hervorgebracht hatte, um das Materielle zu formen. So herrschte das Vakuum. Trotzdem war keine Leere; unleugbar existierte das große Leben, wenn auch noch ›ungeboren‹.

Das ungeborene große Leben, das in Aktion tritt, ist das sogenannte Wort. Dies ist die Wahrheit, die im ›Evangelium nach Johannes‹ im Neuen Testament wie folgt ausgeführt wird: »Im Anfang war das Wort, und das Wort war bei Gott, und Gott war das Wort.« Das Wort, das hier gemeint ist, ist jedoch das ›ursprüngliche Wort‹, das vor aller Schöpfung der Materie war; nicht hörbare Worte, sondern die dem Wort vorhergehende Hörbarkeit, das heißt der Gedanke. Noch anders ausgedrückt: Das ungeborene Leben, das wie ein Vakuum erschien, hatte mit dem Gedanken Handlungen angenommen und Schwingungen hervorgebracht. Dies ist es, was mit dem folgenden Abschnitt der Sutra ›Nektarregen der Heiligen Lehre‹ gemeint ist: »Wenn das Göttliche Bewußtsein sich selbst in die ›schöpferischen Worte‹ ausfaltet, entwickelt sich das gesamte All, und alle Kreaturen bekommen Existenz.«

Drang nach Schöpfung

Das großartige All-Leben ist nicht leer, obwohl es wie ein Vakuum erscheint, sondern dringt überallhin im Raum. Wenn es Gedanken eingibt, erscheinen die Dinge und werden existent. Das Buch Genesis beschreibt dies mit jenen teilweise oben schon zitierten Worten: »Im Anfang war das Wort, und das Wort war bei Gott, und Gott war das Wort. Dasselbe war im Anfang bei

Gott. Alle Dinge sind durch dasselbe gemacht, und ohne dasselbe ist nichts gemacht, was gemacht ist.«

So gibt es in diesem Vakuum eine schöpferische Kraft von gigantischer Stärke; die ›allesverkörpernde Leere‹ ist, genaugenommen, der Geist der Schöpfung. Diese innewohnende Entität oder Wirklichkeit, die bereits im Vakuum ist und sich von innen her zur Verwirklichung veranlaßt, ist das, was der Mensch als den schöpferischen Drang empfindet. Dieser Drang des All-Lebens entwirft in sichtbarer Form die scheinbar existenzlose Substanz aus eigenem Wissen, und er erhält ihr Dasein aus seiner inneren Kraft heraus. Wenn daher dieses ›innere Wissen‹ nicht in Verwirrung gebracht, sondern flexibel erhalten wird, kann die Form nicht kollabieren. Bezieht man das Ganze auf den Körper, so heißt das, daß er bei guter Gesundheit bleibt.

Laßt uns mit Gottes Schöpfung zusammenarbeiten

Der Geist der Schöpfung (Gott) im Menschen drängt beständig aus der ›allesverkörpernden Leere‹ den Archetyp der Schöpfung zu Verkörperung in der sichtbaren materiellen Welt. Und er ist es, der uns immer dazu treibt, uns kreativ zu betätigen im Entwerfen neuer Pläne oder Vorstellungen, während das Körperliche auf der anderen Seite den Stoffwechsel – als einen Mechanismus fortwährender Erneuerung – aufrechterhält. Gott schuf den menschlichen Körper als eine Grundlage – jeder eine neue –, damit Sein Geist Schöpfung vollbringen könne; Er tat Seinen Geist in diesen Körper und machte ihn zu einem Zentrum, wo das geschaffen werden könnte, was Er wünscht. Daher stellen wir die Basis für Gottes neue Schöpfung, das Zentrum für seine beständig sich erneuernde Selbstverwirklichung.

Der Mensch unterliegt einem fortwährend neuen Schöpfungsprozeß in der äußeren Welt, während auch in seiner Körperlichkeit die Schöpfung weiter am Werk ist, indem der Stoffwechsel alle Zellen entfernt und neue hervorbringt. Dasselbe trifft auf die Natur zu. Mit der Ankunft von Frühling, Sommer, Herbst und Winter bringt jede Jahreszeit ihre spezifischen, ihr eigenen Blumen hervor, oder sie läßt Früchte reifen. Frisches

Grün wird hervorgebracht und später veranlaßt, daß es wieder von den Bäumen fällt. Mit dem neuen Frühlingszyklus treten die Pflanzen in eine neue Phase und fahren fort, in neuer Form zu wachsen. Dies ist eine Welt fortwährender Schöpfung, fortwährenden Wachstums, und es ist Gott, oder der Schöpfergeist, der dies von innen heraus veranlaßt. Daher bringen wir unaufhörlich neue Schöpfungen in der Welt hervor, weil dies der einzige Weg ist, wie wir Gottes Schöpfung unsere Zusammenarbeit zukommen lassen können. Ein Vernachlässigen dieser beständigen Schöpfung durch uns würde unser Leben innerlich schrumpfen und schließlich vergehen lassen, da wir nicht unsere Mission als die einer Ausflußmöglichkeit für Gottes Schöpfung erfüllten.

Eintritt in die Schule praktischer Übung auf Erden

Wenn die Quelle des Alls in sich, das große Leben, als ein ›Ozean‹ gesehen wird, läßt sich von uns Einzelwesen sagen, daß jedes für sich eine Welle ist, die auf seiner Oberfläche treibt. Ungleich der Welle jedoch, die, einmal geformt, im nächsten Moment schon wieder vergangen ist, ist das menschliche Leben ewig und wird nicht verschwinden.

In dem Versuch, körperliche Existenz metaphorisch zu erklären, behaupten einige Buddhisten, daß das menschliche Leben wie ein Teil des großen universellen Lebens ist, der in eine Tasse gegossen ist, – so daß bei Zerstörung der Tasse das Wasser (das Leben des Individuums) zum Ozean zurückkehrt, um mit seinem übrigen Wasser zu verschmelzen. Anders gesagt: Wenn der Körper vergeht, verliert das Individuum seine Identität und seine einzigartige Persönlichkeit, weil es als Einzelwesen sofort mit dem All-Leben verschmilzt. – Das ist falsch. Wenn alle Individuen, ob gut oder böse, ob sie nun nach geistiger Erleuchtung gestrebt haben oder nicht, nach dem Tode in gleicher Weise eins werden würden mit dem All-Leben – warum verfolgen wir dann so dringend die Wahrheit? Warum drängt es uns innerlich, geistigen Fortschritt zu suchen? – Diese Theorie ist zu unvernünftig, um wahr zu sein.

Unser Körper ist ein ›heiliges Gewand‹ oder ein ›Kleid für den Geist‹, damit er auf der Erde ein bestimmtes geistiges Training erhält und ganz bestimmte Aufgaben erfüllt. Daher ist die körperliche Existenz an sich nicht das Menschliche. Auch nach dem Tode wird der individuelle Geist seine eigene Identität und Persönlichkeit behalten, und folglich wird er diese Schule der praktischen Übungen auf Erden (das nächste Leben) in eine andere Körperlichkeit gekleidet wiederbetreten.

Einzigartiger Selbstausdruck des Individuums

Da jedes individuelle Leben (oder jeder Geist) für das All-Leben ein Zentrum darstellt, durch welches es eine persönliche Selbst-Manifestierung annimmt, kann es keinen Halt für seine Verbesserung und seinen Fortschritt geben. Solch ein Halt würde bedeuten, daß das universelle Leben selbst den Kanal abdichten würde, durch den es seinen persönlichen Selbstausdruck vervollkommnet. Das ist nicht das Wesen des Lebens. Daher sollten wir so viel wie möglich danach streben, uns unseren persönlichen, einzigartigen Charakter zu erhalten, denn es ist der Wille Gottes oder des Lebens, daß wir, indem wir uns selbst ausdrücken, eine einzigartige Persönlichkeit darstellen, die niemand anderes ersetzen kann, ohne sie blindlings und einem modischen Steckenpferd folgend nachzuahmen. Das soll jedoch nicht heißen, daß wir uns exzentrisch kleiden oder ein merkwürdiges und abnormes Verhalten an den Tag legen müßten. Es ist vielmehr das Gegenteil der Fall, da es ganz klar gegen den göttlichen Willen ist, daß wir uns selbst in dem Strom der Mode begraben und von ihm verschluckt werden (denn gewollt auffälliges Verhalten ist im Grunde ebenfalls eine Modeerscheinung).

Kurz nach dem Zweiten Weltkrieg, als ein bekannter britischer Autor, John Boynton Priestley, Japan besuchte, hielt er eine Lesung. Darin beklagte er den Verlust der einzigartigen Traditionen und der Kultur Japans, die westlichem Einfluß gewichen waren, wie er sich zum Beispiel in Häusern westlichen Stils und in westlicher Kleidung zeigt, und bedauerte das Überwiegen dieses Einflusses mit den Worten: »Egal wie hart ihr Japaner versuchen mögt, die westliche Manier des Lebens anzunehmen, ihr würdet nicht mehr als nachgeahmte Westler sein, und ihr werdet nie vollständig westlich werden. Imitation steht weit unter dem Echten und Authentischen. Daher solltet ihr Japaner jedwede Anstrengung unternehmen, eine eigenständige Kultur zu gründen, die kein anderes Volk hat. Sonst werdet ihr Imitationen und nichts von wahrem Wert, was eine neue Schöpfung genannt werden könnte, hervorgebracht haben.«

Bedingungen für den freien Willen

Daß es dem Menschen gegeben ist, sich selbst auszudrücken, bedeutet, daß der freie Wille garantiert ist. Das stimmt insoweit, wie Begrenzungen überwunden wurden – das heißt, weil das große All-Leben das allgegenwärtige ›totale‹ Sein ist, ersehnt es natürlich, daß die einzigartige Persönlichkeit jedes Individuums in ihrer Totalität zum Ausdruck gebracht werden, ohne dabei die vollständige Selbstäußerung des Ganzen zu behindern. Das heißt, dem Individuum wird ein freier Wille zugestanden unter der Bedingung, daß es den anderen respektiert und ihm keine Schwierigkeiten macht.

Was auch immer der einzelne auszudrücken wünscht: Selbstausdruck, soweit er nicht andere behindert, sollte um jeden Preis mutig ausgeführt werden in der Überzeugung, daß ihm die grenzenlose Hilfe des großen Lebens sicher ist, weil er selbst für dieses ein Ventil ist, durch das es sich verwirklicht. Es ist wirklich bedauerlich, daß viele Leute unfähig sind, ein unabhängiges, in sich einzigartiges Leben zu führen, ohne in den Strudel von Moden, Eitelkeit, Nachahmung, Opportunismus usw. zu geraten.

Gutes und schlechtes Denken

Ihr Leben ist Ihr Denken in verkörperter Form. Was ist dann aber ›Ihr‹ sogenanntes Denken? – Das Denken des Individuums wird auf der Grundlage seines eingeborenen Charakters geformt, indem sich in ihm verschiedene Gedanken und Ideen vereinigen, die es von einer Anzahl von Leuten in seinem Umfeld bezieht. In seiner Kindheit spielen Eltern und Familie die wichtigste Rolle bei der Prägung seiner Denkweise. Wenn es das Pubertätsalter erreicht, errichtet es seine geistige Unabhängigkeit, derart, daß es nicht länger total unter dem Einfluß fremden Denkens steht. Aber immer noch ist es Gegenstand der Verblendung, die durch Eltern, Familie und andere auf es einwirkt, und es gibt kein Mittel, dem vollständig zu entkommen.

Mit dem Älterwerden jedoch verstärkt sich sein Bedürfnis nach Selbstausdruck. Zur gleichen Zeit verfestigt sich das Gedankenmuster, das es seit der Kindheit von seiner Familie und Umgebung ›geerbt‹ hat, in seinem Unterbewußtsein, um Wesenszüge zu formen, die zu stark verwurzelt sind, als daß sie leicht geändert werden könnten. Wenn dieser verfestigte Charakter von guter Art ist und auf die helle Seite der Dinge sieht, bringt er ihm beständig Segen ein, indem er immer die konstruktiven Dinge in seinem Leben anzieht. Wenn es ein schlechter ist, wird er seinem Leben den entgegengesetzten Effekt eindrücken und sein Schicksal immer zum Dunkel hin führen.

Ihr rechtmäßiges Bedürfnis

Haben Sie mehr Vertrauen zu dem, was Sie vollbringen möchten. Solange Ihr Wunsch wahr und rechtmäßig ist, ist er ein Drang der ›Ordnung der Existenz‹, bereits vorhanden in der gottgeschaffenen Welt, sich auf der körperlichen Ebene zu manifestieren. Daher wird er, wenn Sie ihn verfolgen, niemals verfehlen, Ergebnisse zu zeitigen, denn die unendliche Kraft der gottgeschaffenen Welt steht hinter ihm und hält das zur Unterstützung Notwendige bereit, um ihn voran- und in die materielle Welt hineinzutreiben.

›Rechtmäßigkeit‹ bezieht sich auf ›Eigentum oder Richtigsein der Ordnung‹, wie man es durch den Gebrauch des Wortes in solchen Phrasen wie ›rechtmäßige Ordnung von Herr und Untertan‹ oder ›jemandem seine Dienste rechtmäßig anbieten‹ sehen kann. Es bedeutet, daß es in Übereinstimmung mit dem Passendsein der gegebenen Zeit und des gegebenen Ortes geschieht. Keinesfalls impliziert es, daß es einem speziellen Individuum nach körperlich-materiellen Begriffen gemäß ist. In der gottgeschaffenen Welt herrscht bereits perfekte Ordnung, und da diese Ordnung recht ist, ist die Welt eine von schöner Harmonie. Ihr rechtmäßiger Wunsch ist ein innerer Drang jener bereits im Göttlichen existenten Realität, die sich selbst in Richtung einer Verwirklichung in der physischen Welt vorantreibt.

Wie man ein ›wirkliches Bedürfnis‹ bestimmt

Schreiben Sie alle Wünsche, an die Sie denken können, auf ein Stück Papier. Untersuchen Sie dann jeden einzelnen von ihnen, indem Sie sich folgende Fragen stellen.

1. Wünschen Sie es sich wirklich? Brauchen Sie es tatsächlich?
2. Trägt Ihr Wunsch, falls er materialisiert wird, zum geistigen Fortschritt Ihrer selbst und/oder anderer bei, oder hindert er ihn?
3. Verursacht er, im Falle seiner Verwirklichung, anderen Schaden oder Unannehmlichkeiten?
4. Wenn der Wunsch fruchtbar wird, ist er von Vorteil für Ihre Familie, die Gemeinschaft, das Land und die gesamte Menschheit?

Wenn sich nach dieser Selbstuntersuchung Ihr Wunsch als nicht so dringend, Ihr Bedürfnis als nicht so intensiv erweisen, dann sind sie nicht diejenigen, die bereits in der gottgeschaffenen Welt existieren und in die physische Welt hineindrängen.

Mehr noch, für den Fall, daß die Materialisierung dieses Wunsches Ihr physisches Bedürfnis und Ihren physischen Instinkt befriedigt, aber nichts zu dem geistigen Fortschritt Ihrer selbst oder anderer beiträgt und folglich zu geistiger Korruption führt, ist sie ein Produkt der Verirrung, das keinen Platz in der Ordnung der Welt Gottes hat.

Nebenbei: Wenn das Fruchttragen Ihres Wunsches nur Ihnen allein Gutes, anderen Leuten aber Schaden oder Unangenehmes bringt, hat es seinen Ursprung in etwas anderem als in der göttlichen Ordnung. Wahre Wünsche sollten alle von der

Art sein, daß sie, falls sie verwirklicht werden, nicht nur Ihnen selbst, sondern auch allen anderen Menschen helfen, ob direkt oder indirekt. Jene Wünsche, bei denen sich zeigt, daß sie die vier oben angeführten Ansprüche bestehen, haben bereits in der gottgeschaffenen Welt Existenz; daher werden sie sicherlich Frucht tragen. Seien Sie also zuversichtlich.

Gute Menschen, vereint euch im Handeln

Ein Entwurf von bedeutender Größe auf sozialer, nationaler oder globaler Ebene kann viel schneller und mit viel größerer Breitenwirkung erreicht werden, wenn er mit der vereinten Kraft einer Gruppe und Vereinigung verfolgt wird, als durch einzelne. Bis jetzt haben gute Menschen eine Tendenz gezeigt, zu still, zu bescheiden zu sein und sich über ihre Gedanken auszuschweigen, während schlechte Leute eher dazu geneigt waren, offen zu reden und ihre Kraft zu vereinen, um ihre Forderungen durchzusetzen, indem sie welche Meinungen auch immer ausdrückten, wie es ihnen gefiel, und zum Beispiel den Druck von Massenzusammenrottungen ausnützten. Solche Leute werden weder die Gemeinschaft noch das Land verbessern. Schleunige Besserung in der Gesellschaft und im Land ist nur möglich, wenn bewußte Leute sich zu einem bestimmten Ziel vereinigen und konstruktiv zusammenarbeiten.

Diejenigen, die einer Organisation angehören, die zur Erleuchtung der Menschheit gemeint ist, sollten noch mehr Anstrengung darauf verwenden, Harmonie zwischen ihren Mitgliedern zu erzeugen und ihre Meinungen und Handlungen offen zum Ausdruck zu bringen, auf das größere Ziel gerichtet, und andererseits von destruktiven Aktivitäten oder Reden Abstand nehmen, die einen internen Bruch in der Organisation herbeiführen könnten. Organisationen, in denen Mitglieder sind, die miteinander im Streit liegen, sind wie ein menschlicher Körper, der mit Krebszellen verseucht ist. Früher oder später werden sie sich in einer kritischen Lage wiederfinden und vor der Notwendigkeit stehen, sich einer größeren Operation zu unterziehen, um das Übel zu entfernen.

Schlechtes Denken bewirkt Böses

In dem Kampf für eine gute Sache kann die Organisation keinen stetigen Fortschritt in Richtung auf das Erreichen des Zieles erwarten, wenn sie unter einem inneren Konflikt, einer Disharmonie oder einem Mangel an Übereinstimmung unter ihren Gliedern leidet. Sektistisches Kämpfen zwischen kleinen, gespaltenen Gruppen innerhalb der Organisation, genährt durch einige Kritik, durch Ablehnung und Haß, bewirkt nicht Gutes, sondern verursacht nur eine Verzögerung des Erreichens desjenigen guten Zieles, das alle verfolgen.

Obwohl es die ganze Zeit notwendig ist, ihre inneren Funktionen zu erneuern, um die Organisation zu verbessern – solange sie unter negativen und dunklen geistigen Bedingungen geführt wird, die auf scharfer Kritik, Haß und Zurückhaltung einigen gegenüber basieren, würde sie sich nur nachteilig auswirken und dem Bösen Kraft verleihen, während sie Fortschritt verhinderte. Es gibt kein Entkommen vor der Wahrheit, daß das Schlechte Böses herbeiführt – Sie müssen sich dieser Wahrheit bewußt sein.

Seien Sie tolerant gegenüber Unzulänglichkeiten des Körperlichen

Selbst führende Persönlichkeiten wie Gremiumsmitglieder und Instruktoren, die an der Spitze einer Organisation stehen, sind, als fleischliche Menschen, nicht unbedingt in jeder Hinsicht perfekt. Obwohl alle Menschen in der gottgeschaffenen Welt unendliche Vollkommenheit als Kinder Gottes verkörpern, sind sie körperlich gesehen erst dabei, durch ihre Bemühungen diese endliche Vollkommenheit zu entwickeln. Daher sind sie in den Augen anderer Mitglieder natürlich auf die eine oder andere Art unvollkommen und kritikwürdiger Fehler schuldig. Es würde jedoch Anlaß zu internen Zerwürfnissen geben, die Defekte eines anderen in der gleichen Organisation herauszustellen, und es würde deren organisatorische Kraft vermindern, vorwärts in Richtung auf das Ziel der Aufklärung der Menschheit zu schauen.

Selbst die Führer sind als menschliche Wesen nicht verschieden von anderen; wenn sie geschätzt, gelobt, ermutigt werden und wenn ihnen die fällige Anerkennung gezollt wird, werden sie ihre innere Vollkommenheit leichter manifestieren. Daher sollten die Mitglieder verstehen, daß ihre Führer, als körperliche Menschen, gleichermaßen von Problemen und Sorgen besessen sind, und ihnen helfen, ihre innere Schönheit und Perfektion hervorzubringen, indem sie auf diese eingeborene Vollkommenheit schauen, ohne die Unzulänglichkeiten zu sehen.

Jesus vergießt Tränen

Wann immer Sie an anderen eine Unzulänglichkeit bemerken, ob sie nun eine Organisation führen oder nicht, behandeln Sie sie wie Kranke. Würden Sie einen Kranken angreifen? Würden Sie die Leidenden hart kritisieren? Nicht wahr, das würden Sie nicht tun. Kranken Menschen sollten Sie tiefe Liebe und Güte entgegenbringen – tiefe Liebe, die wünscht, das Leiden zu entfernen, das Sie in ihnen sehen, und es durch Freude zu ersetzen. In dem spezifischen Fall von Führungspersönlichkeiten sollten Sie diesen Beistand leisten mit tiefer Liebe und in der Hoffnung, ihnen die Bürde ihres Amtes zu erleichtern. Wo sich die Beziehung zwischen Leitenden und Mitgliedern zu einer arbeitlich-gewerkschaftlichen Opposition entwickelt, ist kein Raum für Religion oder Glauben.

Die Leidenden und die Beladenen sind krank. Was tat Jesus für die Kranken? »Jesus weinte«, sagt die Bibel. In Jesus erstand aus Erbarmen und Mitleid tiefe Liebe, er wurde durch den Kummer und die Qual von Lazarus' Schwestern getroffen, als wäre es sein eigener. Er betete zu Gott, zuerst, indem er seine Überzeugung mit den Worten stärkte: »Vater, ich danke dir; du hast mich erhört. Ich weiß bereits, daß du mich immer hörst«, und indem er seine Stimme zu einem großen Schrei erhob, sagte er: »Lazarus, du bist nicht tot; du schläfst nur. Stehe auf.« Darauf erlangte Lazarus seine Gesundheit wieder und erhob sich. Auch wir sollten gleiches tun und unseren Führern die Versicherung geben: »Ihre innere Vollkommenheit ist nicht tot, sondern nur eingeschlafen. Sie sind ein Kind Gottes und bereits vollkommen.«

Bei einer Konferenz

Wenn man an einer Konferenz, egal welcher Organisation, teilnimmt, sollte man sie nicht mit der Haltung beginnen, die wünscht, die opponierende Partei diskutierend anzugreifen und sie wegen ihrer Mängel zu verreißen. Solange das Treffen nicht in einer harmonischen und friedlichen Atmosphäre des guten Willens fortschreitet, im Geiste der Bereitschaft, die Gefühle jedes Teilnehmers zu ehren, und Diskussionen sich um konstruktive Meinungen drehen, können unmöglich gute Ergebnisse erzielt werden. Ein gutes Resultat kann nicht von Diskussionen erwartet werden, die in lautem, hartem Ton geführt werden, gefärbt von Gegnerschaft und Polemik. Natürlich können nicht alle Teilnehmer der gleichen Meinung sein; aber wenn jene abweichenden Meinungen zum Ausdruck gebracht werden, sollten Frieden, Harmonie und Liebe für das ›Ganze‹ die Stimmung des Sprechers bestimmen.

Falls konstruktive geistige Schwingungen vorwiegen und die Ideen des Angreifens oder Belastens von Leuten mit anderer Meinung aufgegeben werden, wenn die Teilnehmer danach streben, höhere Ideen mit dem Ziel größeren Wohlstands vorzubringen, ist es sicher, daß mit der Zeit gute Einfälle der Gruppe kommen werden. Alles Gute wird aus Harmonie geboren. Sie sollten nie vergessen, die Offenbarung zu praktizieren: »Jeder einzelne von euch sei versöhnt mit dem ganzen Universum.«

Versöhnen Sie sich erst mit sich selbst

Wie verwickelt ein Konflikt oder eine tiefsitzende Disharmonie auch gegenwärtig in Ihrer Organisation, Familie oder in der Beziehung zu anderen Menschen sein mag, führen Sie *Shinsokan*-Meditation durch. Wenn Sie die Organisation in Hinsicht auf das Problem segnen, indem Sie Führern wie Mitgliedern Dankbarkeit entgegenbringen, oder Ihre Familie segnen, indem Sie jedem einzelnen völlige Wertschätzung zuteil werden lassen, oder die Person segnen, mit der Sie nicht übereinstimmen, indem Sie eine Aura der Versöhnung aussenden, werden Sie in dem Versuch, Versöhnung zu erreichen, niemals erfolglos sein, auch wenn Sie es zuerst nicht für möglich gehalten haben.

Auch wenn die Ursache der Schwierigkeit in der Umgebung oder in anderem zu liegen scheint, ist sie tatsächlich in Ihrem eigenen Bewußtsein; das heißt, oft, wenn ein Zerwürfnis oder eine unharmonische Situation entsteht, ist Selbsthaß der Grund. Weil einer sich selbst haßt, überträgt er dies unbewußt auf jemand anderen und fühlt sich gezwungen, seine Zuflucht zu Beschwerden und Polemik zu nehmen. Sie müssen viel häufiger meditieren und sich selbst sowohl segnen und sich danken wie auch sich mit sich selbst versöhnen.

Segnen Sie sich selbst

Zu segnen heißt, die Göttlichkeit, die in allen Menschen zugleich besteht, zu erkennen und zu ehren, in sich selbst sowohl wie in anderen. Es bedeutet, die wundervolle Natur des eigenen Selbst und des anderer anzuerkennen in seinem Gottverkörpertsein; verehren Sie sie in Ihrem Bewußtsein, rufen Sie sie wach und ziehen Sie diese Wahrheit aus sich selbst. Es ist unnötig, zu betonen, daß Sie andere nicht wirklich segnen können, bevor Sie sich selber segnen können. Sie müssen sich selbst segnen und loben, so daß Ihre innere Göttlichkeit ins Manifeste treten kann. Und das Mittel hierzu ist Meditation.

Während des *Shinsokan* sollten Sie sich zuerst bestätigen, daß Sie ein Kind Gottes sind, von daher perfekt und harmonisch, und dann diese Vollkommenheit der gottgeschaffenen Welt nicht nur verehren, sondern auch segnen. Immer wenn Sie in Ihrem täglichen Leben etwas Schönes getan haben – egal wie unbedeutend –, sollten Sie sich jede dieser guten Taten ins Bewußtsein rufen und sich selbst preisen, indem Sie sagen: »Du bist ein so feiner Mensch, da du diese guten Dinge getan hast.« Es ist, als ob ein Lehrer das innere Können eines Schülers fördert, indem er ihm eine besondere Anerkennung für richtige Antworten in einem Test zollt, selbst wenn ihrer vielleicht nur wenige sind. Sie sollten sich selber loben, indem Sie bejahen: »Ich habe vergeben, was dieser spezielle Mensch mir angetan hat. Ich bin ein Kind Gottes, ich bin tolerant und besitze Liebe im Überfluß.«

Die Sache und das Bewußtsein sind in Wahrheit eins

Alle Dinge, die existieren, die wir sehen, hören und berühren können, kommen in wirkliche Existenz durch die Aktivitäten des Geistes. Es ist das Bewußtsein, das Dinge wahrnimmt und auf sie reagiert, ob positiv oder negativ. Wiederum ist es das Bewußtsein, das sie bewegt und sie in Formen und Umrissen neu arrangiert, die von den vorherigen verschieden sind. Auf diese Weise werden Schöpfung, Erneuerung, Erfindung und neue Ideen produziert, und aus diesen kreativen Aktivitäten ziehen wir große Freude.

Alle Dinge existieren nicht nur im Materiellen, sondern auch im Bewußtsein. Warum gibt uns dann ein Ding zu gewissen Zeiten ein Gefühl der Freude und zu anderen ein unangenehmes Empfinden? – Weil das Bewußtsein und die Materie nicht zwei getrennte Dinge sind, die völlig ohne Beziehung zueinander sind, sondern vielmehr innerlich eins, und wenn sie Existenz annehmen, manifestieren sie sich so, wie das Bewußtsein einerseits und die Materie andererseits in der Schwingung aufeinander abgestimmt sind. Von daher sind sie untereinander in Abhängigkeit, weil sie ursprünglich eins sind, auf der gleichen Basis existieren. Im Buddhismus heißt es daher: »Die Sache und das Bewußtsein sind eins.«

Evolution des Lebens

Unser Leben ist eine beständige Wanderung auf der Straße zu immer größerem Fortschritt. Wie ist es aber für die ›Niederen‹ möglich, etwas von einer höheren Ebene zu erkennen? – Während es für die ›Hohen‹ natürlich einfach ist, etwas vom ›Niederen‹ wahrzunehmen, müssen die ›Niederen‹ es unmöglich finden, das ›Höhere‹ zu verstehen. Trotzdem beweist die Tatsache, daß der Mensch das ›Höhere‹, selbst wenn er sich auf einer niedrigeren Verständnisebene befindet, begreifen kann, daß die ›hohe Eigenschaft‹ sich bereits in ihm findet und dann hervorgerufen wird, wenn er in Berührung mit dem ›Höheren‹ kommt.

Genau aus diesem Grunde entwickelt sich das Leben zum ›Höheren‹ hin; das heißt das Hohe, das im Menschen wohnt, wird in sichtbare Form gebracht, geführt von verschiedenen Formen wie Umwelt, Bedingungen, Situationen und Erfahrungen. Solchermaßen dürfen wir nicht, in was für Umständen wir uns auch befinden mögen, versuchen, aus ihnen zu entfliehen. Statt dessen müssen wir Erfahrungen, die in unserer gegenwärtigen Situation verfügbar sind, willentlich akzeptieren und es unternehmen, von ihr zu lernen und zu absorbieren, was wir können. Indem wir das tun, können wir das unendliche Göttliche noch vollständiger erkennen.

Der Mensch kennt keinen Tod

Unleugbar: Die Menschen besitzen Wünsche und Neigungen zu unendlichem Fortschritt, und diese sind in der Tat dringend und intensiv. In dem Versuch, die Quelle der Existenz selbst zu erfassen und Gesetze hinter physischen Phänomenen zu entdekken, in Verfolgung des Guten und der Schönheit haben wir durstig nach Fortschritt und Verbesserung verlangt, mit einer brennenden Leidenschaft. Es würde daher zweifellos inkonsequent und irrational sein, wenn das individuelle Leben, das über diese Wünsche Befehl hat, mit dem physischen Tod zu einem völligen Ende kommen sollte.

Ohne Frage wird der Körper eines Tages sterben, und das Gehirn wird aufhören zu funktionieren. Zur gleichen Zeit verschwindet auch das Bewußtsein, das durch das Gehirn entwikkelt wurde. Trotz alledem werden diese Erscheinungen den Geist nicht zu Nichtexistenz reduzieren. Anders ausgedrückt, der Mensch, im Sinne eines geistigen Seins, ist nicht tot. Tod ist nur ein Zustand, in dem sein Kleid (Körper), das dem physischen Auge den Anschein einer Existenz vermittelt, als abgetragen erscheint und in nichts zusammenfällt. Es ist ganz so, als ob Brillengläser zerbrächen und aus dem Gestell fielen. Selbst wenn die Brille zerbrochen ist, ist jedoch das geistige Auge hinter ihr immer noch in der Lage, zu sehen und zu fühlen. Ähnlich werden wir, selbst nachdem wir unsere äußeren Kleidungsstücke ablegen, niemals Wissen, Weisheit, Errungenschaften und Erleuchtung verlieren, die wir durch Erfahrungen im Leben gewonnen haben, während wir in physischer Kleidung auftraten. Indem wir solcherart die geistige Ebene, die wir durch das Leben erreicht haben, beibehalten, fahren wir für immer fort, eine Gelegenheit zu suchen, zur nächsten Ebene des Fortschritts weiterzugehen. Wir sind wahrhaft geistige Existenz. Im Besitz des inneren Unendlichen sind wir Leben, das sich in Richtung auf endlosen Fortschritt entwickelt, während es beständig innere Unendlichkeit in der sichtbaren materiellen Welt verwirklicht.

Wahre Freiheit

Wir Menschen verfolgen nicht nur das Ziel der Unendlichkeit, sondern wir suchen auch Freiheit, da der Mensch als Gottes Selbstinkarnation inhärent grenzenlose Freiheit verkörpert. Für einige Leute bedeutet Freiheit, etwas zu zerstören, das sie bindet, aber wahre Freiheit kann nicht durch eine solche dualistische Sicht der Dinge erreicht werden, das heißt indem man die Dinge nicht als sie selbst und damit als Gegensatz erfährt. Nur wenn Sie den ›absoluten‹ Standpunkt einnehmen, indem Sie das ›Absolute‹ werden, können Sie wahre und wirkliche Freiheit gewinnen. Tatsächlich ist das einzige, was dies ermöglichen kann, die Erleuchtung und Wahrnehmung, daß Sie ein Selbstausdruck Gottes, eine Selbstverwirklichung des ›Absoluten‹ sind.

Daher kann nur Meditation wahre Freiheit herbeiführen. Denn in tiefer Versenkung in die Wirklichkeit während *Shinsokan* können Sie wahrhaft das wirkliche Gefühl erfassen, daß Sie eins mit Gott sind, vereinigt mit dem ›Absoluten‹, und erkennen, daß dasjenige, was anders ist als Sie, sei es menschlich oder materiell, in Ihrer Umwelt anscheinend von Ihnen getrennt, nicht wirklich ›anderes‹ ist, sondern lediglich Spiegelung Ihres eigenen Bewußtseins. *Shinsokan* ist jene heiligste Zeremonie, mittels derer der Mensch mit Gott verschmelzen kann, eine Übung, wenn auch durchaus nicht leicht, die jeder einzelne von uns so lange praktizieren muß, wie wir wahre Freiheit suchen.

Glänzende Mission, die der Mensch von Geburt an hat

Die Evolution des Lebens kann nicht vonstatten gehen ohne die Geburt eines individuellen Lebens. Es spielt keine Rolle, wie großartig das universelle Leben, das das All beherrscht, sein mag, wenn nicht ein individuelles Leben Existenz bekommt, hat der Fortschritt keine Chance. Ob Sie es glauben oder nicht, dies ist genau der Beweis, der die Tatsache bezeugt, daß Gott ein individuelles Leben braucht, denn ohne ein solches einzigartiges Sein, das Selbstbewußtsein besitzt, das heißt ohne den Menschen, hat Gott keine Möglichkeit, wahre Freiheit zu erfahren. Tatsächlich ist der Mensch Gott absolut unverzichtbar.

Wenn die menschliche Art nicht ins All hineingeboren worden wäre, egal wie wunderbar und herrlich dieses auch ist, würde das Wirken von Sonne, Mond, Sternen und Planeten im Raum oder das Erscheinen von Pflanzen, Bäumen, Vögeln und Tieren, wenn auch noch so atemberaubend schön, nicht mehr als mechanisch sein, da diese keine Wahl haben, irgend etwas anderes zu tun, als Schönheit darzustellen, wie der Instinkt es regelt. Nur durch das Hineingeborenwerden des Menschen ins All, das heißt dank der Selbstverwirklichung in den Menschen, kann Gott die Freiheit zu einer lebensfähigen Erfahrung machen. Gäbe es nicht den Menschen, Gott könnte kein Wachstum erfahren, noch könnte Er das Gefühl der Freiheit kennen. Wie glänzend ist die Aufgabe des Menschen!

Fordern Sie Schwierigkeiten heraus

Der Mensch kann die Freiheit nur dann fassen, wenn er aufhört, ein Sklave der Umstände oder der Umgebung zu sein. Sich zu beschweren, daß man gemäß der Umstände und der Umwelt verhindert sei, etwas zu vollbringen, und des freien Verfügens über die Dinge beraubt, heißt, sich zu einem Sklaven der Umgebung zu reduzieren. Wenn Sie in diese Falle fallen, muß von Ihnen gesagt werden, daß Sie die Erkenntnis, ein Kind Gottes, des Herrn der Freiheit, zu sein, erniedrigt haben. Meditieren Sie daher öfter, und vertiefen Sie Ihren Sinn für die Einheit mit dem ›Absoluten‹. Alle Umstände und Umgebungen sind, wie athletische Ausrüstung, dazu bestimmt, eine gewisse Fähigkeit im einzelnen zu entwickeln. Turngeräte wie der Ring, das Pferd oder der Barren sind alles Umstände und Umgebung, die für den Athleten unverzichtbar sind, wenn er sein Talent ausbauen will. Der athletische Star sucht gern solche Umgebungsbedingungen, er besiegt sie, indem er sie zu einem Instrument macht, mittels dessen er schließlich seine körperliche Schönheit im Akt des Willens zur Schau stellt. Darin ist der Athlet Meister und Befehlshaber über die Freiheit.

Andererseits kann anhand des Beispiels von Studenten, die durch den Lehrplan gezwungen werden, solche Turnübungen in einer Klasse zu praktizieren, wenn sie nicht wünschen, dies zu tun, gesagt werden, daß diese Übungen die Studenten der Freiheit beraubt haben, weil sie ihnen aufgezwungen wurden. Engagiert in der gleichen Art von Übungen ist Erstgenannter der Meister, während die Letztgenannten Sklaven ohne Freiheit sind. Was macht den Unterschied aus? – Der Schlüssel zum Sieg im Leben ist es, seinen Standpunkt von einem passiven zu einem aktiven zu machen. Der, der immer einen passiven Standpunkt behält, ist ein Sklave und daher ein Verlierer; der, der schwierige Hürden aus freiem Willen als Herausforderung nimmt, findet sich immer als Sieger und Meister.

Vom Gewissen hervorgebrachte Selbstbestrafung

Sie sind Meister, wenn Sie aus eigenem Willen Taten des guten Willens und der Liebe anderen gegenüber üben und sie zu geistiger Erleuchtung und Rettung führen. Da diese Taten Ausfluß der Freiheit sind, wird Sie Freude spüren lassen. Was noch mehr ist: Das Gute, das Sie anderen gegeben haben, wird Ihnen unzweifelhaft zurückgegeben werden.

MRA nennt ›absolute Aufrichtigkeit‹ als obersten Glaubensartikel. Wenn wir andere betrügen, werden wir sicherlich mit Betrug bezahlt werden. Wenn der Betrug, den wir an jemandem verübt haben, zu uns zurückkehrt, kann gesagt werden, daß der initiale Akt des Betrugs in sich, obschon er auf andere gerichtet war, nicht mehr als Selbstbetrug ist. Unser Unterbewußtsein ist vielmehr wie ein Kassettenrecorder. So nimmt unser wahres Selbst, auch wenn wir äußerlich ein unschuldiges, nonchalantes Betragen an den Tag legen, nachdem wir andere betrogen haben, pausenlos das Gefühl der Schuld auf, das unser Bewußtsein erfüllt. Daher vibriert so ein innerer Schuldkomplex und zieht Dinge an, die auf seiner Wellenlänge liegen, so daß wir dabei enden, von einem anderen betrogen zu werden. Wie ein Lügendetektor, der Lügen aufdecken und sie in graphischer Form zeigen kann, mag der Mensch fähig sein, andere erfolgreich zu betrügen, doch niemals sich selbst. Sein Gewissen wird ihn unter ständige Selbstverfolgung stellen, ihn der Selbstbestrafung unterwerfen und ihm folglich viel Unglück bringen.

Die Dinge werden laufen, wie Sie denken

Indem Sie andere Leute anklagten, schlecht zu sein, sind Sie selbst schlecht geworden, zumindest im Bewußtsein sind Sie zu Satan geworden, einem Bewohner der Hölle. Ein Arbeitgeber hat die Macht, seine Angestellten zu dem zu machen, was er wünscht, entweder zu harten oder zu faulen Arbeitern, entweder zu Lügnern oder zu ehrlichen Menschen. Gerade wie ein Hypnotiseur sein Medium in Schlaf versenkt, indem er ihm suggeriert: »Du arbeitest tüchtig auch ohne Überwachung«, wird ein Arbeitgeber die Angestellten dazu anspornen, wirklich treu und aufrichtig gute Arbeit für ihn zu leisten. Wenn er jedoch denkt: »Ihr arbeitet doch nicht, wenn ich nicht um euch bin, um ein Auge auf euch zu halten«, werden die Arbeiter träge werden, genauso, wie er denkt, daß sie seien.

Dasselbe trifft zu auf die Einstellung von Eltern gegenüber ihren Kindern. Die ernste Sorge der Mutter: »Mein Kind lernt nicht tüchtig, also muß ich aufpassen und es zum Lernen bringen«, wird nicht zur Folge haben, daß das Kind lernt, sondern nur, daß es nicht lernt, trotz ihrer Überwachung. Wenn die Mutter andererseits denkt: »Da mein Sohn ein Kind Gottes ist, wird er, auch wenn man ihn allein läßt, von sich aus hart arbeiten«, wird er sorgfältig lernen, ohne daß man ihn zu beobachten braucht. In der Tat haben zwei verschiedene Arten von Bewußtsein einen Weg der Kommunikation miteinander. Wenn die Dinge sich nicht so materialisieren, wie man es wünscht, existiert irgendwo ein tiefsitzender Gedanke im Unterbewußtsein, egal was man mit dem Oberflächenbewußtsein denkt, besagend: »Die Dinge laufen nicht, wie ich will.« Das ist es, was die materielle Welt entgegen seinem Wunsche gemodelt und geformt hat.

Eifersucht ist die größte Sünde

Wahres Erbarmen, wahre Liebe bedeuten, mit anderen gefühlsmäßig zusammen zu sein: wenn sie glücklich sind, sich mit ihnen zu freuen; wenn sie leiden, ihre Qual als die eigene zu empfinden und ernstlich zu ersehnen, ihr Leiden zu entfernen und durch Glück zu ersetzen. Leben Sie täglich auf diese Art. Ein hauptsächlicher Grund, der Sie zum Gegenteil motiviert, ist Eifersucht. Einige Leute finden Gefallen an ihrer eigenen Kleidung, wenn jemand anders schäbig gekleidet ist. Dies ist eine egoistische, selbstbezogene Liebe, eine dualistische Sichtweise, durch die man glaubt, die Welt drehe sich um die eigene Person, und andere als getrennt von sich sieht. So fühlt sich ein solcher Mensch, solange er nicht glaubt, über anderen zu stehen, unsicher, so daß er den Wunsch hat, sie herabzusetzen und zu demütigen, und zu Zeiten sogar wünscht, daß sie weniger glücklich sein mögen, als er es ist.

Eifersucht ist eine der größten Sünden, deren der Mensch schuldig ist. Sie ist die Grundursache unzähliger widerlicher Verbrechen, Laster und Kämpfe zwischen verschiedenen religiösen Kräften und sogar von Kriegen. Daher kann man folgern, daß die Eifersucht auszurotten bedeutet, die Wurzel allen Kampfes zu zerstören.

Vergleiche, die auf Relativität basieren, sind die Quelle aller Eifersucht

Eifersucht entsteht aus der Haltung und Sichtweise, die nicht auf dem Absoluten, sondern auf dem Relativen basiert. Wenn einer solcherart das Gefühl hat, einem anderen unterlegen zu sein, nachdem er einen relativen Vergleich gezogen hat, keimt Haß gegen ihn in seinem Geist. Ein Sprichwort sagt: »Klagt nicht, weil ihr arm seid, sondern weil ihr nicht gleich seid.« Obwohl heutzutage das Leben von Werktätigen aus materieller Sicht unvergleichlich voll Überfluß ist – weit wohlhabender als das eines Königs der Jymon-Ära*, erleichtert durch zahllose Bequemlichkeiten und Vergnügungsmöglichkeiten, von denen sich in jenen Tagen keiner etwas träumen ließ, können die Leute irgendwie nicht halb so viel Freude aufbringen wie jener König in der Jymon-Zeit, und sie beschweren sich über einen Mangel an Einkommen. Warum? – Weil sie ›Ungleichheit beklagen‹, die sich auf ihren relativen Gesichtspunkt und ihre Perspektive gründet.

Egal wie reich das eigene Leben sein mag, solange man sich, auf der Grundlage der Relativität, über Ungleichheit beklagt, werden die Sorgen einen nicht verlassen. Um die Sorgen zu vertreiben, muß man daher einen absoluten Standpunkt einnehmen, der Rückendeckung erhält durch eine unveränderlich feste Erkenntis, daß in einem das ›Absolute‹ wohnt, das alle Vergleiche übersteigt, und daß durch einen das Absolute einzigartige Schönheit, einzig in sich selbst, entfaltet. Es gibt keinen anderen Weg als diesen, um Erhabenheit zu erreichen. Erkenntnis des Absoluten – das ist eine religiöse Frage. Es ist nur geistige Erleuchtung, durch religiöse Überzeugung herbeigeführt, die den Menschen in den Stand versetzt, eine Erkenntis des Absoluten fertigzubringen und Kampf für immer auszulöschen.

Jeder einzelne ist ein König

Das Absolute, das Übermenschliche, das Allgegenwärtige, das Unendliche, das im Innern wohnt; das Unendliche im Endlichen; das Absolute, das als Relatives erscheint; das übermenschliche Sein, das hinter allem ist, was materiell scheint; das Ewige, wie es gegenwärtig ist; das Unendlich-während-zur-gleichen-Zeit-Endliche; das Allesumfassende und doch gleichzeitig Individuelle – das bin ich, das sind Sie, das sind auch alle anderen Personen. Die Wahrnehmung dieser Wahrheit sollte Grund

* Die Jymon-Ära: 400–2000 v. Chr. in Japan

genug sein, die Menschen zu natürlicher und spontaner gegenseitiger Ehrerbietung zu führen.

Insoweit man sich selbst nur als bloße physisch-körperliche Existenz sieht, gibt es für einen keine Möglichkeit, begrenzenden Schranken zu entgehen. Auf diese Weise kann man nicht zu völliger Freiheit gelangen. Daher muß man, um physische Begrenzungen zu transzendieren und zu überwinden, die Wahrheit kennen, wie Jesus dem angemessen sagte: »Die Wahrheit wird dich frei machen.« Obwohl Jesus verstummte und nicht antwortete, wenn er gefragt wurde: »Was ist die Wahrheit?«, antwortete er, als er wiederum gefragt wurde, »Bist du der König?«: »Du sagst es.« Was Jesus mit ›König‹ meinte, ist das ›Absolute‹, das heilig und unberührbar ist. Dem Gesetz nach sind nicht alle Leute Könige, aber von einem religiösen Standpunkt aus ist all und jede Person ein König von absoluter Freiheit. Dies ist die wahrhaftige Wahrheit. Die Kenntnis dieser Wahrheit wird jedem Menschen wahre Freiheit geben.

Schätze in Gottes Land sind Ihnen bereits gegeben

Ihr Glück ist in keiner Weise etwas, das durch Wirkungen in der äußeren Welt begrenzt und kontrolliert wird. Kein Übel, kein Unglück kann auf Sie eindrängen und eindringen, wenn Sie es nicht lassen. Gott ist immer mit Ihnen; das Gute, Schöne, Reichliche und Ersehnenswerte, das Sein ist, ist Ihnen bereits gegeben. Im Registraturbüro des Landes Gottes ist die gesetzliche Auflistung alles dessen, was an Gutem in Gottes Besitz ist und das Sie erben sollen, bereits vervollständigt. Nichtsdestoweniger würde das, trotz der Vollständigkeit der gesetzlichen Prozeduren, ohne das Wissen des Individuums um seine Erbschaft in Hinsicht auf eine Faßbarkeit in dieser physischen Welt nichts bedeuten.

Weil sie nicht gewahr sind, daß alles, was Gott an Gutem besitzt, bereits gegeben ist, können viele Leute diese Güter nicht nutzen. Es ist die Aufgabe von Seicho-No-Ie-Gliedern, Menschen über dieses Erbe aufzuklären. Immer noch aber würde dieses, selbst wenn jemand davon benachrichtigt würde, nur ein legales Erbe auf dem Papier bleiben und daher keine Kraft haben, ihm Segen zu bringen, solange er es nicht auf sein wirkliches Leben anwendet und in die Praxis umsetzt.

Schlüssel zum Öffnen der Tür zu unendlichen Schätzen

Die Wahrheit manifestiert ihre Kraft nur dann, wenn sie im aktuellen täglichen Leben praktiziert wird. Solange sie nicht angewendet und ausgeübt wird, ist sie wie ein Grundstückseigentümer in Abwesenheit, dessen Land von jemand anderem bestellt wird, obwohl die Urkunde auf seinen Namen lautet. Früher oder später wird die Zeit kommen, da der Besitzer selbst seines Eigentumsrechts über das Land beraubt sein wird. Ähnlich sollte der Mensch, der ein Kind Gottes ist, den Besitz oder die unendliche Fähigkeit, die er von Gott geerbt hat, genau jetzt in Betrieb nehmen, ohne sie zu verschwenden.

Wie kann man dann diesen gottgegebenen Besitz erlangen? – Der Schlüssel, der die Schatztruhe des göttlichen Landes öffnet, ist der Glaube. Deshalb Jesu Lehre: »Was immer ihr im Gebet erbittet, glaubt, daß ihr es bekommen habt, und es wird euer sein.« Dasselbe lehrt auch die Passage, wo Jesu Schüler zu ihm zurückkehren, nachdem sie beim Heilen der Kranken versagt haben. Jesus sagte nicht: »Dem konnte nicht geholfen werden, weil die Krankheit so schwer war.« Statt dessen klagte er: »Wie klein ist euer Glaube!«

Im Effekt liegt der ganze Unterschied darin, ob man den Glauben, die Tür zu unendlichen Schätzen zu öffnen, aufbringt oder nicht.

Das himmlische Netz ist nicht undicht

Es ist einfach keine Frage, daß das, was Sie sich in tiefster Seele wünschen, konkrete Wirklichkeit werden wird. Glauben Sie zuerst mit unzweideutigem Glauben, daß Sie das, was Sie so sehnlich erwünschen, bereits erhalten haben, und erzeugen Sie in sich eine tiefe Dankbarkeit.

Wenn die Materialisierung des Wunsches jedoch jemanden verletzen oder ihm einen Verlust zufügen sollte, wird das Gebet nie erfüllt werden. Ein selbstsüchtiger Wunsch mag zeitweise scheinbar Frucht getragen haben durch die Stärke Ihrer Willenskraft, aber da er nicht von Gott kommt, sondern vielmehr Sie ihn durch Ihre Willenskraft erlangt haben, ist er dazu bestimmt, zu seiner Zeit ein unglückliches Ende herbeizuführen, das mit dem Elend vervielfältigt ist in Übereinstimmung mit dem Gesetz: »Die, welche berauben, werden beraubt werden.« »Was genommen wurde, muß mit Anteilnahme zurückerstattet werden.« Das Netz im Himmel mag klein erscheinen, aber es wird Sie nicht vom Gesetz von Ursache und Wirkung ausnehmen.

Glaube muß kontinuierlich aufrechterhalten werden

Das, was bei der Materialisierung eines Gebets von Bedeutung ist, ist nicht allein eine tiefe Überzeugung von der Gewißheit seines Fruchttragens in Verbindung mit dem Glauben, daß es bereits zugesichert ist, sondern auch Aufrechterhaltung des Glaubens nicht nur für einige Zeit, sondern beständig und fest bis zu seiner Verwirklichung auf der physischen Ebene. Während eines vielleicht zehnminütigen Gebetes zu bejahen, daß »mein Gebet bereits verwirklicht ist und ich Gott meinen Dank vielfach anbiete«, aber während des Prozesses seines Fruchtbringens zu schwanken und sich zu fragen: »Mein Wunsch hat sich noch nicht verwirklicht, ist er also hoffnungslos?«, würde bedeuten, das zu negieren, was man während des Gebetes bejaht hat – daß der Wunsch bereits zugesichert ist. Mit so unsicherem Glauben ist es kein Wunder, daß das, wonach man im Gebet gefragt hat, noch nichts gefruchtet hat.

Wenn Sie daher erst einmal für etwas beten, müssen Sie in Ihren Bemühungen fest bleiben, bis es sich materialisiert, indem Sie konstant die geistige Vision Ihres Wunsches als eines bereits verwirklichten aufrechterhalten und versuchen, nicht den leisesten Zweifel aufkommen zu lassen, der dem widerspricht. Natürlich wird die Aufrechterhaltung dieses Bildes während des

Tages, wenn Sie bei der Arbeit sind, auf der bewußten Ebene gehindert, doch insoweit Sie nicht die starke geistige Vision verraten und die Überzeugung, daß sie fruchtbar sein wird, fährt das Unterbewußtsein fort, den im Gebet eingegebenen Gedanken zu nähren. Daher brauchen Sie sich nicht zu sorgen. Immer wenn Sie sich diese Angelegenheit ins Bewußtsein rufen und daran denken, seien Sie Gott dankbar und rezitieren Sie »Danke, Gott« in Ihrem Geist, und erneuern und verstärken Sie den Glauben, daß Sie sie bereits erhalten haben.

Zugang zum Himmel über den Bewußtseinszustand

Es ist über alles wichtig, wenn Sie glücklich sein wollen, daß Sie immer geistigen Frieden aufrechterhalten und beständig Gott dankbar bleiben mit dem festen Glauben, daß Gott Ihr Vater ist, der Sie sehr liebt, und daß Er niemals verfehlt, das bereitzustellen, was für Ihr Glück wie für die Vollendung Ihrer Aufgabe erforderlich ist. Der Bewußtseinszustand, um den Himmel zu betreten, ist solcherart, wie Jesus es lehrte, als er sagte: »Wahrlich ich sage euch: Es sei denn, ihr würdet bekehrt und würdet wie die Kinder, so werdet ihr nicht ins Himmelreich kommen«; das heißt wie sich ein Kind völlig sicher fühlt, mit totalem Vertrauen, daß seine Mutter es immer mit Milch und Nahrung versorgen wird, die nötig sind, um sein Leben zu erhalten. Was mit ›ins Himmelreich kommen‹ gemeint ist, ist die Tugend Ihrer geistigen Erleuchtung, eine Umgebung wie der Garten Eden, wo all das, was Sie sich wünschen, Ihnen gehören wird.

Ungerechtigkeit wird nicht ewig dauern

Die Leute neigen dazu, andere zu beschuldigen, sie denken selbst dann, daß jemand anders ihnen eine Falle gestellt hat, wenn sie in die eigene Grube gefallen sind und daran leiden. Als eine Folge davon beginnen sie, andere abzulehnen. Der Versuch, die Kraft Ihres Einflusses auszudehnen und Gewinn dadurch zu erzielen, daß Sie andere untergraben, würde sein wie der Betrug, bei dem Sie Ihren Finger absichtlich auf eine Waagschale legten, um extra Gewicht hinzuzufügen. Wenn Sie Ihren Finger fortnehmen, wird die Waage wieder korrekt anzeigen. Ähnlich wird die Natur es nicht zulassen, daß Ungerechtigkeit ewig dauert. Was also auf unfaire Weise erlangt wird, hat mit Sicherheit keinen Bestand und wird dahin zurückkehren, wo es hingehört.

Sie dürfen sich kein Seil schaffen, mit dem Sie sich selbst binden. Hören Sie auf, sich selbst Begrenzungen aufzuerlegen. Denken Sie nicht, Sie könnten den Bereich Ihrer Macht nicht erweitern, solange Sie nicht bösartig werden und Geschwätz über andere in Umlauf setzen oder Sie einer Sache berauben. Leben Sie im Gegenteil so, daß Ihre Existenz in dem Gleichgewicht aufrechterhalten wird, das dadurch erschaffen wird, daß Sie anderen Leben und Rettung geben.

All Ihr Mißerfolg hat sich aufgelöst

Verlassen Sie den Kummer. Geben Sie Ärger auf. Verbannen Sie Haß. Dann wird das Paradies des Himmels kommen. Eine wahrhaft gründliche und sorgfältige Untersuchung wird Ihnen sagen, daß nicht ein Zwischenfall, der wirklich betrüblich ist, jemals in dieser Welt passiert ist, noch wird ein solcher Zwischenfall irgendwann hiernach vorfallen. Selbst die Opfer von Kriegen, die in die geistige Welt weitergingen, sind nicht wirklich tot. Ihr Geist ist ewig und kennt keinen Tod. Die materielle Welt ist nur ein ›Schatten der Imagination‹, und die wirkliche Existenz – das, was wahre Existenz trägt – wird niemals verschwinden. Umgekehrt ist das, was verschwindet, in Wahrheit inexistent.

Wenn Sie Kummer, Ärger oder Haß nähren, schauen Sie durch die Vorstellung nur auf die dunkle Seite der Dinge und vergrößern Böses und Unglück. Schließlich schwanken Sie durch Ihre eigene Wahl durch den dunklen Rauch, den Sie durch Vorstellung geschaffen haben. Vorstellung vergrößert Unglücksfälle und vervielfacht Sorgen nach dem Gesetz ›Gleich und gleich gesellt sich gern‹. Wenn Sie daher einem Unglück gegenüberstehen, denken Sie, daß nun aller Kummer aus Ihrem Leben gegangen ist, segnen Sie sich selbst und freuen Sie sich.

Kraft zu unfehlbarem Sieg

Wenn Ihr Herz betrübt ist oder Sie sich durch Einsamkeit erdrückt fühlen, wenden Sie Ihr Bewußtsein Gott zu. Gott liebt Sie immer. Gott versorgt Sie immer mit der tiefsten und liebevollsten Tröstung. Einige Leute werden durch Ereignisse in der sich immer verändernden physischen Welt so verstört, daß sie, Gegenstand ihres Einflusses, in dem einen Moment froh und dem anderen bekümmert sind. Nie wird für sie die Zeit kommen, da ihre Seele in wahrem Frieden ruhen kann. Sie werden sich nicht in der Liebkosung wahren geistigen Friedens wiederfinden, ehe Sie sich nicht in die Hände des Unwandelbaren begeben und von ihm, das in Ewigkeit verläßlich ist, abhängig machen, wie ein Kind, das in totaler Abhängigkeit vertrauensvoll in den Armen seiner Mutter ruht.

Wenn der, der in einem Baseballspiel am Schlag ist, den Ball dreimal verfehlt, so ist das nicht der Fehler des Ballwerfers der anderen Mannschaft und auch nicht der Fehler des Sponsors. Desgleichen gibt es keinen Grund, warum Sie das Leben selbst als unangenehm empfinden oder jemandem Gram sein sollten, nur weil Sie sich nicht den Anschein geben können, im Leben erfolgreich zu sein. Indem Sie sich selbst bilden, können Sie Ihre Ziele höher stecken und Sieger im Leben sein. Vertrauen in den Sieg, das auf einer Rechnung mit schwachen Gegnern beruht, ist wertlos, wenn der Wettkampf mit einem starken Gegner Sie unterliegen läßt. Nur indem Sie sich mit starken, begabten Gegnern messen, nur indem Sie Schwierigkeiten bekämpfen, werden Sie die Fähigkeit gewinnen, jedwedes Hindernis zu überwinden. Wenn Sie mit einer Schwierigkeit konfrontiert werden, so vergessen Sie nicht, Gott, der in Ihnen wohnt, anzurufen, der doppelt so stark und mächtig ist wie der Gegner.

Die Perle liegt auf dem Boden der Tiefsee

Hinter und jenseits der Sorge gibt es ein Mekka. Lassen Sie sich nicht von der Sorge verschlingen. Sammeln Sie Ihre Energien und seien Sie gewiß, daß heiliges Land jenseits der Sorge liegt.

Ein wertvoller Diamant ist tief in der Erde verborgen, und kostbare Perlen liegen in Muscheln auf dem Grunde der Tiefsee. Wenn Sie die äußere Schicht der Erde oder der Muscheln sehen, so übersehen Sie nicht den unschätzbaren Schatz, der darunter verborgen ist. Betrachten Sie die Sie konfrontierende Schwierigkeit als den letzten Akt des Grabens in einer Kohlenmine, bevor Sie ans ›Licht‹ kommen.

Man darf seine Sorgen, nicht einmal eine von ihnen, nicht als eine von Gott oder Buddha auferlegte Strafe ansehen. Wenn man auf einer Straße geht, die für Fußgänger verboten ist, und wird dann von einem Lastwagen überfahren und getötet, ist das weder Gottes noch Buddhas Bestrafung, sondern es geschieht, weil man gegen das Gesetz verstoßen hat. In diesem Fall hat man das Gesetz mit der Bezeichnung ›Verkehrsregeln‹ verletzt, und indem man dort ging, wo es nicht erlaubt war, fiel man unter das physische Gesetz, nach dem, wenn weiche Materie (sogenannte Physis) mit stabiler Materie (einem eisernen Truck) zusammenstößt, die weiche Materie zerbrochen werden wird. Ähnlich gibt es das Gesetz des Geistes, nach dem man verletzt wird, sollte man es übertreten. Durch Festhalten am Gesetz und indem man aus Wunden lernt und Wiederholung der gleichen Fehler vermeidet, wird man daher ein Mekka finden, ein Land des Glücks und des Wohlbefindens.

Fünf Wege, dem Schmerz zu begegnen

Wenn man mit Schmerz konfrontiert wird, gibt es fünf Wege, ihm zu begegnen:

1. Sich zu ängstigen und zu versuchen, vor ihm davonzulaufen. Dies wird die Qual nicht erleichtern. Je mehr man sich fürchtet, desto stärker wird der Schmerz einen verfolgen und die Ursachen für die Folter steigern.
2. Die Agonie zu überwinden, indem man sie mit Willenskraft erträgt. Das Bekämpfen von Agonie und Schmerz wird die Willenskraft steigern und helfen, sie zu stärken. Stoizismus fällt unter diese Kategorie.

3. Den Schmerz als nichtexistent zu negieren und ihn zu überwinden, indem man sich selbst von ihm löst. Obwohl der Schmerz da ist, wird es einen ihm gegenüber gleichgültig machen, wenn man ihn in losgelöster Weise betrachtet.
4. Alles als Spiegelung seines eigenen Bewußtseinszustandes anzusehen; indem man so über sich selbst nachdenkt, wenn man mit schmerzhaften feindlichen Umständen konfrontiert ist, sein eigenes Bewußtsein auf einen falschen Gedanken hin zu prüfen und zu versuchen, den Schmerz zu erleichtern, indem man den fehlerhaften Gedanken korrigiert.
5. Mit allem Ernst in die Vollkommenheit der gottgeschaffenen Welt zu sehen und sich mit ganzem Herzen darauf zu konzentrieren, daß man, wie man von Gott geschaffen ist, vollkommen ist. Indem man das tut, wird das Unvollkommene von selbst verschwinden, Schmerz und Qual entfernen und eine paradiesgleiche Situation herbeiführen.

Der fünfte Weg umfaßt die vertikale Wahrheit von Seicho-No-Ie; der vierte seine horizontale Wahrheit. Indem man den dritten Weg benutzt, das heißt indem man den Schmerz negiert in dem Prozeß des wirklichen Praktizierens der Wahrheit, die in 4. und 5. aufgeführt wurde, wird man fähig sein, sich selbst vom Schmerz zu lösen.

Begrenzen Sie sich nicht selbst

Da der Mensch ein Kind Gottes und Erbe Seiner unendlichen Vorräte ist, müssen alle Dinge notwendig Frucht tragen, vorausgesetzt, daß sie gut und gerecht sind. So liegt, wenn etwas sich trotz seines guten Grundes nicht materialisiert, die Ursache darin begründet, daß Sie sich selbst begrenzen. Tatsächlich verkörpert der Mensch in sich eine wunderbare Kraft, die Kraft sogar, normalerweise nicht wahrnehmbare Wunder zu vollbringen, was abhängig ist von dem Grad, in dem die selbstauferlegten Begrenzungen abwesend sind. Denken Sie jedoch daran, daß unendliches Vermögen dem Menschen in seiner Vater-Sohn-, Schöpfer-Erbe-Beziehung zugemessen ist; so kann es nur verwirklicht werden, wenn Sie eins sind mit Gott. Solange Sie daher der Glaube irreführt, daß Sie ein fleischliches Produkt seien, und Sie Gott ignorieren, wird das unendliche Vermögen nie Wirklichkeit werden. Selbst obwohl Ihnen beigebracht wurde, daß der Mensch ein Kind Gottes ist, liegt in Ihrem Unterbewußtsein eine unnachgiebig starke, tiefsitzende Überzeugung, daß der Mensch ein physisches Sein besitzt und daß der Körper der Mensch ist, welcher als Selbstbegrenzung agiert und Ihr unendliches Potential zum Schwindeln bringt. Der beste Weg, solche selbstauferlegten Begrenzungen zu entfernen, ist *Shinsokan*-Meditation. Es ist absolut erforderlich, daß Sie jeden Tag *Shinsokan* praktizieren.

Liebe heilt jeden

Berichte von Wunderheilungen in unzähligen Fällen sind gesammelt in *Liebe heilt alles* von Seicho Taniguchi. Das folgende Wunder, das durch Liebe bewirkt wurde, erscheint in einer Schrift von Bruder Mandus.

Eine Dame litt unter chronischen Kopfschmerzen und Otitis, die sich trotz medizinischer Behandlung nicht besserten. Diese Dame kam dann zu der Kirche von Mandus und stellte eine Frage: »Wird diese Krankheit nicht verschwinden, bevor mein Bewußtsein vollkommen wird?« Rev. Mandus antwortete: »Wenn Gottes Rettung erst dann käme, wenn das Bewußtsein vollkommen wäre, würde niemand jemals Rettung erlangen, wie lange er auch wartete.« Dann fügte er hinzu: »Wenn Sie gerade in dieser Minute tiefe Liebe für andere in sich erwecken, so tief, daß Sie sogar sich selbst vergessen, und ein Feuer der Liebe in Ihrem Herzen entzünden mit dem Wunsch, andere zu heilen, dann wird Gottes Liebe schließlich in Strömen in Sie einfließen, und Sie werden geheilt sein. Lassen Sie mich nun der Vermittler für die heilende Kraft Gottes sein. Lassen Sie zuerst Ihren Wunsch fallen, Gesundheit zu erlangen, vergessen Sie Ihre Krankheit, und dann berühren Sie die Hände von anderen siechen Menschen mit tiefem, aufrichtigem Gebet, daß sie geheilt werden mögen.«

Dann hielt Rev. Mandus, einen Kreis bildend, die Hände der Patientin, während sie die Hände eines anderen Mannes hielt, der unter Schmerzen im Rückgrat und in der Hüfte litt, und ließ sie in Meditation rezitieren: »Durch mich fließt Gottes heilende Kraft in diesen Mann und heilt ihn.« Darauf erholte sich nicht nur der Mann sofort, sondern auch die Dame.

Meditation zur gegenseitigen Hilfe

Einmal erbrachte ein Seicho-No-Ie-Mitglied ein Zeugnis dafür, daß er, unter Glaukom leidend, alleine nicht einmal zehn Minuten lang lesen konnte. Aber nachdem er kontinuierlich den *Truth of Life* las, stundenlang, an der Bettseite eines Patienten mit Mephritis, mit dem tiefen Wunsch, ihn zu heilen, gelang es ihm nicht nur, daß der andere bemerkenswerte Fortschritte in der Überwindung seiner Krankheit machte, auch sein eigenes Augenleiden besserte sich, und schließlich war auch der Schmerz verschwunden.

Im Seicho-No-Ie-Trainingscenter in Tobitakyu in der Nähe von Tokyo haben wir eine Übung, die wir ›*Shinsokan*-Meditation zur gegenseitigen Hilfe‹ nennen, bei der alle Teilnehmer sich in zwei Gruppen gegenübersitzen und ernsthaft beten, wobei sie sich vollständig selbst vergessen, von ihren Krankheiten (und anderen Unannehmlichkeiten) gar nicht zu sprechen, und mit dem Auge des Bewußtseins in den Zustand blicken, in dem die Krankheiten der anderen durch Gottes Liebe bereits vollständig geheilt sind. Dies hat eine unglaubliche Zahl von wunderbaren Heilungen erbracht – ein Beweis dafür, daß, wenn man die Liebe selbst wird und die eigenen Interessen hinter sich läßt in dem aufrichtigen Wunsch, zu helfen und andere zu retten, der Fluß der göttlichen Liebe vollkommen werden wird. Die Lehrweise von Tenrikyo ist richtig, wenn sie besagt, daß man, wenn man sich von allem schlechten Karma der Vergangenheit lösen und totale Freiheit von bösen Wurzeln gewinnen will, alles, was man besitzt, der Kirche zukommen lassen sollte. Beiträge bestehen nicht notwendigerweise in Geld oder Dienstleistungen, sondern darin, sich selbst zu geben, und sich zu geben, ohne Lohn zu erwarten, ist der wahre Weg der Liebe. Ein Gebet ist auch ein großer Beitrag.

Liebe zu anderen wird Ihre eigene Krankheit heilen

Bei einem Seminar, das in Kagoshima oder in Kyushu abgehalten wurde (ich erinnere mich nicht genau, wo), wurde das folgende Zeugnis abgelegt.

In dem Wunsch, seine eigene Tuberkulose zu heilen, praktizierte dieses Individuum eine Zeitlang mit glühendem und ernstem Gebet *Shinsokan*-Meditation, um seine Gesundheit wiederzuerlangen, aber die Krankheit dauerte an. Eines Tages, während er eine unserer Veröffentlichungen las, erkannte er, daß seine *Shinsokan*-Praxis zum Zweck der Heilung von seiner Krankheit allein nur ein Ausdruck von Egoismus war und daß Gottes helfende Hand nur dort tätig wird, wo kein Egoismus herrscht. Darauf gab er seinen Wunsch auf und den Versuch, Tuberkulose durch Meditation zu heilen, und er wendete den Nachdruck seines Gebetes dem Weltfrieden zu, indem er meditierte: »Durch mich, in mir fließt das geistige Licht der Liebe, das vom Himmel herabkommt, vom heiligen Thron der Gnade. Durch mein Sein überströmt das Licht geistiger Liebe, scheinend in all seiner Klarheit und seinem Glanz. Der Schein dehnt sich in wachsendem Maße auf und durch das All aus. Das ganze Universum wird vollständig von dem geistigen Licht der Güte eingehüllt, die durch die Herzen der ganzen Menschheit mit göttlicher Liebe und ewigem Frieden fließt.«

Er fuhr fort, dieses Gebet jeden Tag durchzuführen. Eines Tages kam ihm plötzlich die Erkenntnis, daß er sich viel besser fühlte und viel besser aussah; er ließ seine Brust röntgen. Seine Tuberkulose war verschwunden und hatte keine Spuren hinterlassen.

Geben Sie Gott die Souveränität zurück

Geben Sie sich vollständig und bedingungslos Gott anheim. Gott ist im Besitz allmächtiger Kraft, alle ohne Ausnahme zu heilen. Ungleich dem Gewinner eines Krieges, der das Land des Besiegten besetzt, hat Gott nicht vor, Seinen Weg mit Gewalt zu erzwingen und in jemandes Gebiet einzudringen, indem Er den Widerstand seitens des anderen völlig ignoriert. Als Vater und Schöpfer, der alle Dinge auf Erden ins Leben rief, besitzt Gott über uns Souveränitätsrechte. Nichtsdestoweniger wird Er, solange wir auf Ausübung des zeitweiligen Rechts unseres kleinen ›Selbst‹ bestehen, dieses nicht überschreiten und Sein weiterbestehendes Recht ausüben. Sollten wir wünschen, Gottes allmächtige Fähigkeiten mit Vollkommenheit in unserem Leben wirken zu sehen, sowohl physisch und geschäftlich als auch in jeder anderen Hinsicht, müssen wir die Herrschaft vollständig Gott zurückgeben und Seine Weisheit alles anordnen lassen, was wir tun, selbst die Bewegung unserer Hände und Beine. Die Vorstellung, Gott das Souveränitätsrecht wiederzugeben, mag einige Leute zu der irrigen Annahme führen, daß ihre eigenen menschlichen Rechte durch Gott geraubt würden, der außer ihnen sei, aber so ist es nicht. In Wahrheit *ist* Gott unser wirkliches ›Selbst‹ – unsere Seele. Daher bedeutet es nur, das Recht unseres physischen Seins unserem geistigen Selbst zu übergeben.

Gehen Sie Schwierigkeiten mit Mut an

In gewisser Hinsicht ist das Leben voll von Schmerz und Schwierigkeiten. Es ist jedoch an dem einzelnen, sie als Prüfung anzusehen oder als feindliche Umstände oder anders, je nach seiner geistigen Einstellung, mit der er ihnen begegnet. Jene schmerzhaften Widrigkeiten sind wie verschiedene Kurse, die auf bestimmte Stufen der Entwicklung durch den Schulstundenplan angewiesen werden. Fleißige Schüler ziehen großes Vergnügen daraus, schwierige Themen zu studieren und Probleme zu lösen, während andere es schmerzlich schwer finden.

Das Leben bietet viele Probleme, so daß Sie verschiedene Gegenstände darin studieren können. Sie müssen ihnen begegnen nicht als feindliche Situationen, sondern als Vergnügen und Freude. Wenn ein schwieriges Problem in Ihrem Leben entsteht, versuchen Sie nicht, zu fliehen und davor davonzulaufen.

Selbst wenn Sie zeitweilig vielleicht mit Erfolg davor davonlaufen, muß notwendigerweise, da es für den Fortschritt Ihres geistigen Seins ein lebenswichtiges und unverzichtbares Thema ist, ein ähnliches Problem Ihnen zugewiesen werden. Daher ist es klüger, das Problem mutig anzupacken und zu versuchen, es zu lösen. Wenn Ihr Geistiges Selbst die Ebene der Beherrschung des Gegenstandes erreicht und graduieren kann, wird das Problem aus Ihrem Leben verschwinden.

Halten Sie sich nicht selbst zum Narren

Menschliche Wesen sind die einzigen Geschöpfe auf Erden, denen die Fähigkeit verliehen ist, in sich hineinzusehen und über sich zu reflektieren; sie verfügen über die geistige Kapazität, die Fehler zu berichtigen und sich selbst durch Selbstkritik zu verbessern, durch Selbstanalyse und Selbstschau. Trotzdem gibt es wenige Existenzen auf Erden, die eine ärmere Kenntnis ihrer selbst und ihrer eigenen Mängel haben als Menschen. Was andere Leute angeht, sehen wir sehr klar; was mit ihnen nicht stimmt, bemerken und kritisieren wir sofort und reden schlecht von ihnen. Warum ist das so? – Weil wir unseren eigenen Mängeln nicht frontal begegnen und uns nicht selbst zum Narren halten wollen.

Es ist wie eine Frau, die ihr Gesicht mit Puder bedeckt, so daß ihre richtige Haut nicht an der Oberfläche zu sehen ist, und beim Blick in den Spiegel, auf ihr gepudertes Selbst, ihre eigene Schönheit bewundert, die Schönheit ihres sorgfältig angemalten Gesichts, und denkt: »Oh, wie schön!« So führt uns die Vorsehung, um es für uns einfacher zu machen, uns selbst zu sehen, wie wir wirklich sind, unseren geistigen Zustand in sichtbarer Form in Gestalt von Krankheit oder grober Behandlung durch andere vor Augen, damit wir von diesen auf uns selbst reflektieren mögen und auf diese Weise leichter und schneller geistige Verbesserungen herbeiführen können. Wahrhaft gesegnet sind diejenigen, die den Zustand ihres Bewußtseins anhand dessen, was sie in ihrer Umgebung und ihren körperlichen Umständen beobachten, korrigieren.

Schlechte Laune steckt an

Einige Leute mögen denken, daß schlechte Laune nur eine persönliche Angelegenheit sei, die niemanden außer sie selbst angeht – ein zeitweiliges physiologisches Phänomen, das aus dem geistigen Zustand der jeweiligen Zeit entsteht, und daß es eine geringere, unbedeutende Sache sei. Im Gegenteil, es ist ein großes Problem. Ein Mensch erhält, indem er ein geistiges Radio oder ein lebender Fernseher ist, eine Schwingung, die mit seiner Wellenlänge übereinstimmt, überträgt sie auf sein Gerät und sieht sie in Form seines Schicksals in seinem wirklichen Leben realisiert.

Daher bringt schlechte Laune nicht nur dem einzelnen selbst Unerfreuliches, sondern wirkt auch ansteckend auf jene, die um ihn sind, bedrückt ihren Geist und verwickelt fast jeden, mit dem dieser Mensch in Berührung kommt, in ein unglückliches Geschick. Daher bedeutet schlechte Laune nicht nur Masochismus, sondern sie ist auch eine schwere Sünde, weil sie anderen Unglück und Ungelegenheit bringt.

Gute Stimmung hebt die Herzen aller

Die Tatsache, daß Liebe fortbesteht, wird Liebenden bewußt, die sehen, wie zerstörerisch es ist, wenn jemand vor Ärger oder schlechter Laune explodiert. In guter Stimmung sein heißt, leichtherzig und hochgemut zu sein. Ein fröhliches Bewußtsein ermöglicht es der eingeborenen Intelligenz, besser zu funktionieren, und verhilft einem so dazu, gute Einfälle aufzubringen und mehr Erfolg zu haben. Wenn Ihr geistiges Rahmenwerk hell ist, werden Sie nicht die Schwingungen von Unglück und Katastrophen empfangen. Wenn Sie fröhlich sind, werden Sie nicht steif oder müde werden, noch werden Ihre Muskeln sich übermäßig verspannen. Selbst eine Beleidigung durch jemanden wird Sie nicht ärgern. Sie werden vielmehr in der Lage sein, beständig Frieden des Bewußtseins aufrechtzuerhalten, alles mit guten Absichten positiv zu deuten. Bejahen Sie in Ihrem Bewußtsein wie folgt:

»Ich bin ein Kind Gottes. Wie Gott Licht ist, bin ich ein Kind des Lichts. Ich verschließe meine Augen vor der dunklen Seite der Dinge. Ich erhalte mir immer gute Laune und sehe die helle Seite der Dinge. Da ich das Licht selbst bin, bin ich fähig, selbst wenn Dunkelheit sich mir nähern sollte, alles in Licht zu wandeln.«

Die Schale bricht, wenn ein Küken geboren wird

Wenn jemand etwas Falsches tut oder einen Fehler begeht, sollten Sie ihn nicht für dumm oder schlecht halten. In der Welt, die Gott schuf, existiert weder ein Narr noch eine schlechte Person. Sein Anschein von Schlechtigkeit rührt bloß daher, daß seine innere Vollkommenheit schläft. Führen Sie *Shinsokan*-Meditation durch, und beten Sie, seine wahre, bereits vollkommene Natur stark visualisierend und bejahend, so daß seine innere Perfektion zum Vorschein kommen kann. Segnen Sie ihn, indem Sie beten: »Auch er ist ein Kind Gottes, und seine wahre Natur in der gottgeschaffenen Welt ist vollkommen. So ist, welche Erscheinung auch immer er in der physischen Welt darstellen mag, dies nur der Prozeß, durch den seine innere Vollkommenheit zur Manifestation gelangt, so wie die Schale das Eis zerbricht, wenn ein Küken geboren wird.«

Ja, damit ein Küken in dieser Welt ins Sein kommen kann, muß die Eierschale aufbrechen. Gleichermaßen ist der Prozeß des Wirklichwerdens der göttlichen Welt begleitet von einem Vorkommnis, das körperlich destruktiv erscheinen mag, in menschlichem Verhalten beispielsweise wie auch im Schicksal der Welt. Nichtsdestoweniger, freuen Sie sich, denn die Schale wird gerade zerbrochen, ein Advent der Geburt der Freude.

Haltung zur Arbeit

Es gibt sieben wichtige Punkte, die beachtet werden müssen, wenn man mit einem Unternehmen oder einer Arbeit beschäftigt ist; wenn nur einer von ihnen fehlt, wird nichts erreicht werden. Sie sind:

1. Ein helles Herz zu haben.
2. Hoffnung und Vorstellungen zu haben.
3. Überzeugt zu sein, daß man gute Inspirationen erhalten wird.
4. Gott für Seine bisherige Führung zu danken.
5. Zu beten, daß Gott einen weiterhin führen möge.
6. Sich Ideen auszudenken und Pläne zu machen, wenn das Bewußtsein nach dem Gebet ruhig und friedvoll ist.
7. Unnachgiebig und beständig danach zu streben, das Ziel gemäß dem erstellten Plan zu erreichen.

Wenn nur eines dieser sieben Elemente ausgelassen werden sollte, würde der Fortschritt in Richtung auf die Materialisierung des Unterfangens schwanken und viel weniger effektiv werden. Sehen Sie Arbeit nicht als ein Mittel an, dessen einziges Ziel es ist, das Endprodukt eines guten Abschlusses oder Profits zu haben. Wichtig ist auch die geistige Haltung und das geistige Wachstum, das durch Disziplin des Bewußtseins erreicht wird, indem man versucht, verschiedene bestimmte Probleme, die während des Prozesses auftreten, zu lösen. In Abhängigkeit davon, wie man mit den Problemen umgeht, die im Laufe der Tätigkeit entstehen, korrumpieren einige Leute ihr Bewußtsein, während andere wirklichen geistigen Fortschritt machen als Ergebnis intensiven geistigen Trainings und unermüdlicher Pflege. Sie dürfen Ihrer Arbeit gegenüber keine materialistische Sicht annehmen und den Job nur als ein Vehikel zur Erreichung von Gewinn sehen.

Wenn der andere erregt ist

Wenn jemand sich über das, was Sie sagten oder taten, sehr erregt, obwohl Sie keine böse Absicht hatten, lassen Sie sich nicht von dem schlechten Zustand, den seine Verärgerung schafft, einfangen. Schauen Sie statt dessen in seine vollkommene innere Natur. Es gibt Zeiten, in denen der Geist grundlos bedrückt ist; wenn also solches passiert, ist es ein Zeichen, daß derjenige ein Problem haben könnte und nervös und verärgert ist. Daher ist es vonnöten, daß Sie mitfühlender gegen ihn sind.

Selbst in dem gleichen Moment, in dem er in Erregung und Wut Beleidigungen schreit, beten Sie für ihn: »Dieser Mann muß in tiefen Problemen stecken. Oh, Gott, ich bitte, daß Du den Schmerz entfernest und seiner inneren Vollkommenheit an die Oberfläche und in die physische Welt verhelfest.« Solch ein Gebet wird in der Tat die Kraft haben, seine perfekte, wahre Natur, die ihm von Gott gegeben wurde, sichtbar werden zu lassen.

In einigen Fällen kann sein Ärger eine Spiegelung des Hasses sein, den Sie gegen ihn nähren. Daher können Sie, indem Sie ihn segnen und für sein Glück beten, dazu beitragen, seine Wut zu besänftigen, und vielleicht aus einem Feind einen Verbündeten machen.

Legen Sie Ihr Problem in Gottes Hände

Mit was für einem Problem Sie auch konfrontiert sein mögen, es ist wesentlich, daß Sie immer eine hochgemute geistige Haltung im Umgang mit ihm einnehmen. Wie ernst auch immer die Schwierigkeit ist, Gott kann sie lösen. Es ist darum, weil Sie mit der Kraft Ihres kleinen physischen Selbst versuchen, diese Schwierigkeit zu beheben, daß Sie schließlich nur den Weg für eine Antwort verschließen und zu einem toten Punkt gelangen. Wenden Sie sich Gott zu und bitten Sie ihn, sich statt Ihrer Ihres Problems anzunehmen.

Um das zu tun, müssen Sie Gott mit dem Problem betrauen, nachdem Sie meditiert und bejaht haben: »Da Gott allwissend und allmächtig ist, gibt es kein Problem, das Er nicht lösen kann, ganz egal, was es sein mag. O Gott, ich lege dieses mein Problem in Deine Hände.« Wenn Sie völliges Vertrauen in Gott haben und Gott alles überlassen, wird Er Sie sicher zu einer Lösung führen. Seine Führung kann in Gestalt eines guten Einfalls oder unerwarteter Hilfe durch jemanden kommen. Sollte daher jemand einen Vorschlag machen oder Ratschläge zu einer Lösung geben, nachdem Sie aufrichtig und ernsthaft gebetet haben, folgen Sie diesem Hinweis gehorsam.

Angriffe von anderen sind ein Spiegel, der Sie reflektiert

Das Gesetz des Geistes ›Gebe, und dir wird gegeben werden‹, das im Lukasevangelium gelehrt wird, ist immer am Werk. Anderen zu geben, nicht Geld, sondern beispielsweise Vertrauen, wird mit Vertrauen erwidert werden. Wenn Sie Liebe geben, wird Ihnen Liebe gegeben werden. Wenn Sie Lob geben, werden Sie gelobt werden. So bedeutete es nur eine Intensivierung des Zerwürfnisses, wenn man auf ernste Angriffe und Kritik durch andere mit wütenden Worten erwidern würde. Ein geistiges Kaliber zu haben, das hoch genug ist, um Haß mit Liebe zu vergelten und Kritik mit Dankbarkeit, das heißt wirklich ein ›Kind Gottes‹ zu sein. Der härteste Angreifer ist der, der Ihnen die beste Gelegenheit bietet, über sich selbst nachzudenken.

Mit ihren eigenen Augen können Sie Ihre Augen nicht sehen. Wenn Sie Ihre Augen sehen wollen, müssen Sie vor einem Spiegel sitzen. So ist es mit denen, die Sie kritisieren und bedrängen. Sie sind ein Spiegel, der Ihre Figur reflektiert und Licht auf Ihre Mängel wirft.

Manchmal gibt es Leute, die freundlich genug sind, ein scheinbar unbedeutendes Manko in Ihnen zu vergrößern, als ob sie ein Mikroskop wären. Indem Sie ihre Kritik als Hinweis nehmen, wird Ihre Seele wachsen.

Ihr Körper ist ein Sinnbild Ihrer Gedanken und Gefühle

Dr. Menningers Buch *A Psychiatrist's World* unternimmt den Versuch, die Psyche und die Symptome von Leuten mit gebrochener und verzerrter Persönlichkeit zu analysieren. Er sagt, daß »es eine bekannte Tatsache ist, daß Schmerz in der Rachenhöhle immer durch eine Infektion, insbesondere eine durch einen Virus, verursacht wird. Wenn eine Frau mit starker Resistenz gegen diese Art von Infektion solche Symptome erfahren sollte, nachdem sie schlecht über einen Freund gesprochen hat, oder wenn eine ihrer Verwandten ähnlich litt oder zeitweise ihre

Stimme verlor, gibt es genug Grund, daraus zu folgern, daß eine gewisse Ursache-Wirkung-Beziehung zwischen ihnen existiert, wie sie durch psychoanalytische Studien bewiesen ist«.

Von diesem her kann dann gesagt werden, daß die Lehren von Seicho-No-Ie durch Experten der Psychoanalyse bewiesen worden sind, daß diejenigen, die anderen harte Worte sagen, oft Krankheiten unterliegen, die Schmerz im Mund und im Kehlkopf verursachen. Dieses Buch ist sehr hilfreich, wenn es mit dem Verständnis gelesen wird, daß, was immer am Körper erscheint, die eigenen Gedanken und Gefühle symbolisiert. Obwohl Dr. Menninger manchmal dazu neigt, zu weit zu gehen, indem er alle Symptome auf unterdrückte sexuelle Wünsche zurückführt, stellt er ganz gutes Material für eine psychosomatische Studie.

Frauen sollten weiblich sein

Es gibt das lebende Beispiel eines Opfers von Gebärmutterkrebs, das geheilt wurde, als ich es dazu brachte, seinem Mann gehorsam zu sein. Dies basierte auf meiner Beobachtung, daß, wenn die Frau in der Ehe die über den Mann dominierende Kraft ist, sie oft ein Geschwür in der Gebärmutter entwickelt, so wie Krebs oder Tumor. Die Gebärmutter ist ein Symbol der Weiblichkeit, so daß verschiedene Krankheiten des Uterus symbolisch auf eine Ablehnung der Weiblichkeit im Bewußtsein weisen.

In *A Psychiatrist's World* behauptet Dr. Menninger, daß die Ablehnung der Weiblichkeit Frigidität und Unregelmäßigkeiten in der Menstruation verursacht. Weiter konstatiert er, daß einige Autoritäten auf dem Gebiet Ergebnisse von Studien vorgelegt haben, die beweisen, daß sogar Uterusprolapse, Zysten und Fibroide eine symbolische Manifestation im Körper sind, die aus gestörter Psychosexualität resultieren, wie der Ablehnung der Weiblichkeit. Daß ›eine Frau weiblich sein sollte‹ ist keinesfalls ein bloßes soziales Stigma, das Frauen im Mittelalter auferlegt wurde, sondern es ist eine Forderung, die selbst von modernen Psychoanalytikern aufgestellt wurde.

Vergeben Sie sich selbst

In *365 Gems of Wisdom to Bring Happiness* betone ich die Wichtigkeit des Sich-selbst-Vergebens. Um Elend und Unglücksfälle vollständig aus der Menschheit zu tilgen, muß die tief im menschlichen Bewußtsein verwurzelte ›Selbstbestrafung‹ ausgelöscht werden. Selbstbestrafung entsteht daraus, daß man sich selbst nicht vergibt. Dr. Menninger sagt in *A Psychiatrist's World:* »Es würde die psychoanalytische Theorie wahrscheinlich nicht überstrapazieren, wenn man so weit ginge zu sagen, daß eine große Anzahl von Krankheiten, ob sogenannte organische oder funktionelle Krankheiten, als verschiedene Formen von chronischer und indirekter Selbstzerstörung, das heißt als Selbstmord, angesehen werden können.«

Auf jeden Fall ist der Mensch ein Kind Gottes, von Natur aus vollkommen und im Besitz der unendlichen göttlichen Fähigkeit, so daß, soweit er es nicht erlaubt, er unverletzlich jedem Unglück gegenüber ist. Von daher ist ein allmächtiger, alles vermögender Mensch nur dann mit Fehlschlägen behaftet, wenn er sich selbst Bestrafung auferlegt.

Vergeben Sie anderen

Selbst wenn Sie sich selbst vergeben in dem Versuch, Unglück zu vermeiden, solange es ein schlechtes Gefühl in Ihnen gibt, das wünscht, andere zu verletzen, wird das Gewissen, das tief in Ihrem Unterbewußtsein liegt, es nicht erlauben. So wird es handeln, um Sie zu strafen und Sie davon abhalten, einem Unglück zu entgehen. Dr. Menninger zitiert das folgende Beispiel in seinem Buch: »Ein dramatischer lebender Beweis zog kürzlich meine Aufmerksamkeit auf sich. Das heißt, ich las in der Zeitung über einen Mann, der eine Falle aufgestellt hatte, um Diebe zu fangen, wobei jeder, der versuchte, seine Hühner zu stehlen, automatisch von einem Gewehr erschossen würde. Da er jedoch die Falle komplett vergessen hatte, ging er als erster in das Hühnerhaus und wurde durch das Gewehr getötet, das er selbst aufgestellt hatte. Ich denke, das ist ein Beispiel für selbstauferlegte Todesstrafe. Zwei Monate später entdeckte ich ein anderes, diesem ähnliches Beispiel, in dem ein Mann in seiner Garage eine Falle installiert hatte, in der Hoffnung, zu verhindern, daß sein Wagen gestohlen würde. Dann war er für einen Monat verreist, und als er nach Hause kam, wurde er von der Falle getötet, die er aufgestellt hatte, um Diebe zu Fall zu bringen. Ich schnitt daraufhin den Artikel aus und begann, nach mehr Beispielen Ausschau zu halten. In einem Jahr sammelte ich Beispiele von fünf Männern, die in Fallen gefangen worden waren, die sie selber aufgestellt hatten mit der Absicht, andere Menschen zu töten. Nach so vielen ähnlichen Fällen scheint es mir nicht möglich, sie alle als bloße Zufälle zu erklären. Ich kann nur glauben, daß in jenen Männern, die in eine selbstinstallierte Todesfalle fielen, ein Schuldkomplex existiert haben muß (dessen sie sich vielleicht nicht bewußt waren), vielleicht ein Schuldgefühl, das aus dem Wunsch resultierte, jemand anders (Dieb) zu töten.«

Wie oben bewiesen, müssen wir selbst jenen vergeben, die versuchen, uns zu schaden oder uns um etwas zu berauben. Falls wir versuchen, jemanden aus Haß zu verletzen, werden wir am Ende selber verletzt werden.

Geheimnisvolle Erkenntnis von unendlicher Größe

Physisch gesehen sterben wir in jeder Minute. Zellen, die unseren Körper bilden, werden produziert, um Organe aufzubauen, aber wenn sie mit der ihnen gestellten Aufgabe fertig sind, vergehen sie. Nach ihrem Tod werden neue Zellen geschaffen, um ihren Platz einzunehmen und die Lücken auszufüllen, die durch den Verlust alter Zellen entstanden. Sie übernehmen die Arbeit, die vorher durch die alten Zellen getan wurde, so daß der Körper als Ganzes in einer einheitlich kontrollierten Weise fortfährt zu funktionieren. Was macht es neuen Zellen dann aber möglich, die Tätigkeit, die ausgeführt werden soll, zu übernehmen und zu kennen und die Kontinuität in der Arbeit aufrecht zu erhalten? Wird die Arbeit direkt von einer Zelle zur anderen übertragen? Oder werden den Zellen vom Nervenzentrum aus Befehle übermittelt via drahtloses Kommunikationssystem? Was es auch sein mag, um Kontinuität aufrecht zu erhalten, muß es ein Bewußtsein geben. Ob die Arbeit von einer alten Zelle direkt auf eine neue übertragen wird, oder ob sie nach Befehlen vom Gehirn ausgeführt wird, Kontinuität ist möglich, weil Zellen, die leben, ein Bewußtsein haben, das Wahrnehmung von Befehlen des Gehirns und daher Erfüllung der angewiesenen Aufgabe ermöglicht.

Vielleicht ist es nicht das Bewußtsein, das hilft, die Anordnungen zu erfassen. All die Arbeit könnte automatisch übernommen und die Befehle automatisch übertragen werden über etwas, das einem Computer ähnelte. Selbst dann bleibt eine Frage – können Mechanismen, die so komplex und kompliziert sind wie ein Computer, in winzigen Gehirnzellen gebaut werden, die zu klein sind, um vom physischen Auge erkannt zu werden?

Wenn das der Fall wäre, muß der Schöpfer, der so komplexe Mechanismen in so kleinen Zellen installierte, wahrhaftig im Besitz unglaublicher Weisheit sein, weil so etwas unmöglich durch das Wissen unserer eigenen menschlichen Gehirne getan werden kann. Die geheimnisvolle ›unbegrenzte Weisheit‹, die selbst das Gehirn schuf, nennen wir Gott. Wir können seine Existenz nicht leugnen.

Stoffwechsel und Senilität

Ein Physiologe behauptet, der menschliche Körper unterliege beständig dem Stoffwechsel, die Zellen in den weicheren Partien stürben innerhalb von zwei Monaten so gut wie vollständig, würden dann aus dem Organ entfernt und durch neue Zellen (mit Ausnahme der Gehirnzellen) ersetzt. Wenn das so ist, warum ist es dann möglich, daß die physiologische Struktur eines Individuums oder sein Erscheinungsbild für eine längere Zeitspanne die gleiche bleibt? – Weil die Dinge automatisch berechnet werden, so daß neue Zellen von selbst an die gleiche Stelle treten?

Angenommen – um das Argument umzukehren –, Stoffwechsel würde automatisch vonstatten gehen: warum wird der Körper des Individuums, der von exakt der gleichen unveränderlichen Struktur ist, mit zunehmendem Alter senil, warum wird die Haut faltig und verfällt die Widerstandsfähigkeit? Ist es, weil der Computer im menschlichen Körper vielleicht unvollkommen ist? Oder ist es, weil er nach vielen Jahren des Gebrauchs wie andere Maschinen verbraucht ist und verschleißt, insoweit der menschliche Körper materiell und aus Fleisch gemacht ist?

Es ist für eine materielle Maschine, die keinen Stoffwechselprozeß hat, normal, daß sie sich mit der Zeit verbraucht und nutzlos wird. Im Falle des menschlichen Körpers jedoch, der einen Stoffwechsel hat, wird der Teil, dessen Zellen verbraucht oder völlig verschlissen sind, durch neue Zellen genauso rekonstruiert, wie er war. Daher kann Senilität auf diese Weise nicht erklärt werden.

Bewußtsein und Körpermechanismus

Wenn der menschliche Körper, wie eine Maschine (die Materie ist), keinen Stoffwechsel hätte, könnte Senilität auf ›Verbrauchung durch langen Gebrauch‹ zurückgeführt werden. Aber Tatsache ist, daß der menschliche Körper beständig durch Stoffwechsel erneuert wird, wobei alte Zellen immer durch neue ersetzt werden. Daher kann Senilität nicht mit Abnutzung erklärt werden. Was ist also die Ursache dafür? – Hier muß das Bewußtsein als die außerhalb der materiellen Faktoren stehende Ursache angesehen werden. Das heißt, das Bewußtsein ist unleugbar das, was einen großen Einfluß auf das physiologische Funktionieren des menschlichen Körpers hat. Denken Sie nur: Ein kleines Anzeichen von Scham bringt einen zum Erröten, Angst zum Zittern und Kummer zum Weinen. Das Anschauen von etwas sehr Saurem läßt einem das Wasser im Munde zusammenlaufen. Das bringt uns daher zu der Schlußfolgerung, daß zusätzlich zu mechanischen Einstellungen, wie ein Computer sie macht, psychologische Faktoren einen großen Einfluß auf die Funktion der physiologischen Mechanismen des menschlichen Körpers haben.

Selbst bei Senilität spielt das Bewußtsein eine bedeutende Rolle. Einige Leute graben Senilität mit dem Meißel des Bewußtseins ein. Andere täuschen Senilität vor, indem sie den Blutkreislauf und den Stoffwechsel durch ihr Bewußtsein stimulieren. Die heilige Sutra ›Nektarregen der heiligen Lehre‹ stellt fest: »Wer sich jung glaubt, sollte sich auf einmal verjüngen, während der, der sich gealtert denkt, ganz plötzlich in Senilität verfallen sollte.«

Gesammelte Gedanken der Menschheit

Von mechanischer Abnutzung, wie sie langem Gebrauch entspricht, einmal abgesehen, und angenommen, daß Senilität als eine Sache des Bewußtseins angesehen werden muß, entsteht die Frage, ob dieses ›Bewußtsein‹ das Bewußtsein eines einzelnen oder das der Menschheit ist. Die Antwort ist die, daß dies ›Bewußtsein‹ sowohl das des einzelnen ist wie auch das aller Menschen. Die gesammelten Gedanken der gesamten Menschheit nennt man die Bewußtheit der menschlichen Rasse. In dieser Bewußtheit existiert ein kollektiver Glaube daran, daß der Mensch schwach wird, wenn er ein bestimmtes Alter erreicht.

Die Bewußtheit eines Individuums ist wie ein Fisch, der im Fluß der kollektiven Bewußtheit der Menschheit schwimmt. Obschon er einen freien Willen wie auch Freiheit hat, in die von ihm gewünschte Richtung zu schwimmen, kann er dem Einfluß des kollektiven Bewußtseinsstromes der Menschheit nicht völlig entgehen und ist gezwungen, in der gleichen Strömung zu schwimmen. Gerade wie eine Schule von Blaufischen immer zusammen in der gleichen Richtung schwimmt wie der Black Current, bewegen sich auch menschliche Wesen auf das Altern und auf Senilität zu, eingeschlossen von der Strömung des Gedankens der Menschheit, daß der Mensch ohne Ausnahme mit zunehmendem Alter senil werden muß. Abhängig jedoch von dem Grade, in dem man gegen diesen Strom schwimmen kann, die Überzeugung bewahrend, daß der Mensch ein Kind Gottes ist und daher nicht altert, variiert die Aufrechterhaltung der Jugend von Individuum zu Individuum.

Ausdehnung der Lebensspanne

Das Fehlen von Senilität ist ein Ding, Geburt in die geistige Welt nach Vollenden des Lebens auf Erden ein anderes. Die eigene Lebensspanne auf dieser Erde ist die Zeitperiode, die ursprünglich bestimmt wurde, als die Seele auf die Erde geboren wurde, um ihre Aufgabe anzunehmen. Mit anderen Worten, in den meisten Fällen ist zu der Zeit, da die Bestimmung des Individuums festgesetzt wird, die Dauer seiner Sendung bereits entschieden, ähnlich einer Auslandssendung einer Firma. Das heißt, wenn einem eine Aufgabe im Ausland angeboten wird, ist die Länge des Aufenthaltes dort vorherbestimmt. Wenn derjenige jedoch bessere Resultate erzielt als erwartet, und wenn die Gesellschaft es für profitabel hält, ihn länger im Ausland bleiben zu lassen, wird sein Aufenthalt verlängert.

Dasselbe trifft auf die menschliche Lebensspanne zu. Wenn überlegt wird, daß der Mensch selbst viel zu seinem geistigen Wachstum beiträgt und auch zu dem Fortschritt anderer, kann es sein, daß seine Lebensspanne erweitert wird.

Langlebigkeit und geistige Ebene

Es ist nicht unbedingt wahr, daß diejenigen, die lange leben, Geist auf einer höheren Ebene sind. Manchmal ist ein langes Leben darauf zurückzuführen, daß man versäumt hat, das geistige Training auf Erden zu vollenden, was einen davon abhält, zu einer höheren Stufe fortzuschreiten, und in der Folge müssen diese Leute auf der gleichen Stufe stehenbleiben. Es ist wie bei Studenten, die es nicht so ernst mit dem Studium nehmen und sieben Jahre statt vier brauchen, um mit dem College fertig zu werden. Lang zu leben ist nicht unbedingt leicht. Für einige Seelen kommt das Leben beispielsweise nicht zu einem Abschluß, selbst wenn sie zehn oder zwanzig Jahre lang gelitten und gegen Krankheiten gekämpft haben. Weil sie nicht die wahre Bedeutung von Leiden (Studiengegenstand) gelernt haben, zieht sich ihr qualvolles Leben weiter hin.

Andererseits gibt es Seelen von hohem Rang, die sich absichtlich dafür entscheiden, schmerzhafte Themen zu studieren, in der Hoffnung, davon schnellen geistigen Fortschritt zu erlangen. Einige kommen zum Beispiel körperlich behindert in diese Welt, andere sind infolge Kinderlähmung verkrüppelt. Daher kann man die geistige Ebene von Menschen nicht unbedingt nur aufgrund ihrer Langlebigkeit und guten Gesundheit rechtfertigen; noch kann man die Bewertung machen, daß diejenigen, die gefoltert und in Qual sind, von geistig niedrigem Rang sind.

Es gibt viele Ebenen selbst unter fortgeschrittenen Geistern

Es gibt unzählige Ebenen in der Rangfolge der Seelen, selbst unter sogenannten fortgeschrittenen Geistern. Fortgeschrittene

Seelen auf der Ebene, wo sie Qual und Leiden verlangen, stehen nur so hoch, daß sie die Existenz von Leiden und Karma erkennen; daher benötigen sie auf dieser Ebene immer noch Übung auf der Erde. Tatsächlich erwählen sie sich schmerzhaftes Leiden in der physischen Welt genau aus dem Grund, weil sie geistige Schulung auf Erden nötig haben.

In dem Maße, wie der Geist zu einer höheren Ebene weitergeht, wird Leiden unnötig, so daß er natürlich Qual nicht mehr freiwillig erwählt. Trotzdem ist der Geist selbst dann, solange er lebt, nie von einer Verpflichtung zu arbeiten ausgenommen. Es ist nicht erlaubt, die Arbeit zu vernachlässigen aufgrund eines in der Vergangenheit angesammelten guten Karmas. Wenn er daher die Arbeit vernachlässigen sollte, wird die Vorsehung ihn geradewegs zurückversetzen in den geistigen Fluß in Richtung auf einen Eintritt auf die Erde, und er wird in eine Umgebung hineingeboren werden, wo er unter Leiden hart arbeiten muß.

Bedeutsamkeit des hundertmaligen Lesens

Das All wird von einem Gesetz regiert, vor dem es kein Davonlaufen gibt. Es ist das Gesetz, das vorschreibt, daß es ohne Zweifel dort eine Ursache gibt, wo immer eine Wirkung auftritt, das Gesetz, das sowohl in der physischen wie in der geistigen Welt wahr ist. In Begriffen der Wechselbeziehung zwischen physischer und geistiger Welt ist ein Arbeitsmechanismus das, was im Geiste genährt wird, eine Ursache, die sich selbst zu Verwirklichung in der physischen Welt treibt. Alle kulturellen Produkte sind so aus den Gedanken des Menschen geboren worden.

Der Gedanke, obwohl im Bewußtsein genährt, bleibt begraben und latent, wenn er nicht stark genug ist. Wenn er jedoch lange genug gehegt wird und seine Ansammlung gradweise Energie aufnimmt, erreicht er einen Punkt des Durchbruchs, öffnet sich plötzlich in die äußere Welt hinein als eine kraftvolle innere Macht und stößt sich selbst in eine manifeste Form. Ein Sprichwort sagt: »Hundertmal Lesen macht Verständnis von sich aus möglich.« Wenn man fest fortfährt, den *Truth of Life* mit intensiver Konzentration zu lesen, sammelt sich die Lehre des ›Der Mensch ist ein Kind Gottes‹ tropfenweise in dem eigenen Unterbewußtsein, wächst zu einer explosiven Energie an und verwirklicht sich schließlich in der physischen Welt.

Unruhe folgt Unruhe

Dem Gedanken folgt früher oder später die Verwirklichung in der physischen Welt; wie ein Fernseher zieht er Programme (Zwischenfälle) der gleichen Schwingung nach dem Gesetz ›Gleich und gleich gesellt sich gern‹ und ›Die Schwingungen der gleichen Wellenlänge ziehen sich an‹ herbei, wodurch er verursacht, daß solche Zwischenfälle einer nach dem andern geschehen. Leute in alten Zeiten wußten um diese Wahrheit; daher sagten sie: »Auf Unruhe folgt Unruhe.«

Mit anderen Worten, wenn man durch ein trauriges Ereignis niedergedrückt ist und weint, werden zusätzlich zu dem anfänglichen Zwischenfall andere schmerzhafte Dinge geschehen, die mit der eigenen kummervollen Stimmung auf gleicher Wellenlänge liegen, eines nach dem anderen. Daher ist es höchst wichtig, daß man sich, wenn etwas Trauriges geschieht, schnell von dem traurigen Gefühl befreit.

Kummer darf nicht unterdrückt, sondern sollte zerstreut werden

Der Sorge zu entwachsen und sie zu entfernen ist nicht das gleiche wie das Unterdrücken des Kummers. Negative Gefühle, die ertragen werden, werden keinesfalls verschwinden; sie werden sogenannte ›unterdrückte Emotionen‹ schaffen, die, wenn sie zu viel werden, in die physische Welt hineinplatzen und eine Ursache für Krankheit schaffen.

Daher sollte Kummer nicht ertragen, sondern in Helligkeit verwandelt werden. Mit anderen Worten, wenn Sie von einem Unglück heimgesucht werden, meditieren Sie und überzeugen Sie sich selbst, daß »es kein Unglück ist, sondern ein Trittbrett, um das Glück zu erreichen« oder »ein Prozeß, durch den das schlechte Karma, das sich in der Vergangenheit angesammelt hat, aufgelöst wird, so daß, wenn das vergangene schlechte Karma gegangen ist, das Glück kommen wird«. Dann danken Sie Gott.

Feindliche Umstände – Seien Sie ihnen dankbar

Denken Sie jedesmal,wenn Sie in eine unglückliche Lage geraten, daß Sie von dem schlechten Karma der Vergangenheit gereinigt worden und wiedergeboren sind, um ein Schicksal zu verkörpern, das zur Verbesserung bestimmt ist. Wenn Sie solcherart Unglück als eine Straße zum Glück ansehen können, haben Sie keinen Grund, enttäuscht oder entmutigt zu werden, ganz egal, vor welchem Elend Sie stehen mögen. Solange Sie Ihr Denken erfolgreich in diese Richtung lenken, werden Sie in Ordnung sein, was für ein Unglück oder welche feindlichen Umstände auch immer geschehen mögen.

Indem Sie das tun, würden Sie Ihre Sorge in eine andere Richtung verkehren, dem Licht entgegen, statt sie zu unterdrücken. Auf diese Weise wird Kummer vollständig in Licht transformiert, so daß es nicht länger Kummer sein wird, und damit ist die mögliche Ursache, die in der Zukunft ein Unglück herbeiziehen könnte, verschwunden. Aus diesem Grunde sagte der Gründer der Kurozumi-kyo-Sekte explizit in einfacher und verständlicher Weise: »Feindliche Umstände – ich bin ihnen dankbar.«

Wo ist der Schlüssel zum Glück?

Nehmen Sie an, ich sage zu Ihnen: »Es gibt einen Schlüssel, der die Tür zu allen Arten von Glück öffnet. Würden Sie ihn gern haben?« Ich bin sicher, daß Sie antworten würden: »Wenn es wirklich ein solches Ding gibt, würde ich es sehr gern haben wollen.« – Dieser Schlüssel ist nicht aus Metall gemacht; er ist auch nicht aus Holz. Denn solche Dinge, die aus Materie gemacht sind, sind dazu bestimmt, irgendwann zu rosten oder zu zerbrechen. Wir werden belehrt, nicht Glück in Dingen zu suchen, die den Kräften der Natur unterliegen und daher zerfallen werden.

Dieser Schlüssel ist aus dem Geistigen gemacht. Was mehr ist, er kann nicht außerhalb von Ihnen gefunden werden. Wahrhaftig ist er gerade in Ihnen selbst. Dieser Schlüssel wird ›Wahrheit des Lebens‹ genannt. Es ist nicht bloß der Titel meines Buches *(Truth of Life),* sondern der Titel stammt von der Tatsache selbst, daß er Sie dahin führt, wo der Schlüssel ist.

In seinem inneren Selbst besitzt jedermann diesen Schlüssel. Der Mensch verkörpert in seinem Leben das Unendliche, und wenn Sie diese innewohnende Unendlichkeit erkennen, werden Sie den Schlüssel entdeckt haben. In Ihrem eigenen Leben wohnt das Unendliche. Wie herrlich! Wie wunderbar!

Richtiger Weg, die Kraft des Wortes zu gebrauchen

Auch wenn Sie sich der Existenz eines ›Schlüssels zum Öffnen der Tür zum Glück‹ in sich selbst bewußt sein mögen – solange Sie nicht wissen, wie Sie den Schlüssel tatsächlich gebrauchen sollen, würde Sie das bloße Wissen davon nicht befähigen, die Tür wirklich zu öffnen. Die Kraft, die diesen Schlüssel bewegt, ist das ›Wort‹. Die Richtung, in die Sie diese Kraft wenden und in der Sie sie bewegen, wird den Grad des Glücks bestimmen – ob es groß sein wird oder klein.

Daher kann die Kraft des Wortes, wenn sie in die falsche Richtung geleitet wird, manchmal ein Unglück produzieren. Das Wort ist ein zweischneidiges Schwert, scharf auf beiden Seiten, so daß Sie, wenn Sie es mißbrauchen, getötet werden; und wenn ein Gegner es mißbraucht, wird er getötet werden. Es ist ein perfektes Kreuz (†). Wenn es schiefgestellt wird (×), ist es eine Waffe, die nie das Ziel verfehlt, während es, wenn es richtig gehalten wird, zu Wiederaufrichtung führt. Das ›Wortschwert‹ richtig zu halten, heißt Worte des Lobes in Verehrung anderer zu äußern und wörtlich die Wertschätzung der Vorzüge auszudrücken, die Ihnen gegeben wurde. Es ist von erster Bedeutung, dem Schlüssel Lob und Dank zuzukehren.

Zeigen Sie Anerkennung dem gegenüber, was andere erreicht haben

Selbst wenn wahrhafte Tugenden, eine gute Veranlagung oder gute Taten scheinbar nicht in körperlich berührbarer Form dargestellt sind, im Menschen in seiner wahren Natur sind Samen von unbegrenzten Tugenden, guten Anlagen und guten Taten. Worte des Lobes ziehen diese innewohnenden Eigenschaften hervor und bringen den Empfänger des Lobes dazu, in der Richtung, die von den Worten gewiesen wird, zu handeln und sich zu bewegen. Benutzen Sie so, besonders bei der Erziehung von Kindern, die Kraft des Wortes, indem Sie die Eigenschaften, die ihnen scheinbar fehlen, besonders hervorheben und loben, als ob sie sie bereits besäßen. Das spielt eine wichtige Rolle, wenn man hilft, aus der inneren gottgegebenen Vollkommenheit hervorzubringen, was für Eigenschaften auch immer erkannt werden. Jene Worte werden ihnen helfen, zu guten, glücklichen Erwachsenen zu werden.

Dies gilt jedoch nicht für Kinder allein. Unzählige Erwachsene sehnen sich ebenfalls danach, gelobt zu werden. Dies wird bewiesen durch die Ehre, die mit dem Gewinnen verschiedener Medaillen verbunden ist, die in Anerkennung hervorragender kultureller Aktivitäten verliehen werden.

Solcherart ist der Schlüssel zum Erfolg im Umgang mit Leuten darin enthalten, wie klug und taktvoll Sie Worte gebrauchen, das heißt wie Sie die Errungenschaften Ihrer Angestellten und Untergebenen anerkennen und loben.

Verehren und erheben Sie die Vollkommenheit der gottgeschaffenen Welt

Sich aufs Loben zu verlegen mit der Absicht, aus jemandem gute Taten und eine angenehme Persönlichkeit herauszuholen, kann sich nicht als effektiv erweisen; auch ist es nicht allgemeingültig oder richtig. Solange Sie nicht wirklich glauben und wissen, daß in der gottgeschaffenen Welt jeder Mensch im Besitz aller Tugenden Gottes ist, und diese wahre Natur des Menschen dann verehren und mit aller Ehrlichkeit erheben, würde es nicht richtig sein. Das ist es, was Sakyamuni in *Hokkekyo* lehrt. In dieser buddhistischen Schrift gibt Jofukyo Bodhisattva ein nachahmenswertes Beispiel dafür, wie Leute gegenseitig ihre innere Göttlichkeit durch gegenseitige Verehrung hervorbringen und wie sie helfen können, schließlich Buddhaschaft zu erreichen.

Seicho-No-Ies Lehre gründet sich auf das fundamentale Prinzip: »Jeder von euch sei versöhnt mit dem ganzen Universum... Wahre Versöhnung wird nicht durch Ertragen erreicht, sondern nur durch aufrichtige Dankbarkeit gegenüber allen Dingen.« Damit gegenseitige Ehrerbietung und Erhebung mehr als ein Mittel und eine Technik seien, muß Aufrichtigkeit und Dankbarkeit in Ihrem Herzen erzeugt und genährt werden. Wenn Ihr Herz mit Dankbarkeit allen Dingen gegenüber erfüllt ist und überfließt, wird es natürlich das Gute aus allem ziehen, und nur das Gute wird Sie umgeben.

Sie sind ein Zapfhahn, durch den alle Tugenden Gottes fließen können

Sie müssen sich selbst mehr achten. Sie müssen erkennen, daß Sie ein Zapfhahn und ein möglicher Ausfluß sind, aus dem die unendliche Kraft des Schöpfers des Alls hervorbrechen kann. Außer der Erkenntnis dieser Wirklichkeit wird Sie nichts zu der Entdeckung Ihres wahren Selbst führen, und nichts kann Ihnen die Kraft geben, Ihre Fähigkeiten vollständig zu gebrauchen. Wenn Sie entdecken, daß Sie selbst völlig unabhängig sind, und erkennen, daß Sie ein Durchlaß für Gottes Gutes sind, wird nicht nur ein Wunsch, anderen Leuten zu helfen und sie zu retten, erkannt werden, sondern Sie werden die Fähigkeit finden, ihn zu erfüllen.

Das Lesen des *Truth of Life* mag Ihnen die Erkenntnis bringen, daß der Mensch ein Kind Gottes ist, aber ehe Sie diese nicht in die Hand nehmen und in der Entschlossenheit leben, andere zu retten, bleibt es ein bloß intellektuelles Wissen auf der Oberfläche Ihres Bewußtseins und hat Ihre Seele nicht durchdrungen. Wenn Sie wirklich die Erleuchtung des »Ich bin eins mit

Jesus Christus, dem Retter der Menschheit«, »Ich bin eins mit Sakyamuni, dem Retter der Menschheit«, »Dies Leben, das ich lebe, ist nicht länger mein, sondern ist das Leben des universellen Gottes« gewonnen haben, wie können Sie da stillsitzen in diesem gefährlichen Zeitalter, wo die Menschheit am Rande der Zerstörung steht?

Sie sind eins mit dem göttlichen universellen Geist

»Du bist eine große Existenz! Du bist ein höchst gesegnetes Wesen und ewig – eine gesegnete Existenz, leuchtend in aller Klarheit, allgegenwärtige Göttlichkeit – das bist Du. Du bist die höchste Wahrheit. Was ist denn die Wahrheit? – Es ist eine Existenz jenseits der Worte, jenseits des Erklärens. Keine Feder kann sie beschreiben. Keine Person, die auf Erden lebt, kann sie beschreiben. Es ist alles in allem – alles, was existiert, vom Geistigen bis zum Materiellen. Was für eine Anstrengung auch immer man unternimmt, um ihre Größe und Herrlichkeit zu beschreiben, es würde ein vergeblicher Versuch sein.«

Diese Worte kommen von einem indischen Weisen, Sivananda. Wahrlich drücken sie die Wahrheit sehr passend aus. Jeder von Ihnen ist in der Tat die große Existenz, die durch diese Worte ausgeführt wird. Er sagt auch: »Der fundamentale und letzte Sinn des Lebens ist es, die Erkenntnis Deiner selbst als eines Seins, das ewig eins ist mit dem göttlichen All-Geist, zu erreichen.« Wie wahr!

Veränderungen treten auf, wo Leben ist

Sie brauchen sich nicht vor Straßensperren zu fürchten, denn wenn eine Straßensperre in Ihrem Weg auftaucht, ist sicher, daß sich Ihnen eine neue Straße öffnet. Wenn menschliche Weisheit an einem toten Punkt angelangt ist, ist es Zeit für die göttliche, herabzukommen. Wenn einer von allen Seiten eingeschlossen ist, wird er den blauen Himmel oben geöffnet finden. Gläubige des Hinayana-Buddhismus sehen Dinge der Welt als kurzlebig und unbeständig und verlieren, eingefangen von ihrer scheinbaren Düsterkeit, die Helligkeit aus den Augen. Andererseits nehmen die Gläubigen des Mahayana-Buddhismus eine hellere Sicht gegenüber den Dingen ein. Seien Sie sich bewußt, daß es eben wegen der Veränderungen ist, daß Wachstum möglich ist. Umgekehrt ausgedrückt: Solange es kein lebendes Leben gibt, werden keine Veränderungen stattfinden. Dinge wie Bronzestatuen, Trockennahrung und Skelette machen nicht viele Veränderungen durch, weil sie nicht länger lebendiges Leben haben. Veränderungen sind das Medium, durch das das Unendliche ausgedrückt wird. Darum vibriert das ewige Leben, um sich in der menschlichen Intuition in jedem Aspekt des Lebens spürbar zu machen, selbst wenn es anscheinend vergeblichen, bedeutungslosen Veränderungen unterliegt. Im ›Ewig sich Verändernden‹ ist das Unwandelbare; ein blitzender Augenblick trägt Ewigkeit in sich. ›Jetzt‹ leben heißt gleichzeitig, ›Ewigkeit‹ zu leben. Wenn Sie sich das im Alltag täglich ins Bewußtsein rufen, wird jede Sekunde Ihres Lebens eine größere Bedeutung annehmen und sich gesegnet finden.

Wie segensreich sind physische Veränderungen!

Da diese Welt flüchtig und ewig veränderlich ist, ruht der Schlüssel, die physischen Aspekte zum Besseren oder zum Schlechteren zu verändern, in Ihren Händen. Wenn dies nicht eine Welt beständiger Veränderungen wäre, würde sie so uninteressant sein: Japan würde für uns nicht eine Vielfalt von Schönheit bereithalten, an der wir uns erfreuen könnten, genauso wenn die vier Jahreszeiten sich ändern in Frühling, Sommer, Herbst und Winter; noch könnten wir die Freuden der Natur zu verschiedenen Zeiten unseres Lebens erfahren – Freude, vom Säuglingsalter in die Kindheit hineinzuwachsen, die Lebenskraft, Lebendigkeit und Aktivität der Jugend zu entwickeln, eine Familie in Harmonie und Glück zu gründen und, in späteren Jahren, Enkel zu umarmen.

Mit dem Anbruch der Morgendämmerung steigt die Sonne am östlichen Himmel auf, und abends geht sie im Westen unter und wirft goldene Töne auf die See. Wie herrlich!

Wie wunderbar und schön Veränderung ist! Die Herrlichkeit des Berges Fuji, die sich von Moment zu Moment verändert, während die Sonne untergeht – von Purpur zu lichtem Karminrot, von Karminrot zu hellem Lavendel, den Sonnenuntergang zurückwerfend! Oder Mount Fuji, auf allen Seiten aufrechterhalten durch einen Ozean von regenbogenartigen Wolken! Ich staunte einst angesichts dieser unerklärlichen Schönheit des Berges Fuji, als ich im Flugzeug darüber flog, beständig im sich verändernden Winkel und von unterschiedlichen Richtungen auf ihn blickend. Wäre es nicht wegen dieser Veränderung, Mount Fuji wäre nur ein toter Vulkan, ein Berg von erkalteter Lava. Wirklich, Veränderung in der physischen Welt ist die lebende Kunst Gottes!

Der Mensch kennt nur Fortschritt und Entwicklung

Bemitleidenswert sind diejenigen, die, unfähig, Veränderungen als Freude anzusehen, den Verfall von heute gegenüber einem blühenden Gestern beklagen. Töricht sind die, die die Sorgen von gestern ins Heute übertragen und wiederholt das gleiche Gefühl von Schmerz und Angst fühlen. Gerade wie Pflanzen mit Frühling, Sommer, Herbst und Winter Veränderungen unterliegen, so sieht das Leben Frühling, Sommer, Herbst und Winter. Gerade wie im Winter, wenn sie nicht viel zu wachsen scheinen, die Bäume feineres und besseres Holz erzeugen und zunehmend dichtere Ringe aufweisen, so kann der Mensch einen gesunden Charakter in Verbindung mit unfehlbarer Willenskraft durch feindliche Umstände erziehen. Diejenigen, die sich in düsterer Vorahnung dessen, was sich in der Zukunft verändern könnte, ängstigen, sind Leute, die von der Absicht und der Gnade Gottes keine Kenntnis haben, der diese Welt als eine Kunst der Veränderungen erschaffen hat. Es ist keine Frage, daß die Zukunft etwas Reichlicheres und Üppigeres für uns auf Lager hat.

Wenn man älter wird, mag man nach außen erschöpft und verbraucht aussehen. Man mag seinem Alter nach häßlich aussehen, aber nichtsdestoweniger ist es bloß ein Zeichen, daß man

Vorbereitungen trifft, sein äußeres Kleid (Haut) abzulegen, das nicht länger nützlich ist, gerade wie ein Seidenwurm häßlich ist, wenn sich die Farbe seiner Haut vor seiner Umwandlung verändert. Wenn die Zeit kommt, werden wir unserer körperlichen Existenz entwachsen und in die geistige Welt hinüberfliegen. In der Tat ist dem Menschen nichts möglich als Fortschritt und Entwicklung.

Unendliche Fähigkeit ist nicht in der Körperlichkeit

Es gibt keinen Weg für uns, eine Fähigkeit hervorzubringen, wenn wir sie nicht besitzen. Im Gegenteil, selbst wenn wir sie besäßen, ist es uns unmöglich, sie frei zu gebrauchen, solange wir nichts von ihr wissen. Gerade wie wir nicht nach Laune über das Geld eines anderen verfügen können, können wir uns nicht Macht aneignen, wenn sie jemand anderem gehört. So haben nur die, die die Existenz der ›unendlichen Fähigkeit‹ in sich selbst erkennen, das Privileg und die Freiheit, diese innere Freiheit zu gebrauchen, wie sie es wünschen. Wie können wir dann die Kenntnis und das Bewußtsein erlangen, daß in uns eine unendliche Fähigkeit existiert? – Um dieses Ziel zu erreichen, müssen wir zuerst die Vorstellung negieren und zerstören, daß wir eine bloße körperliche Existenz seien.

Wie in aller Welt könnte eine unendliche Kraft in einem winzigen fleischlichen Leib wohnen, der völlig begrenzt und unbedeutend ist? Es gibt einfach keine Möglichkeit für den Menschen, die Wahrheit zu erfassen, daß in ihm unbegrenzte Fähigkeit und grenzenlose Kraft ist, wenn er nicht fest glaubt, daß die Physis nur ein äußeres Kleid ist und daß der Mensch ein Geist ist, ein Geist, der ins All ragt, der verschmolzen ist mit Gott.

Zwei Arten von Verständnis der Wahrheit

Es gibt eine Anzahl von Leuten, die für sich in Anspruch nehmen, daß sie, durch die Lektüre des Buches *Truth of Life,* verstehen, daß das Unendliche in ihnen selbst wohnt, aber daß es extrem schwierig und so gut wie unmöglich für sie ist, es im wirklichen Leben zu realisieren. Dies zeigt nur, daß ihr Verständnis der Wahrheit »Der Mensch ist ein Kind Gottes« nicht tiefer geht als bis zur Oberfläche ihres Verstandes. Obwohl ihr intellektuelles Verständnis sie glauben macht, daß sie ein gutes Erfassen der Wahrheit erlangt haben, nimmt die Wahrheit keine konkrete Form in der physischen Welt an, weil ihr Leben in seiner Gesamtheit immer noch von der Wahrheit getrennt ist.

Wie ein Sprichwort sagt: »Nach hundertmal Lesen kommt Verstehen von selbst.« Die *Wahrheit des Lebens* kann gleichermaßen nicht tiefer als bis zum oberflächlichen Intellekt eingeprägt werden, wenn sie nur wenige Male gelesen wird. Um die Wahrheit ins Unterbewußtsein einzuprägen, muß sie wieder und wieder gelesen werden, damit sie an die äußersten Tiefen des Geistes appelliert. Es ist, als wenn bei ständigem Wiederholen des Satzes »Sie schlafen ein« selbst die Personen mit dem stärksten Widerstand zum Schlaf hypnotisiert werden.

Was die Situation jedoch kompliziert, ist, daß der bewußte Geist Wiederholung derselben Worte nicht mag; das heißt, wenn er denkt, er kennt die Wahrheit bereits, wird er gelangweilt und verärgert durch eine Wiederholung von etwas, das er, wie er fühlt, bereits kennt. Daher ist es schwierig, wiederholt den gleichen Band von *Truth of Life* zu lesen. Um diese Schwierigkeit weniger beschwerlich zu machen, haben wir verschiedene Bände *Truth of Life* verfügbar, monatliche Veröffentlichungen sowohl wie neue Bücher, die die gleiche Wahrheit mit anderen Worten ausführen. Verschiedene Schriften zu lesen hilft, den Anreiz der Wahrheit zu erneuern, verstärkt Eindrücke dessen, was ausgeführt wird, indem es sich tief in das Unterbewußtsein eingräbt. Mehr noch, es wird bei Gelegenheit die Göttlichkeit des Menschen aus der gottgeschaffenen Welt wachrufen, die in den Tiefen des Unterbewußtseins geschlafen hatte, und sie ans helle Licht des Tages bringen.

Verdauung und Annahme der Wahrheit

Im All-Bewußtsein, das tief im Unterbewußtsein des Menschen liegt, wohnt das Unendliche. Des Menschen wahres Selbst oder seine Göttlichkeit geht, während sie sich ausdrückt und als ein Individuum erscheint, jedoch gleichzeitig über das körperliche Individuum hinaus. Wenn Sie daher diese Unendlichkeit erziehen, können verschiedene Ideen und Talente hervorgerufen werden.

Um das Unendliche, das latent in den Tiefen Ihres Bewußtseins liegt, zu erfassen, ist es ein Gebot, daß Sie sich der Meditation wie zum Beispiel *Shinsokan* zuwenden neben wiederholten Lesungen der heiligen Schriften. Die Wahrheit ist wie Essen mit verschiedenen Nährstoffen; die Wahrheit dem Intellekt durch das Lesen verschiedener Schriften über die Wahrheit einzuflößen, wäre das Verdauen der Nahrung, während Meditation einen Apparat bereitstellen würde, mittels dessen das verdaute Essen absorbiert und assimiliert und zu einem Teil Ihres Systems gemacht wird, so daß die Nährstoffe und Sie in eins verschmolzen werden. Nur dann werden Sie eins mit der Wahrheit werden – die Wahrheit sind Sie.

Unterernährung im Schicksal

Wie bedauerlich, wenn Sie wenige Schriften läsen und selten meditierten, denn Sie würden die nährstoffreiche Nahrung des Unendlichen nicht verdauen, absorbieren und assimilieren. Gerade wie die unvollständige Assimilation der Nahrung Ihren Körper oder Ihre äußere Erscheinung zu Gewichtsverlust führen würde, wird Ihr Schicksal, das ein Ausdruck Ihrer selbst in der physischen Welt ist, dünn und ärmlich werden, wenn Sie nicht genügend geistige Nahrung wie Ideen und Fähigkeiten aus Ihrem inneren Schatz der ›Unendlichkeit‹ zu sich nehmen und assimilieren. Traurig genug erkennen die mit einem schlechten Schicksal häufig nicht, warum sie durch Probleme belastet sind. Gerade wie diejenigen, die unter Unterernährung leiden, nach einem Stimulans suchen und nach Nahrung begehren, so werden die schlecht Begünstigten ihre Zuflucht zu körperlichen Vergnügen nehmen, um zeitweilig das Gefühl des Hungers und der Schwäche wettzumachen und auszugleichen, statt in ihre innere Unendlichkeit einzutauchen.

Schauen Sie nur auf die helle Seite

Sehen Sie nicht die dunkle Seite von Dingen oder die dunkle Seite anderer Leute. Suchen Sie weiterhin auch nicht die dunkle Seite Ihrer selbst. Wenn Ihr Bewußtsein sich der dunklen Seite gegenübersieht, können Sie nicht vermeiden, daß Sie Dunkelheit in Ihrem Herzen abbilden. Eines Tages wird das, was in Ihrem Bewußtsein gemalt ist, eine körperliche Form annehmen, entweder als Ihr Schicksal, Ihre Umgebung oder als Unglück.

Anstatt die dunkle Seite zu sehen, schauen Sie auf die helle Seite der Dinge, auf die helle Seite anderer Menschen. Mehr noch, konzentrieren Sie Ihr Bewußtsein auch auf die helle Seite Ihrer selbst. Wenn Sie die helle Seite sehen, werden Sie in Ihrem Geist nur Licht, Helles und Angenehmes visualisieren, so daß das Licht, das in Ihrem Bewußtsein abgebildet ist, vergrößert und gesteigert wird und sich hernach auf die physische Welt projiziert. Folglich werden Sie gute Laune genießen, und Ihr Geschick wird sich verbessern, indem es nur das Angenehme in Ihre Nähe bringt. Warum suchen sich so viele Leute aus, die dunkle Seite zu sehen statt der hellen, wenn es viel angenehmer und einfacher ist, die helle Seite zu sehen? – Weil sie das Gesetz des Geistes nicht kennen.

Dir geschehe, wie du geglaubt hast

Was im Bewußtsein abgebildet ist, wird sich in eine manifeste und sichtbare Form projizieren; mit anderen Worten, man wird so, wie man es im Geiste glaubt. Dies ist die Wahrheit, die Sakyamuni lehrte mit »Die physische Welt ist der projizierte Geist«; die Wahrheit, die Jesus Christus lehrte mit »Dir geschehe, wie du geglaubt hast«.

Selbst wenn in Ihrer Umgebung etwas Unangenehmes geschehen sollte, das das Ergebnis Ihrer dunklen Gedanken in der Vergangenheit ist, sollten Sie Ihr Herz dem nicht unterliegen lassen oder sich Enttäuschung und Entmutigung unterwerfen.

Wissen Sie den Grund, warum Dunkelheit in der körperlichen Welt erscheint; das heißt, sie ist die Masse der dunklen Gedanken aus der Vergangenheit, die in die materielle Welt gezogen wird, so daß damit solche ›Ersparnisse‹ reduziert werden. Lassen wir uns alle wissen, daß, wenn Dunkelheit uns konfrontiert, unsere angesammelten dunklen Gedanken beseitigt werden und die Ursache für künftige Dunkelheit entfernen. Lassen wir uns uns selbst gegenüber bestätigen, daß nicht länger irgendwelche Dunkelheit auf Lager ist, und lassen wir es uns zur Regel machen, unser Bewußtsein dem Licht zuzuwenden. Diese angenommene Gewohnheit wird uns zur zweiten Natur werden und wird ein Magnet sein, der zu allen Zeiten Glück bringt.

Am Grunde des Universums ist unendliche Weisheit

Im Anfangsstadium, als das Universum zuerst geboren wurde, existierte Materie nicht wie jetzt. Wie wir heute von dem Prozeß wissen, durch den Materie aus Vakuum geschaffen wird, herrschte zu Beginn des Alls nur Vakuum – ein Raum zwischen den Sternen. In diesem Vakuum wird eine sehr kleine Menge von Hydrogen produziert, die als kosmische Wolke erkennbar ist. Obwohl das Hydrogen an sich sehr wenig ausmacht, addiert es sich zu einer großen Menge, da der Raum im Universum enorm ist; so schließt es sich zu einer großen Masse zusammen, um einen Planeten zu bilden. Dies ist eine Erklärung, die Astrophysiker geben.

Nachdem der Planet so geschaffen wurde, kam eine unzählbare Anzahl von Lebenden zu Existenz. Diese Lebewesen sind nach ihrer Konstruktion viel zu verwickelt und kompliziert, um die Annahme wahrscheinlich zu machen, daß sie durch eine zufällige Zusammenballung von Materie entstanden. Weiterhin sind sie auch zu komplex und kompliziert, als daß der menschliche Verstand sie geschaffen haben könnte. Sie müssen der Ausdruck eines hochentwickelten Intellekts sein. Im Effekt kann man folgern, daß das Universum alle Lebewesen mit dem Intellekt einer extrem hohen Stufe schuf, wobei es ›Vakuum‹ als Material nutzte. Wenn man an das Wissen denkt, das die Formen und die Ordnung aller Dinge entwarf – vom mineralischen Kristall bis zum menschlichen Körper –, muß man schließen, daß sie alle jenseits menschlichen Fassungsvermögens sind, und kann nur die Existenz Gottes oder unendlicher Weisheit am Grunde des Universums anerkennen.

Der Gedanke ist der Schöpfer von allem

Atome sind für das menschliche Auge natürlich zu klein, als daß es sie wahrnehmen und erkennen könnte. In der Tat sind sie so klein, daß sogar das Mikroskop sie nicht fassen kann. Es ist trotzdem eine bekannte Tatsache, daß in dem kleinen Partikel eines Atoms ein unglaublicher Betrag an Energie zusammengedrängt ist, und daß, wenn dieser Energie die Tür geöffnet wird, eine gigantische Kraft oder Explosivkraft freigesetzt wird. Die Bloßlegung bis zum Atom führte zu der Entdeckung, daß das, was gebräuchlich als winziger materieller Körper angesehen wurde, in Wirklichkeit eine Schatztruhe unglaublicher Energie ist – daß Materie in Wirklichkeit ein Körper aus komprimierter Energie ist. Demgemäß transformiert das Universum Energie von der Nullphase zu grenzenlosen Formen unter dem Befehl des Gesetzes.

Wie formte Gott dann die gigantische Energie – die selbst in den winzigsten Partikeln verborgen ist – zur Erschaffung dieses Alls, der Planeten und aller Dinge? – Denken Sie daran, es gab keine materielle Ausrüstung oder Maschine irgendeiner Art zu Beginn des Universums. Mittel besaß Gott nicht, aber er hatte das Bewußtsein, um die Dinge zu schaffen. Wahrhaftig, Gott schuf alles allein durch den Gedanken, der in Seinem Geist erzeugt wurde.

Alles ist verwirklichter Gedanke

Der Mensch wurde Gottes Leben verkörpernd geboren (die Quelle des Lebens ist Gott), und Gott schuf alles, indem er den Gedanken in Seinem Bewußtsein erzeugte. Dann muß es durch dies dem Menschen, der Gottes Leben umschließt, möglich sein, auch alles mit dem Gedanken zu erschaffen. In der Tat sind alle

Dinge – angefangen bei allen Erfindungen, Entwürfen, Maschinen, bei Architektur, Kunst, Politik bis zu Krieg und Frieden – ursprünglich Gedanken, die fruchtbar wurden.

Flößen Sie Ihren Gedanken daher keine Bilder der Dunkelheit ein. Wie Gott schaffen Sie alles mit dem Gedanken. Es ist nicht gerade notwendig, das Dunkle zu visualisieren und Dunkelheit in diese Welt zu bringen, nicht wahr? Durch den Prozeß des Denkens ziehen Sie beständig schöpferische Elemente in Richtung auf zukünftige Materialisierung in der materiellen Welt. Mit Ihrem Bewußtsein, das wie eine Radiowelle ins All reicht, ziehen Sie mehr und mehr das Unsichtbare an.

Seien Sie ein Instrument zur Verwirklichung des göttlichen Willens

Samen werden erst gesät, und dann kommen die Pflanzen knospend heraus und wachsen, um Blüten und Früchte zu tragen. Dieser geheimnisvolle Prozeß ist zu kompliziert selbst für elektronische Computer irgendwelcher Art, um ihn hervorzubringen. Selbst der Computer, der eine Manifestation menschlicher Weisheit der höchsten Ebene ist, kann den winzigen Samen einer Pflanze nicht übertreffen.

Wenn er einen Patienten behandelt, wendet ein Arzt ein Antiseptikum auf den verwundeten Teil des Körpers an und bandagiert ihn. Weder das Antiseptikum noch die Bandage werden sich jedoch in neues Fleisch oder neue Haut verwandeln. Vielmehr ist es Gottes Leben, das im Innern des Menschen wohnt, welches die Erzeugung neuen Fleisches und neuer Haut in der verwundeten Zone ermöglicht. Der Arzt leiht nur eine helfende Hand in Zusammenarbeit mit der Arbeit Gottes. (Dadurch will ich die Medizin nicht herabsetzen.) Nur durch Zusammenarbeit im Werk von Gottes Leben können alle menschlichen Aktivitäten Frucht tragen. Gottes Leben herrscht vor als das Gesetz. Solcherart können wir, indem wir das Gesetz beobachten und mit ihm zusammenarbeiten, unseren Sinn der Einheit mit Gott stärker befestigen und als ein Instrument dienen, um Gottes Willen zu verwirklichen.

3
Quelle des Wohlstands

Liebe, Glauben, Wohlstand und Wahrheit
sind die Gesetze, die mein Leben
an diesem Tag bestimmen.
Meine Zukunft ist in meinen Händen,
ohne Irrtum vorauszusehen,
Denn heute säe ich Samen guter Taten
auf daß ich morgen
eine gute Ernte haben möge.
Gute Ernte ist alles, was ich erwarte.
So ruhe ich in Frieden,
mit Glauben in meinem Herzen
der nicht wankt,
Mich selbst
den Händen Gottes anvertrauend.
Gottes Gesetz ist Liebe.
Ich biete Gott meinen Dank an in Fülle,
Gott, der Liebe ist.

Materie ist Gottes inkarnierte Liebe

Einmal vollbrachte Jesus ein Wunder mit dem Aufteilen von fünf Broten unter 5000 Menschen. Es sättigte den Hunger von jedermann, und doch waren noch zwölf Körbe voll übrig. Sie mögen sich darüber als über eine Farce lustig machen, aber wenn Sie die Bibel sorgfältig lesen, werden Sie bemerken, daß Jesus seinen Jüngern, nachdem jeder mit Essen fertig war, auftrug, jede Krume des übriggelassenen Brotes zu sammeln. Hierin liegt tatsächlich das Geheimnis, um wahren Wohlstand zu erlangen.

Selbst kleine Stücke Brotes sind, jedes für sich, eine Gabe Gottes. Nur die Fähigkeit, Gottes Gaben wie diese zu schätzen und zu genießen, vervielfacht die kleinen Laibe zu einer Menge, die groß genug ist, um zwölf Körbe zu füllen. In Umkehrung dazu resultiert menschliche Armut daraus, daß man Gottes Gaben als bloß materiell geringschätzt, ohne sie zu achten. Auch das Materielle ist inkarnierte Liebe Gottes. Von einem buddhistischen Priester, Hyakujo, wird gesagt, daß er hinter einem Stück Gemüseblatt herlief, als er es den Fluß herunterschwimmen sah, es auflas und als eine Gabe Gottes ehrte.

Ursache des Mangels

Das Materielle ist nicht bloß Materie, sondern es ist Gottes verwirklichte Liebe. Wenn wir aufnahmefähig und dankbar selbst für einen Krümel Brot als eine Manifestation der göttlichen Liebe werden, werden wir uns auf die geistige Schwingung unbegrenzter Vorräte in der gottgeschaffenen Welt eingestimmt haben. Daher versetzt es uns in die Lage, in der physischen Welt zu materialisieren, was wir uns wünschen, wenn Bedürfnisse entstehen.

Mangel an Lebhaftigkeit, Mangel an Lebenskraft (oder schwache Gesundheit und Krankheit) sowohl wie finanzielle Probleme (oder Armut und Mangel an materiellen Vorräten) entstehen gemäß einer beschädigten Kraft des Empfangens; das heißt, wenn wir nicht auf die Schwingung der göttlichen Liebe eingestimmt sind, in gleicher Weise, wie ein Fernseher kein Programm senden kann, solange er nicht richtig eingestellt ist. In einem Versuch, materielle Ziele zu erreichen, versäumen einige Leute, sich auf die Schwingung der geistigen Welt einzustimmen, sie werden vielmehr gierig und versuchen, mehr zu bekommen, als sie brauchen oder gebrauchen können.

Tugenden und gutes Karma in der Schatzkammer des Himmels

Der eigene Wohlstand darf nicht an der Menge des materiellen Besitzes und des Geldes gemessen werden. Die Erleuchteten sind sich dessen bewußt, daß äußerster Wohlstand nicht in dem Betrag materieller Besitztümer besteht, sondern in geistigen Tugenden und gutem Karma, das in der Schatzkammer des Himmels gelagert ist, und daß alle materiellen Reichtümer die Summe dessen sind, was aus diesem Gewölbe entfernt wurde, die unsichtbaren Güter, die in körperliche Formen überführt wurden, wie sie benötigt wurden.

Da der Mensch als die höchste Form des göttlichen Selbstausdrucks geschaffen wurde, ist es nicht erkennbar, daß Er ihn arm schaffen sollte. Gott plant den Menschen als einen Träger, als Seine höchste Selbstverwirklichung, die höchste Ebene der Tugenden auf Erden herbeizuführen. Daher werden Ihre Bemühungen, geistige Tugenden zu verwirklichen, den Wohlstand der gottgeschaffenen Welt herunter auf diese Welt ziehen, auch in Form finanzieller Reichtümer.

Reichtümer der gottgeschaffenen Welt

Der letzte Sinn im Leben besteht weder im Erreichen von Wohlstand noch im Gewinnen von Ruhm, sondern darin, daß Sie

Ihren Charakter zu Göttlichkeit erheben, wie es Ihrem Wesen als Gottes höchster Selbstinkarnation zukommt. Reichtümer allein in der materiellen Welt zu suchen, würde Sie vom wahren Wohlstand der gottgeschaffenen Welt entfernen und die Ursache davon sein, daß Sie sich Ihrer Unendlichkeit nicht bewußt wären. Daher würde es Ihr gottgegebenes Wohlbefinden reduzieren. In Wahrheit sind die Reichtümer, die dem Menschen angeboten werden und in Gott ihren Ursprung haben, alle geistig. Materieller Wohlstand ist eine bloße Spiegelung jener geistigen Reichtümer.

Da Gott Geist ist, sind Seine Gaben endlich alle geistig, ausgegeben in Form von Liebe, Weisheit und Leben. Seien Sie dankbar für diese Segnungen, und führen Sie diese dem bestmöglichen Nutzen zu. Achten Sie darauf, sich nicht von begrenzten Reichtümern der materiellen Welt abhängig zu machen und die Sicht des Wohlstandes der göttlichen Welt zu verlieren, die hinter den ewig veränderlichen Phänomenen der physischen Welt ist.

Schlüssel zum Öffnen des Schatzes der Unendlichkeit

Gebrauchen Sie den Schlüssel, der ›Akte der Liebe und Freundlichkeit‹ bezeichnet ist, wenn Sie versuchen, die Tür des Schatzkästchens der unendlichen göttlichen Reichtümer zu öffnen. Zu versuchen, materiellen Wohlstand in der begrenzten physischen Welt mit egoistischen Absichten zu erlangen, muß notwendigerweise Konflikte und Zerwürfnisse schaffen, weil es zu viel von dem nehmen würde, was dem Begrenzten zur Verfügung steht. Wenden Sie sich der gottgeschaffenen Welt zu. Dort existieren Güter, die niemals abnehmen, egal wieviel verbraucht wird. Wohlstand in Gottes Welt ist unbegrenzt, und wieviel auch davon genommen wird, es werden immer endlose Resourcen verbleiben.

Versuchen Sie nicht, materiellen Wohlstand allein zu dem Preis anzusammeln, daß Sie vernachlässigen, geistige Tugenden zu gewinnen und zu sammeln. Materieller Wohlstand, wenn er nicht durch geistige Tugenden getragen wird, führt darin irre, daß er ein falsches Bild von Wohlbefinden und Sicherheit schafft, während er in Wirklichkeit nur Unfrieden und Sorge schafft. Obwohl er scheinbar Autorität verleiht, führt er zu Eifersucht, Neid und Machtkämpfen. Während er Glück zu garantieren scheint, verursacht er statt dessen Unglück.

Wohlstand muß zu einem geheiligten Zweck verwendet werden

Wohlstand in Gottes Welt muß für ein geheiligtes Ziel des Erkennens der Wunder der gottgeschaffenen Welt in der körperlichen Welt ausgegeben werden. Er sollte weder mit unlauteren Mitteln vermehrt, noch sollte er verschwendet werden.

Natürlich würde das Fehlen ausreichender Vorräte die Erfüllung einer heiligen Tat behindern, so daß es vor allem erforderlich ist, eine ausreichende Summe immer zurückzulegen. Manchmal ist es zum Beispiel notwendig, gemeinsam Geld für die Ausführung einer guten Sache zu sammeln. Ein Plan, eine Schule, eine Herberge oder ein Gebäude zu bauen, das einem religiösen Zweck dient, ist ein konstruktives Beispiel für einen heiligen Zweck.

Wahre Reichtümer haben ihren Ursprung im Garten Eden

Reichtümer, die zu einem notwendigen und konstruktiven Gebrauch in der Zukunft gesammelt wurden, können als Wohlstand der göttlichen Welt angesehen werden, der bis auf die materielle Ebene ausgedehnt wurde, während Geld, das aus Angst vor Unglück in der Zukunft zurückgelegt wurde, Furcht reflektiert. Angst wird mit der Zeit das Unglück herbeiziehen, das befürchtet wurde. Das Gesetz des Geistes geht dahin, daß, was im Bewußtsein erwartet und abgebildet wird, sich selbst in physisch faßbarer Form projizieren wird.

Manchmal zum Beispiel wird Geld für mögliche Arztkosten im Falle einer unerwarteten Krankheit zurückgelegt. In vielen Fällen tritt dann tatsächlich eine Krankheit auf, wenn ein genügender Betrag zurückgelegt ist – genug, um die medizinischen Ausgaben für Krankenhaus etc. zu decken. Diese Menschen sind also gezwungen, all das wieder auszugeben, was sie angesammelt haben.

Wahrer Wohlstand ist der, der im Garten Eden (Paradies) seinen Ursprung hat. Wenn Sie daher geistig mit der Schwingung des göttlichen Landes verbunden bleiben, werden Sie immer über materiellen Wohlstand verfügen, und Sie werden mit allem versorgt sein, was Sie brauchen.

Mangel ist ein Produkt des Geistes

Mangel irgendeiner Art ist ein Produkt Ihres eigenen Geistes. Er ist ein Zeichen, das die Unbeweglichkeit Ihres Bewußtseins wie auch den Widerstand reflektiert, der darin liegt, daß Sie all Ihre Anstrengungen darauf verwenden, den Gebrauch der Weisheit der göttlichen Welt zu vernachlässigen. Er reflektiert auch das Sich-Verlassen auf Ihr körperliches Wissen, wenn besseres Wissen und bessere Ideen gewonnen werden können, indem man Gottes Weisheit anruft. Obwohl Sie zeitweilig scheinbar zu einer Menge Geld kommen mögen, beispielsweise durch Investitionen in Aktien auf Rat eines Spezialisten hin, hat der Wohlstand, der ohne die Führung göttlicher Weisheit erlangt wurde, die Möglichkeit, sich zu vermindern. Jene Aktien könnten zu bloßen Stücken Papieres werden, sollte die Weltwirtschaft plötzlich zusammenbrechen.

Vor allem sollten Sie der Führung Gottes folgen, der allmächtig und allesvermögend ist. In jedem von Ihnen wohnt der allmächtige Gott. Indem Sie *Shinsokan*-Meditation üben, schauen Sie in sich, kontemplieren über den innewohnenden Gott und erlangen Weisheit, mit Ihrem Wohlstand umzugehen. In allen Menschen wohnt unbegrenzte Weisheit. Es ist Meditation, die diese Weisheit an die Oberfläche bringt.

Begehren des Fleisches und Wunsch der Seele

Der Mensch muß sich selbst treu sein. Soweit das wahr ist, was ist das ›Selbst‹, auf das hier Bezug genommen wird? Ist das wirkliche Selbst die physische Existenz aus Fleisch und Blut, die gutes und delikates Essen will, das Selbst, das in hübsche Kleider gekleidet sein will und sich seinem Vergnügen mit Menschen des anderen Geschlechts hingeben will? Daß ›man sich selbst treu sein muß‹, hat viele Leute dazu verführt, die Keuschheit ihrer Seele zu vergessen und zu verlieren, indem sie sich ausschließlich ihren selbstsüchtigen instinktiven Wünschen gewidmet haben.

Das Selbst, auf das sich der Satz ›Sei dir selbst treu‹ bezieht, ist nicht das physische Selbst, das durch den Instinkt regiert wird. Der Körper, als ein Träger, in dem die Seele ihre Arbeit auf Erden vollbringt, erzeugt Lust und sexuelle Begierden, ein Prozeß automatisch ablaufender Mechanismen, um Energie wiederzugewinnen und seine Existenz aufrechtzuerhalten. Sie sind jedoch nicht wahre Wünsche der Seele, aber die fundamentale Basis, um die Vollendung der Aufgabe der Seele zu unterstützen. Was daher mit ›Sei aufrichtig und treu gegen dich selbst‹ gemeint ist, ist, daß Sie den Wünschen Ihrer Seele selbst treu und wahr gegenüberstehen müssen.

Körperliches und geistiges Selbst

Die Phrase ›Konflikt von Fleisch und Seele‹ bezeichnet deutlich die intuitive Wahrnehmung des Menschen, die den Unterschied zwischen den Bedürfnissen der Seele und physischen Instinkten fühlt – daß sie zwei verschiedene Dinge sind. Wenn das Selbst des physischen Instinkts ›niederes Selbst‹ genannt wird, kann das Selbst der Seele als ›höheres Selbst‹ oder ›Selbst von höherer Ebene‹ bezeichnet werden.

Wenn wir unserem höheren Selbst treu sein wollen, müssen wir üben und lernen, dem Flüstern unseres ›geistigen Selbst‹ mit völliger Konzentration zu lauschen, indem wir zeitweilig die Begierden des physischen Selbst ablegen. Wie wir aus ihren Biographien wissen, versuchten sich die Gründer vieler Religionen in disziplinarischen Übungen wie Fasten und Schlagen durch Wasser unter einem Wasserfall und beraubten sich selbst solcher physischen Bedürfnisse wie Appetit, sexueller Lust, Sehnsucht nach Besitz und Ruhm und sogar des Schlafes. Durch solche Entbehrung strebten sie danach, den Bedürfnissen ihres geistigen Selbst zuzuhören und sie wahrzunehmen.

Schrei der inneren Seele

Körperlich gesehen ist jedes Individuum eine getrennte Existenz, die von anderen völlig isoliert ist. Im Licht der Seele jedoch verkörpert der Geist des Individuums einen Teil des Allgeistes oder Gottes. Daher bedeutet, dem Schrei Ihrer inneren Seele zu lauschen, der Führung des Allgeistes zu lauschen. Von dort strömt die Führung unbegrenzter Weisheit hervor.

Der Appell der inneren Seele wird ›Stimme des Gewissens‹ genannt, wenn man sich auf das moralische Leben bezieht, und ›Intuition und Inspiration‹, wenn man ihn im täglichen Leben oder bei Erfindung und Entdeckung gebraucht. Es ist die Führung des Allgeistes, die sich selbst an ihrem Ansatz, das heißt im geistigen Sein des Individuums, spürbar macht. Wenn wir so diese innere Führung unseres geistigen Selbst hüten und völlig in Übereinstimmung mit ihr leben, wird unser tatsächliches Leben ein Paradies werden, die Welt, wie Gott sie schuf, wo nur gute Gesundheit, Liebe und Wohlbefinden herrschen.

Gedanke, der Fülle herbeiführt

Manchmal können menschliche Absichten und ein Manövrieren einem zeitweilig zu physischen Freuden und Wohlstand verhelfen. Aber ewige geistige Freude und Wohlbefinden können niemals durch menschliche Intentionen entstehen. Nur indem man tief in seiner Seele mit Gott verbunden wird, kann man einen ewigen und reichlichen Fluß geistiger Freude erhalten.

Indem wir den Schlüssel unserer inneren Seele gebrauchen, müssen wir uns vor allem an den Fluß unendlicher Fülle anschließen, ohne auf die Erscheinungen der körperlichen Welt zu blicken. Statt sich auf das Äußere zu verlassen, müssen wir den Schlüssel der inneren Seele gebrauchen, um die Tür zu unendlichen Schätzen zu öffnen. In uns ist die geheimnisvolle Kraft, die wir oft Inspiration nennen, die den Weg erleuchtet, um uns zu führen. Ergreifen Sie daher jeden freien Moment, um die folgenden Worte wiederholt zu bejahen und Ihrem Bewußtsein einzuprägen, so daß Ihre latenten, unbegrenzten Fähigkeiten hervorgerufen werden: »O Gott, der du tief in meiner innersten Seele bist, laß Deine unendliche Kraft mich durchfließen.«

Denken, um Geschäfte zu verbessern

Wenn ein Problem kein Zeichen der Besserung zeigt, wie ernsthaft Sie auch beten, dann deshalb, weil Sie zu beschäftigt mit dem Problem sind. Obwohl das Gebet bereits erhört ist und sich bereits materialisiert, wird der Weg zu seiner Verwirklichung behindert, weil Ihr Bewußtsein von dem Problem gefangengenommen ist. In solchen Fällen entlassen Sie die Schwierigkeit vollkommen aus Ihrem Bewußtsein. Befreien Sie sich, und halten Sie Ihren Geist frei, indem Sie meditieren: »Gott, ich lege dieses Problem in Deine Hände. Nicht mein Wille geschehe, sondern behandle es so, wie Du willst.« In Verzweiflung, mit einem guten Teil Gebundenheit zu beten, würde ein vergeblicher Versuch sein, Ihre Absicht mit der Kraft Ihres kleinen Selbst zu materialisieren. Was dies erreicht, ist nur, daß es Ihr Gebet daran hindert, sich zu verwirklichen.

Gebet zur Nacht, um Wohlbefinden herbeizuführen

»O Gott, führe mich in dem Werk, daß ich heute mit Deiner Weisheit tue.« Dieses Gebet, wenn man es jeden Morgen darbringt, ist dazu geeignet und wirksam, daß Sie sich selbst befreien, indem Sie Ihr Wirken Gott am Beginn des Tages anvertrauen. Fahren Sie fort, der Realisierung dieses Gebetes entgegenzubeten: »Gott ist in mir und zeigt mir, was ich heute zu tun habe.« Das ist die Art und Weise, den Tag zu beginnen, bevor man zur Arbeit geht. Bewegen Sie dann wieder, bevor Sie zu Bett gehen oder während Sie meditieren, nachts die folgenden Gedanken: »Gott, ich danke Dir aus ganzem Herzen, daß Du mich heute in meinem Werk mit Deiner Weisheit und Führung versehen hast. Ich bitte Dich demütig, mich in meinem Schlaf durch die Nacht hindurch zu schützen, damit ich neue Energie gewinne, um morgen mit Deinem Werk fortzufahren.«

Die fortgesetzte Praxis dieser Meditation hilft Ihnen, sich zu lösen und Spannung abzubauen; indem sie den Kanal Ihres Geistes öffnet, ermöglicht sie, daß Gottes Weisheit und Macht in Sie einfließen. Eventuell trägt das auch dazu bei, daß sich Ihre geschäftliche Situation bessert.

Seien Sie sicher, jeden Tag irgendeinen Beitrag zu leisten

Die Tatsache, daß Sie leben, ist der Beweis dafür, daß von Ihnen erwartet wird, daß Sie irgendeine Art Beitrag Gott, der Gesellschaft wie auch der übrigen Menschheit gegenüber leisten. Um diese Theorie umzukehren: es bedeutet, daß Sie, solange Sie leben, irgendwie zum Wohlergehen Gottes, der Gesellschaft und der Menschheit beitragen müssen.

Wenn Sie bei Ihrer Arbeit eine solche geistige Haltung des Dienstes Gott und der Menschheit gegenüber einnehmen, und wenn Sie für sich denken: »Ich bin Dir dankbar, Gott, daß Du mich diese Arbeit tun läßt«, wird sie Sie nicht so sehr ermüden. Mehr noch, Sie können ein Gefühl der Erfüllung davon haben, das Sie sowohl körperlich wie geistig sogar noch gesünder macht. Tatsächlich ist der Mensch, wie er von Gott geschaffen wurde, eins mit Gott, eins mit aller Menschheit. Aus dieser wahren Natur des Menschen als eines Kindes Gottes fließt die unendliche Kraft. Daher zeigt ein Fehlen von Fähigkeiten nur an, daß Ihr Wahrnehmen und Ihre Überzeugung von der wahren Natur des Menschen als eines mit Gott eins Seienden schwach sind. Konsequenterweise ist das, was Sie mit der Kraft Ihres eigenen kleinen Selbst zu regeln gedenken, ein vergeblicher Versuch.

Das Vorrecht des ›Ich Bin‹

In sich selbst besitzen Sie ein großes Privileg, das Vorrecht des ›ICH BIN‹. Es bedeutet, daß Sie das werden können und werden, was Sie zu sein erklären. Wenn Sie sich selbst sagen: »Ich bin krank«, werden Sie krank werden; wenn Sie sich selbst gegenüber erklären: »Ich bin ein Kind Gottes und genieße daher allezeit Gesundheit«, werden Sie gesund sein.

Es würde daher töricht sein, dieses Privileg zu gebrauchen, um etwas Schlechtes und Destruktives zu materialisieren. Sie sollten es mit Bedacht nutzen, indem Sie beständig bekräftigen, daß Sie ›eins mit Gott‹ sind, und Ihre wahre gottgeschaffene Natur in Ihrem täglichen Leben erkennen. Wenn Ihr Gefühl der Einheit mit Gott so vertieft wird, wird die Drohung der Furcht, was auch immer Sie tun mögen, Sie verlassen und durch Vertrauen ersetzt werden. Dieses wiederum wird zur Folge haben, daß Inspiration in Form von passenden Ideen und von Weisheit auf Sie herabkommt, die in Einklang mit Ort, Zeit und Person sind. Unter diesen Bedingungen werden Sie den Erfolg immer fest im Griff haben.

Warten Sie, bis die Zeit reift

Hasten Sie nicht. Alles, was Hetze für Sie tut, ist, daß sie Sie rascher altern, Ihren Blutdruck steigen läßt und die Ankunft des Todes beschleunigt. Eine Frucht, die gepflückt wird, bevor sie reif ist, schmeckt sauer und bitter und ist nur Ihrer Gesundheit gefährlich. Ähnlich ist es, wenn Sie etwas zu verwirklichen gedenken, bevor die Zeit reif ist: Es wird Unruhe verursachen und entweder Sie oder jemand anderen verletzen.

Wenn Sie eine Kreuzung überqueren, müssen Sie warten, bis das rote Verkehrslicht auf Grün umschaltet. Das rote Licht signalisiert ›Halt‹, also müssen Sie, egal wie eilig Sie es haben, anhalten und so lange warten, bis das Licht grün ist. Etwas anderes zu tun, würde äußerst gefährlich sein. Daher sage ich Ihnen: »Warten Sie, bis die Zeit reif ist.« Selbst wenn jetzt das ›Halt‹-Signal eingeschaltet ist, wird sicherlich die Zeit kommen, daß es grün wird und ›Geh‹ anzeigt. Dann, wenn es auf ›Geh‹ umspringt, sollten Sie sofort losgehen, und schnell, damit Sie die Gelegenheit nicht verpassen.

Oberflächliches Glück in der materiellen Zivilisation

Man sollte denken, daß der Fortschritt der materiellen Zivilisation das Glück der Menschheit erhöhen würde, aber die Realitäten weisen auf das Gegenteil hin. So plagt zum Beispiel in zunehmendem Maße Lärm die Menschen. Während die Erfindung des Flugzeugs den Transport dramatisch beschleunigt hat, ist in gleicher Weise auch der Lärm, der dabei erzeugt wird, um ein Vielfaches lauter geworden.

Nehmen Sie an, jemand unternimmt einen Flug in einem Flugzeug, das schneller ist als der Schall. Würde er den Lärm etwa nicht hören, weil er vor dem Schall reist, das heißt, weil er den Lärm zurückläßt? – Nun, das ist nicht wahr. Warum? – Da das Flugzeug einem gewaltigen Schock unterliegt, wenn es durch die Schallmauer bricht, kann man nicht vor dem Lärm fliehen, den andere Flugzeuge machen. Außerdem holt einen der Lärm des eigenen Flugzeugs kurze Zeit nach Erreichen des Zielortes ein. Daher gibt es keine Möglichkeit, dem Lärm zu entkommen.

Tatsächlich treibt die materialistische Zivilisation die Menschheit ins Unglück und vielleicht, unter der Maske scheinbaren Glücks, in die Vernichtung, ganz abgesehen von Atom- und Wasserstoffbomben. Sollte diese Zivilisation in dieser Weise weiter unkontrolliert fortschreiten, ohne Ausgleich durch spirituelle Führung, so nähert sich die Menschheit mit tödlicher Sicherheit der Zerstörung.

Geheimnisvolle Idee

Gott offenbart Seine Führung auf verschiedene Weise. Besonders zum Ausdruck kommt sie für Sie in Form von guten Worten und Ideen, das heißt in einem ›inneren Strom der Gottheit‹, der spontan und reibungslos hervorquillt, als ob Sie selbst Urheber des Gedankens wären. Wenn diese Worte und Einfälle trotz der totalen Abwesenheit anlaßgebender Umstände zu hören und zu bemerken sind, werden Sie überrascht sein, wie sublim und ausgefeilt sie sind – tatsächlich so verfeinert, daß es unmöglich erscheint, daß sie das Ergebnis Ihres eigenen Könnens sein sollten.

Manchmal ertappt man sich dabei, daß man unvorstellbare und unglaubliche Worte äußert, als ob sie von innen gelenkt würden, mit einer Stimme, die luftblasenartig aus dem Unterleib aufzusteigen scheint. Wenn so etwas auftritt, ist es ganz deutlich ein animistisches Phänomen; das heißt, die Seele drängt einen und veranlaßt einen zu sprechen, was den Eindruck einer gespaltenen, doppelten Persönlichkeit erweckt. Es wird übernatürliche Sprache genannt. Die Ebene des treibenden Geistes ist verschieden: Es könnte ein fortgeschrittener Geist sein, der spricht, um den Willen Gottes, des Allschöpfers, kundzutun, oder ein niedriger, tierischer Geist, der Vergnügen darin findet, Menschen zum Narren zu halten. Daher muß man diese Enthüllungen sorgfältig unter die Lupe nehmen und sie danach werten, ob sich ihr Inhalt mit dem gesunden Menschenverstand vereinbaren läßt.

Enthüllung, die dazu bestimmt ist, Unglück von Ihnen fernzuhalten

Eine Enthüllung kommt nicht unbedingt nur in Form von ›Worten‹. Manchmal kommt sie als ein Ereignis herab, das sich so entwickelt, als ob es jemandes Handlungen kontrollieren sollte; das heißt, es hält ihn manchmal davon ab, etwas zu tun, oder zwingt ihn zu einem anderen Zeitpunkt dazu, etwas zu tun.

Ein Beispiel: Jemand, der nie verschläft, verschläft möglicherweise eines Morgens und verpaßt deshalb den Zug, den er immer nimmt, um zur Arbeit zu gehen; daher muß er irgendein anderes Transportmittel benutzen. Als er sein Büro erreicht, stellt er fest, daß der Zug, den er verpaßt hat, einen Zusammenstoß hatte, der zu einem Brand führte, in dem die meisten der Passagiere entweder getötet oder verletzt wurden. Oder jemand war, obwohl er unbedingt nach Osaka fliegen mußte, daran gehindert, weil ein unerwarteter Zwischenfall eintrat. So mußte er sein Ticket verfallen lassen. Aber, wie sich herausstellte, konnte er froh sein, den Flug verpaßt zu haben. Das Flugzeug raste wegen eines Betriebsfehlers gegen den Mount Mihara und wurde zerstört, wobei alle Passagiere ums Leben kamen. Unerwartete Umstände wie diese sind ein von Gott bereiteter Schutz.

Visuelle Enthüllung durch einen Traum

Zuzeiten enthüllt ein Traum, was in der Zukunft passieren könnte, und versetzt einen dadurch in die Lage, seine Zukunft vorauszusehen. In den meisten Fällen ist das eine Enthüllung durch Inspiration.

Ein Beispiel dafür kann man im Buch Daniel des Alten Testaments sehen, wo Daniel in einem Traum Vorhersagen gemacht wurden. Unglaublich genug, waren diese Prophezeiungen, als sie in der Folge mit der wirklichen Geschichte verglichen wurden, alle wahr.

Manchmal nehmen Enthüllungen sichtbare Form an während des Gebetes oder der Meditation, wenn man sich in tiefer geistiger Konzentration befindet. Ein Beispiel dafür ist eine Vision, die in der ›Offenbarung des Johannes‹ als von Johannes gesehen beschrieben wird. In den meisten Fällen tritt eine Vision in symbolischer Form auf, aber was diese Form oder diese Gestalt symbolisiert, ist für den menschlichen Intellekt nicht zu entschlüsseln und zu interpretieren. Nur durch den historischen Fortgang, wenn es als ein physisch faßbarer Vorfall eintritt, kann der menschliche Geist die Bedeutung des Diagramms verstehen, das in der Vision erschienen war, und begreifen, daß in der geistigen Welt die Form für das Ereignis existiert hatte, bevor dieses noch Wirklichkeit wurde.

Vertrauen Sie Ihrem Verstand und Ihrem Gewissen mehr als einer Offenbarung oder animistischen Voraussage

Voraussagen haben weder den Zweck, Profit zu ermöglichen, noch den, die Menschen vor Gefahr zu bewahren. Nehmen Sie an, es wäre vorhergesagt worden, daß Sie »bei einem Erdbeben ums Leben kommen und unter etwas begraben« würden. Wenn Sie diesem Tod jedoch entkommen könnten, indem Sie einen großen Bunker bauten, stark und widerstandsfähig genug, um jedes beliebige Erdbeben auszuhalten, und sich darin einschlössen, dann würde die Prophezeiung über Ihren Tod nicht eintreffen. Mit anderen Worten, was ich zu sagen versuche, ist, daß, wenn es Ihnen möglich ist, dem zu entkommen, was in einer Enthüllung vorhergesagt wird, die Frage nach deren paradoxer Natur entsteht; das heißt, die Vorhersage sagt in Wirklichkeit nichts voraus. Daher würde es, statt Ihren Handlungsverlauf durch das Voraussagen von Glück oder Unglück festzulegen, sehr viel vernünftiger und gesünder sein, wenn Sie Ihrem gesunden Menschenverstand und Ihrem Gewissen vertrauten.

Vernunft und Gewissen werden jedem Menschen unfehlbar sagen, was gut ist und was schlecht: zum Beispiel daß man andere Menschen nicht beeinträchtigen darf; daß man andere Lebewesen nicht töten darf; daß man mit aufrichtigem Ernst Liebe üben soll.

Plus- und Minusfaktoren des Schicksals

Jeden Tag schaffen wir unser Schicksal von neuem mit eigenen Händen. Ob wir in unserem heutigen Leben ein Plus oder ein Minus hinzufügen, das ist es, was unser Schicksal von morgen formt. Wenn wir etwas tun, was im Interesse anderer liegt und für sie gut ist, wenn wir anderen helfen, haben wir ein Plus für unser Schicksal gewonnen. Wenn wir dagegen etwas gegen das Wohl anderer unternehmen, haben wir ihm ein Minus zugefügt. Zusätzlich zu diesen Plus und Minus, die sich aus Taten ableiten, gibt es Plus- und Minusfaktoren im Zustand unseres Geistes, die unser künftiges Geschick bestimmen, das heißt in der Art von geistiger Haltung, die wir einnehmen, je nachdem, ob sie eine wohlgemute oder eine düstere ist.

Eine helle und frohe geistige Einstellung ist ein Magnet, der gutes Schicksal zu uns zieht, während ein düsteres Gemüt uns ein dunkles Schicksal heranzieht. Unser Leben ist ein täglicher Prozeß der Erholung von unseren Handlungen in der Vergangenheit (Karma).

Geistige Entzündung zur Freude

Halten Sie ein geistiges Bild von Ihrem zukünftigen Schicksal als einem wunderbaren, optimalen aufrecht. Dann glauben Sie daran, daß das Beste, das so zur Vision gemacht wurde, sich Ihnen nähert. Glauben Sie, daß jeder Tag Sie glücklicher, gesünder und einen Schritt näher zum Wohlbefinden bringen wird. Diese fundamental zuversichtliche Haltung baut ein geistiges Feuer auf, das Sie zu besserer Gesundheit, größerem Glück und mehr Wohlstand führt. Überzeugen Sie sich selbst, daß Sie an jedem Tag unter der Führung von Gottes allmächtiger Weisheit stehen, denn durch einen solchen Glauben werden Sie sich vollkommener auf deren Schwingung eingestimmt haben und daher Seine Weisheit vollständiger empfangen.

Denken Sie nicht einmal eine Minute lang, daß Sie Gott entfremdet seien. Sie müssen beständig und ohne nachzulassen die Überzeugung aufrechterhalten, daß Sie mit Gott verbunden und immer unter Seinem Schirm und Schild sind. Versuchen Sie unter keinen Umständen, sich in Ihrem eigenen Denken zu verringern. Das Wichtigste ist, beständig zu meditieren und zu bejahen, daß Sie ›ein Kind Gottes‹ sind, und Ihren Glauben in Richtung auf Selbstausbildung und Stärke hin zu erhöhen.

Seien Sie dankbar für die Segnungen, die Sie *jetzt* umgeben

Bringen Sie vom Grunde Ihres Herzens her aufrichtigste und leidenschaftlichste Dankbarkeit auf, während Sie in dem Glauben beständig bleiben, daß Sie bereits erhalten haben, was Sie suchen. Dies ist der Eckstein, der Sie zum wunderbaren Empfang dessen befähigt, worum Sie gebeten haben. Es gibt häufig solche Leute, die für sich in Anspruch nehmen, daß sie unmöglich für etwas dankbar sein können, das noch nicht materielle Wirklichkeit ist, aber das ist falsch.

Danken Sie zuallererst für die unzähligen Segnungen, die Ihnen bereits gehören und die alle unverzichtbar lebenswichtig für Ihre Existenz sind, wie Luft, Sonnenlicht, Unterkunft, Kleidung, Familie, Nahrung und Gesundheit. Anerkennen Sie diese Tatsache. Die Kranken mögen sich beschweren und sagen, daß sie keine Gesundheit haben, für die sie danken könnten, aber es gibt sehr wenige, bei denen der ganze Körper krank ist. Selbst wenn sie eine Herzinsuffizienz haben mögen, sind höchstwahrscheinlich ihre Augen und Ohren in gutem Zustand. Ihre Füße sind wahrscheinlich auch in Ordnung. Selbst wenn sie blind sein mögen, haben sie wahrscheinlich die Fähigkeit, sich an gutem Essen zu freuen. Wenn Sie anfangen, nach den Dingen Ausschau zu halten und sie zu zählen, für die Sie dankbar sein können, werden Sie überrascht sein. Sie sind in der Tat zahllos. Suchen Sie nach Dingen, für die Sie dankbar sein können, und danken Sie dann von Herzen.

Danken Sie Gott, Ihrer Familie und den Kollegen

Während Sie allen materiellen Dingen um Sie herum dankbar sind, sollten Sie auch Gott danken, der wahren Quelle und dem Ursprung all dieser Segnungen. Meditieren Sie in Lob und Freude:

»Wie wundervoll ist diese Welt, die Gott geschaffen hat! Sie ist von unendlicher Weisheit durchdrungen! Sie ist mit unendlicher Liebe gefüllt! Sie fließt über von unendlicher Harmonie!«

Gott während der Meditation so zu preisen und zu verehren, würde bedeuten, Ihm die größtmögliche Dankbarkeit zu erweisen. Auch ist es eine gute Idee, immer, wenn Sie Zeit haben, ein stilles Gebet der Anerkennung darzubringen, indem Sie in Ihrem Herzen sagen: »O Gott, ich bin Dir dankbar.« Nachdem

Sie Gott danken, sollten Sie als nächstes Ihrer Familie, Ihren Kollegen und den Mitgliedern Ihrer Arbeitsgemeinschaft danken. Bringen Sie Dankbarkeit sowohl mit Worten zum Ausdruck als auch durch Ihre Haltung, verbunden mit stillen Gebeten des ›Dankeschön‹. Sie werden merken, daß Sie sich in besserer Harmonie mit anderen befinden, und Sie werden daher noch bessere Ergebnisse erzielen.

Seien Sie Ihrer eigenen Seele und Körperlichkeit dankbar

Auch wenn Sie sowohl Gott wie auch allen anderen Personen um sich herum danken mögen, es gibt noch jemand anderen, den Sie leicht zu vergessen neigen. Sie selbst sind es. Erinnern Sie sich, daß Ihre Seele unschätzbare Anstrengungen leistet, um der Vollendung Ihrer von Gott bestimmten Aufgabe als Sein Kind näherzukommen. Daher würde es ein Versäumnis sein, Ihre Seele zu ignorieren und sie ohne Anerkennung zu lassen. Mehr noch, vernachlässigen Sie auch nicht Ihren eigenen Körper, der das Instrument ist, das Ihre Seele benutzt, um Ihre Aufgabe zu erfüllen.

Sagen Sie sich daher still oder mit leiser Stimme: »Seele von – – – –, Körper von – – – – (sagen Sie Ihren Namen), ich bin euch dankbar dafür, daß Ihr mit stetiger Treue die wertvolle Mission durchführt, die durch Gott bestimmt wurde.« Ein solches Gebet wird sowohl Ihrer Seele wie auch Ihrem Körper helfen, den Wert zu erkennen, der darin liegt, Ihre Aufgabe mit glühender Entschlossenheit zu verfolgen, und sie daran hindern, der Korruption und der Krankheit zu verfallen.

Das Falsche ist, bei näherer Betrachtung, ohne Existenz

Bestätigen Sie sich, daß Sie vollkommen sind, wie Gott Sie geschaffen hat. Das Buch ›Genesis‹ stellt fest, daß alles, was Gott schuf, gut, vollkommen und harmonisch ist, so daß nicht ein Ding in Gottes Schöpfung existiert, das schlecht ist. Solange schlechte Einflüsse wesentlich nicht existent sind, existieren letztlich auch keine solchen Übel wie Krankheit, Armut und Krieg. So sind die Dinge wirklich in der gottgeschaffenen Welt – dies ist ihre wahre, gottgeschaffene Natur, das heißt der wesentlich authentische Zustand aller Dinge. Alles andere als das ist falsch. Da das, was das Falsche vorstellt, von Natur aus bloß eine scheinbare und zeitweilige Existenz ist, ist es in Wirklichkeit nicht existent, selbst wenn es zu existieren scheinen mag.

Warum dann vermittelt das Nichtexistente den Eindruck der Existenz? – Weil das Bewußtsein es so projiziert, wie es in einem buddhistischen Sprichwort zum Ausdruck kommt: »Die Welt ist das entwickelte Bewußtsein.« Solange daher das Bewußtsein an Krankheit denkt, wird die Krankheit nicht verschwinden. Solange die Sowjetunion und die USA in ihrem Bewußtsein von Kriegsangst besessen sind und Verbreitungen für einen möglichen Krieg in der Zukunft treffen, wird die Kriegsgefahr nicht gebannt werden.

Gebet für Weltfrieden

Meditieren und bejahen Sie das Folgende immer und immer wieder: »Ich bin eins mit Gott. Nicht ich allein, sondern alle Menschheit ist eins mit Gott. Daher ist in der göttlichen Welt die ganze Menschheit bereits miteinander in Frieden, ohne Konflikte und Kämpfe. Der Menschheit ist Gott der eine Vater, der Schutz über alle Völker der Welt gleichermaßen ausgießt und sie in Frieden hält. Da Gott so ist, würde es unlogisch sein, zu denken, daß eine Nation nicht glücklich sein kann, bevor sie nicht in das Territorium einer anderen eindringt. Die Erkenntnis dieser Wahrheit ist der grundlegende Eckstein, um den Frieden in der Welt herbeizuführen. Ich strahle diese Wahrheit daher in die gesamte Welt aus. Die Menschheit in ihrer Gesamtheit empfängt nun die Schwingung dieser Sendung und wird jetzt durch die Wahrheit erleuchtet. Gottes Liebe steigt in den Geist eines jeden herab und gießt Licht über ihn aus, und der Frieden von Gottes Welt herrscht auf Erden. Gottes Wille ist jetzt auf der Erde wie im Himmel verwirklicht. Von diesem Augenblick an kennt die menschliche Rasse weder Kampf noch Kummer, sondern sie schaut auf Gott in tiefer Freude.«

Werben Sie geistige Gefährten an

Wir Apostel der Wahrheit dürfen uns nicht nach der Graswurzel-Theorie richten, die Übel, die im Geist der Menschheit tief verwurzelt sind, als wirklich existent ansieht. Für Zwecke einer Analyse müssen wir jedoch untersuchen und entscheiden, was in dieser Theorie und Diagnose eine auf Realität basierende Krankheit der Menschheit ist, gerade wie es ein Arzt mit seinen Instrumenten tut. Als eine Manifestation des geistigen Kampfes der Menschheit nähert sich die Welt Schritt um Schritt der Gefahr des Krieges. Wir müssen diese Realität diagnostizieren, erfassen und zerlegen, um zu erkennen, wie drängend und dringend die Notwendigkeit ist, all unsere Kraft zu vereinen, um diese Kriegsmentalität zu bekämpfen, zu neutralisieren und völlig aus dem Bewußtsein der ganzen Menschheit zu tilgen.

Es ist die Pflicht jener, die religiösen Kreisen angehören, der Gefahr des Krieges zu begegnen, indem sie eine Krankheit der Menschheit unterdrücken und von der geistigen Seite aus unter Kontrolle halten, bevor sie noch tatsächlich auftritt. Da die physische Welt das ist, was das Bewußtsein abbildet, würde eine Verhinderung von Krieg einfach außer Frage stehen, wenn die geistige Kraft nicht stark genug ist, den kriegserzeugenden Geist zu unterminieren, und die geistige Haltung der Menschheit würde sich wirklich zu körperlicher Verwirklichung kristallisieren. Daher haben wir einen starken Wunsch danach, die Zahl unserer geistigen Gefährten zu vergrößern. Nachdem wir so die Krise bestimmt haben, die drohend über der Welt hängt, laßt uns unser Bewußtsein klären und für den Weltfrieden meditieren, wie es in dem vorhergehenden ›Gebet für Weltfrieden‹ gezeigt ist.

Segnen Sie das ›Jetzt‹

Seien Sie entschlossen, daß Sie sich von diesem Tag an nicht mehr über das betrüben wollen, was in der Vergangenheit geschehen ist, oder Angst haben wollen vor dem, was in Zukunft passieren könnte. Richten Sie all Ihre Bemühungen auf ›Jetzt‹, und lassen Sie sich selbst niemals ins Wanken geraten. Was würden Sie davon haben, wenn Sie sich über ein Unglück grämten, das noch nicht eingetreten ist? Erinnern Sie sich, daß das, was Sie im Geist angstvoll abbilden, sich selbst magnetisch zur Verwirklichung treibt; also tragen Angst und Sorge nicht konstruktiv dazu bei, Ihr Schicksal zu verbessern. Anerkennen und wissen Sie, daß in dem, was Sie ›Jetzt‹ tun, Gott am Werk ist.

Segnen Sie das ›Jetzt‹. Was sich in der Vergangenheit abgespielt hat, wie gut oder unglückselig auch immer, ist bereits vergangen und hat einiges an Erfahrung hinterlassen. Was hat es also für einen Sinn, es zu bedauern oder zu beklagen? Trennen Sie sich von ihm in Dankbarkeit.

Geheimnis des Wohlstands

Wenn sie danach streben, auf der Grundlage des geistigen Gesetzes Wohlstand zu erwerben, fallen die Leute mehr als oft in eine Grube, wenn sie gern so viel wie möglich durch so wenig Arbeit wie möglich gewinnen möchten. Das Gesetz des Geistes besitzt solche magische Kraft nicht. Es schreibt strikt vor, daß die, die nur einen niedrigen Preis zahlen wollen, auch nur wenig erhalten werden.

Vor einiger Zeit wurde über den Kurzwellensender im Radio ein Interview ausgestrahlt, in dem der Reporter von seinem Besuch bei Mr. Narita erzählte, dem Besitzer eines Unternehmens, das einen großen Anstieg in seinen Geschäften zu verzeichnen hatte. Die Frage, die Mr. Narita gestellt wurde, wollte ergründen, was das Geheimnis seines Wohlstandes sei. Er hatte viele Jahre in der Mandschurei verbracht, und kurz nach seiner Rückkehr nach Japan eröffnete er einen sehr kleinen Laden. Seine Philosophie war zu der Zeit, daß gute Preise der Schlüssel zum Wohlstand seien. Daher war es in jenen Tagen seine Gewohnheit, jeden Morgen per Fahrrad zum Großhandelsmarkt von Tsukiji in Tokyo zu fahren, zwei Stunden bevor der erste Zug fuhr, um anderen Händlern zuvorzukommen. Wenn er gewartet hätte, um den ersten Zug zu nehmen, wäre er erst angekommen, nachdem die ganze gute Ware verkauft gewesen wäre. Um der guten Beziehung zu seinen Kunden willen scheute er daher nicht die Mühe, mit dem Fahrrad nach Tsukiji zu fahren.

Nur Bemühungen und Dienste, die aufrichtiger und größer sind als die anderer, bringen Wohlstand. Wenn ein Laden gedeiht, gibt es immer einen guten Grund dafür, und im Gegensatz dazu gibt es immer eine feindliche Ursache, wenn er Bankrott macht. Alles hängt von der geistigen Haltung derer ab, die das Management haben.

Die Lehre von Seicho-No-Ie ist keine Magie

Seicho-No-Ie zielt nicht darauf ab, Wege zu lehren, wie man bedingungslos alles bekommt, was man sich wünscht. Wenn es dem Menschen möglich wäre, seine Wünsche vorbehaltlos zu materialisieren, würde er versucht sein, in seinen wahren Bemühungen nachzulassen und daher zu einem egoistischen Dummkopf degenerieren, der nur körperliches Vergnügen, faule Bequemlichkeit und Habsucht im Sinn hat.

Die Geburt des Menschen in diese Welt war durch Gottes Willen dazu bestimmt, daß der Mensch die Liebe verwirkliche, sein edles Wesen ausbilde und zu geistigem Wachstum gelange in dem Bestreben, Schwierigkeiten zu überwinden und zu lösen, die im Laufe seines Lebens entstehen, indem er sich den gegebenen Umständen und Bedingungen anpaßt. Zu versuchen, die Macht des Bewußtseins auszubeuten, um mit wenig Mühe viel zu gewinnen und um die eigenen egoistischen Wünsche zu erfüllen, ohne einen angemessenen Preis an Anstrengung dafür zu zahlen, würde daher gegen Gottes Willen sein; so etwas würde demnach keine Religion, sondern Magie sein.

Sie ernten, was Ihrer Anstrengung an Wert vergleichbar ist

Seicho-No-Ie lehrt weder, wie man für einen niedrigen Preis viel gewinnt, noch »wie man mit großer Anstrengung keine Fülle erhält«.

Der Weg, den eine Vielzahl von Leuten einschlägt, ist der, daß sie auf ihm ›mit vielen Mühen wenig erreichen‹. Die Art von Leben, an die zu führen sie sich schließlich gewöhnen, wird von dem Dichter Takuboku Ishikawa beschrieben, der sein Gefühl der Pein in einem Gedicht ausdrückte: »Egal wie hart ich arbeite, die Schwierigkeiten in meinem Leben sind nicht weniger drückend. Ach, traurig schaue ich auf meine Hände.« Die Lehren von Seicho-No-Ie und ähnlichen geistigen Erleuchtungsbewegungen erzeugen eine dramatische Veränderung von ›einem Mittel, wenig mit viel Mühe zu erhalten‹, zu ›einem Mittel, so viel zu erlangen, wie man einbringt‹. So entsteht wegen der großen Wirkung und der Effektivität der Eindruck, daß es ein Mittel ist, viel zu erreichen, ohne sich dafür anzustrengen. Das verführt einige Leute dazu zu glauben, daß sie sehr viel ernten können, ohne dafür zu arbeiten. Und was noch mehr ist: sie versäumen sogar, Liebe zu üben und sich zu bemühen. Irgendwann kommen sie mit Beschwerden an, ohne die Tatsache zu beachten, daß sie selbst es vollständig versäumt haben, Liebe zu üben, und bringen so sinnlose Bemerkungen hervor wie »Diese Lehre nützt mir nicht mehr«.

Naturgesetz und Gesetz des Geistes, jedes ein Rad am gleichen Wagen

Diese Welt beherrscht ein Gesetz, das alles Funktionieren und alle Bewegung regelt. Anwendung dieses Gesetzes auf unser praktisches Leben sollte uns daher instand setzen, Frucht zu ernten im gleichen Maßstab zu den Anstrengungen, die wir unternehmen, und Freude und Vergnügen zu haben gemäß dem Preis, den wir zahlen. Wenn wir mit dem Gesetz übereinstimmen, so arbeitet es für uns.

Das Gesetz setzt sich zusammen aus Gesetzen der Natur und des Geistes. Bisher ist das Gesetz der Natur zu stark hervorgehoben, das des Geistes aber mißachtet worden. Folglich haben viele Leute bisher so gelebt, daß sie wenig erreichen, selbst wenn sie lange Stunden arbeiten.

Das Naturgesetz und das Gesetz des Geistes sind jedes für sich je ein Rad an einem Wagen, so daß, ob eines davon nun zerbrochen wäre oder nicht, ein Bewegen ohne Erfolg sein würde. Selbst wenn Schritte unternommen würden, um mit dem Gesetz des Wohlstands wissenschaftlich übereinzustimmen, wenn das Bewußtsein nicht darauf eingestellt wäre, könnte kein Wohlstand erwartet werden.

Es ist wie mit Nahrung. Selbst wenn wir nährstoffreiches Essen zu uns nehmen, wenn unser Geist von Ängsten und Sorgen schwer ist, können wir nichts davon absorbieren, um unseren Körper zu ernähren.

Denken muß von Handeln begleitet sein

Das Gesetz des Geistes setzt fest: »Nicht ich bin es, das dir garantiert, was du suchst. Vielmehr ist es dein eigenes Denken, das, je nach seiner Schwingung, dir dasjenige gibt, mit dem es sich in Einklang befindet. Wenn ein dunkler Gedanke in deinem Bewußtsein ein Monopol errichtet, werde ich dir Dunkelheit geben. Selbst wenn du das Licht verfolgst – solange du Dunkelheit weiterhin in deinem Herzen trägst, kann ich dir Licht nicht geben. Jedoch bedeutet dies nicht im mindesten, daß es die einzige Vorbedingung ist, dein Bewußtsein hochgestimmt zu erhalten, wenn du erhalten willst, was du wünschst, und daß du nicht dafür zu arbeiten brauchtest. Die Tatsache, daß du alles in den Händen hältst, ist der Zustand der gottgeschaffenen Welt. Wie du das Unendliche der göttlichen Welt in die physische hineinziehen kannst, hängt von der Haltung deines Bewußtseins ab. Nichtdestoweniger reicht Kenntnis dieses Gesetzes allein nicht aus. Um Unendlichkeit aus Gottes Welt zu ziehen, mußt du Handeln erzeugen.«

Worauf man die Linse des Geistes einstellen soll

Obwohl das All von unbegrenzten Vorräten überfließt, kann es nicht auf die körperliche Ebene herabgebracht werden, bevor nicht ein Weg geschaffen ist, auf dem es reisen kann. Es ist das gleiche wie mit der Photographie. Wie schön die Szene auch ist, Sie können nur den Teil der Szene photographieren, auf den Sie die Linse Ihrer Kamera richten. So wird auch ein Einstellen der Linse Ihres Bewußtseins auf Dunkelheit nichts als Dunkelheit in der physischen Welt erscheinen lassen. Wenn Sie aber im Gegenteil dazu Ihre geistige Linse nur auf Licht einstellen, wird sich eine strahlende Welt in Ihrem Leben entfalten.

Hefe und die Kraft, Gärung hervorzurufen

Die von Gott geschaffene Welt ist wie Hefe, die in Mehl hineingetan wird. Sie gärt von innen, um sich in eine körperlich sichtbare und erkennbare Form umzusetzen. Was die Form des Brotes bestimmt, ist der Entwurf und die Vorstellung, die der Bäkker im Sinn hat, wenn er den Teig knetet. Wenn der Bäcker eine runde Form macht, wird das Brot, nachdem es gebacken ist, rund sein. Wenn der Bäcker eine rechteckige Form formt, wird das fertige Produkt ein rechteckiger Brotlaib sein.

Obwohl in der gottgeschaffenen Welt die Kraft steckt zu gären, ist es die geistige Form, die der Mensch selbst bereitet, die die Gestalt der physischen Welt bestimmt. Das Gesetz ist strikt. Weder Leidenschaft noch Haß können die Gestalt der physischen Welt ändern.

Welt als Selbstausdruck

Diese Welt ist eine Welt des Selbstausdrucks. Daher kann jemand, wenn er sein Talent zum Ausdruck bringt, das sowohl einzigartig als auch allumfassend ist und mit dem er als einem eingeborenen begabt ist, daraus ein Gefühl der Freude ziehen. Die Mutter erfährt eine alles einschließende Freude, wenn sie die Liebe zu ihren Kindern vollständig ausdrückt, obwohl die Art, wie mütterliche Liebe ausgedrückt wird, individuell verschieden und einzigartig ist. Daher ist sie ein universeller Ausdruck und dennoch eine einzigartige Begabung. Der Ehemann kann universelle Freude verspüren, wenn er seine Frau vollkommen geliebt hat, obwohl, wie er erweist, seine Liebe von der eines anderen unterschieden ist. Diejenigen, die religiösen Zirkeln angehören, ernten universelle Freude, wenn sie Glauben erfolgreich sowohl in ihren täglichen Erfahrungen als auch in Gesprächen ausgedrückt haben. Diese Erfahrungen und der Glaube jedoch sind allein dem Individuum einzigartig und persönlich zugehörig.

Dem Künstler liegt universelle Freude darin, daß er die Schönheit ausdrückt, so daß er erhoben wird, wenn er die Schönheit vollkommen zum Ausdruck gebracht hat, wenn auch die Mittel und Wege des Ausdrucks bei jedem individuell verschieden sind. Wahrhaftig ist diese Welt eine Welt des Selbstausdrucks, des universellen wie auch des individuellen.

Ordnung der göttlichen Schöpfung

Es ist wahr, daß dies eine Welt des Selbstausdrucks ist, doch müssen Sie daran denken, daß Sie nicht Selbstausdruck auf Kosten des Rechtes anderer auf Selbstausdruck verfolgen dürfen. Sie dürfen ihnen keinen Schmerz oder Kummer bereiten. Das ›Universelle Innere Leben‹, das diese Welt beherrscht und erhält als seinen Selbstausdruck, verlangt vollkommene Harmonie, wo alles und jeder von einer Wurzel ist, wo jedes Leben erhalten und gestützt wird, ohne das Recht anderer auf Glück einzuschränken.

Das Glück anderer zu behindern, weil Sie Ihren Vorteil im Leben suchen, bedeutet daher, gegen die Ordnung der göttlichen Welt zu handeln; das heißt, es würde Sie aus dem Einklang mit der göttlichen Schwingung bringen. Als eine Folge davon würde es Ihnen unmöglich werden, das zu erreichen, was Sie ersehnen. So wird es, selbst wenn Sie zeitweilig Ihren Wunsch verwirklichen sollten, in den Augen Gottes nicht anerkannt werden, so daß früher oder später das, was Sie mit solchen Mitteln erreicht haben, Leiden und Disharmonie in Ihrem Leben verursachen wird.

Gesetz bedingt Einschränkung

Sie können die Schönheit einer Landschaft nicht genießen, solange Sie den Ort nicht wirklich selbst besuchen. Natürlich ist der Weg nicht total verschlossen, da Sie ihre Schönheit im Fernsehen bewundern können oder indem Sie in einen Film gehen, weil Sie dann dafür bezahlt haben. Erwarten Sie nicht, irgend etwas zu erhalten, ohne irgendwie dafür zu bezahlen. Natürlich, manchmal bekommen Sie vielleicht etwas umsonst, aber zu gegebener Zeit müssen Sie in irgendeiner Weise dafür zahlen. Dies ist das Gesetz von Ursache und Wirkung, das Gesetz der Balance.

Das Gesetz erlaubt niemals totale und unbegrenzte Freiheit. Vielmehr bedingt das Gesetz Einschränkungen, was das Funktionieren der Dinge angeht; das heißt, das Gesetz ist eine Bedingung, die den Dingen Grenzen verleiht. Das Gesetz zum Beispiel, daß aus der Verbindung von Sauerstoff und Wasserstoff Wasser entsteht, ist eine Einschränkung, die die Möglichkeit verneint, daß die Kombination von anderen Substanzen als Sauerstoff und Wasserstoff Wasser ergeben könnte.

Trainieren Sie sich selbst im Ausüben des Gesetzes

Das geistige Gesetz ›Was im Geist abgebildet wird, wird in eine sichtbare Form projiziert‹ ist gleichzeitig auch das Gesetz der Begrenzung, das vorschreibt, daß das, was nicht im Geist abgebildet wird, keine irgendwie geartete Form in der physischen Welt annehmen wird. Daher ist es sinnlos, sich das Helle zu wünschen, während man eine dunkle geistige Vorstellung festhält, denn das Gesetz ›Gleich und gleich gesellt sich gern‹ bedingt, daß ›Ungleiches sich nicht mit Ungleichem gesellt‹.

Sie dürfen sich nicht damit begnügen, lediglich das Gesetz zu lernen, sondern müssen immer danach streben, sich in seiner Praxis zu üben. Sie müssen üben, sich den von Ihnen erwünschten Stand der Dinge als bereits existierend vorzustellen. Denken Sie nicht, indem Sie zeitweilig und launenhaft froh gestimmt sind, ohne diese geistige Übung zu praktizieren, könnte sich das materialisieren, was Sie sich im Geiste vorstellen. Sie müssen wissen, daß unter dem bewußten Geist des Menschen das Unterbewußtsein liegt. Selbst wenn Ihr bewußter Geist hochgestimmt sein mag, kann Ihr Unterbewußtsein manchmal von dunklen Vorstellungen bedrängt sein.

Legen Sie die Fundamente für das Ziel

Nichts ist schon jetzt zu einem Ende verdammt. Das Leben ist ewig. Unbegrenztes Gut-Sein ist auf dem Weg, manifest zu werden, also ist es jetzt noch zu früh, um entmutigt zu sein. Die stachlige Schale, die eine Kastanie einhüllt, ist dazu da, um die Frucht zu schützen, bis sie vollständig herangereift ist. Der saure Geschmack einer Tangerine zeigt nicht im geringsten an, daß diese unvollkommen wäre. Er bedeutet nur, daß die Vorarbeiten im Gange sind, die sie alsbald versüßen werden.

Alles, was wir tun müssen, ist, der Führung der uns innewohnenden unendlichen Weisheit vollkommen zu vertrauen, beständig geistigen Frieden zu erhalten, ohne schwankend zu werden, und zu leben und gehorsam zu handeln, wie wir geführt werden. Die Weisheit mag uns manchmal den Weg verlieren lassen, aber am Ende werden wir unseren Bestimmungsort erreichen.

Seien Sie nicht belastet durch die Schuld anderer

Lassen Sie sich nicht beschweren oder ärgern, bloß weil irgendjemand etwas Falsches getan hat, oder verkleinern Sie sich nicht, indem Sie ihn angreifen. Falls Sie Zeit haben, versuchen Sie, statt dessen in seine innere Vollkommenheit zu schauen und zu beten, daß er, da er ein Kind Gottes ist, in Zukunft kein solches Unrecht mehr begehen wird. So kann Ihr Geist leichter im Frieden ruhen.

Es gibt keinen Grund, warum Sie ein Opfer geistiger Unsicherheit werden sollten, nur weil jemand anders im Unrecht ist. Weiter schreibt das Gesetz des Geistes vor, daß Sie, solange Sie in anderen Böses und Fehler sehen und von ihrem Bösen erfaßt werden, falls Sie Haß nähren gegen sie, nur dazu beitragen, ihr Böses nur noch mehr herauszubringen, und ihre schlechten Taten fördern. Wenn Sie ihnen ihr Unrecht vergeben und versuchen, sie von dem Bösen zu befreien, werden jene sich sicherlich ihrerseits ändern und verbessern. Mehr noch, indem Sie das tun, erheben Sie Ihre eigene geistige Statur und tragen dazu bei, Ihre innere Göttlichkeit manifest werden zu lassen wie auch Liebe zu nähren.

Reinigen Sie das Rohr Ihres Bewußtseins

In Ihnen wohnt Gottes unendliche Weisheit, die dieses All und alle lebendigen Kreaturen aus einer unfaßbaren Welt des Vakuums heraus schuf. Egal wie schwer eine Krankheit, die Sie haben, sein mag, diese unendliche Weisheit ist imstande, Sie vollständig wiederherzustellen. Es gibt keine Krankheit, die

Gott mit Seiner unendlichen Weisheit und Kraft nicht heilen und bei der er Ihrem Körper nicht die Gesundheit wiedergeben kann.

Denken Sie nicht, daß Sie Ihr Leiden allein mit der Kraft Ihres Glaubens kurieren könnten, denn Ihre Kraft allein ist nicht genug. Ihre Pflicht als Mensch ist es, selbstlos zu werden, sich selbst von aller Anspannung und allem menschlichen Stolz zu lösen und sich vollkommen in die Hände Gottes zu legen, so daß Gott sein Werk vollständig durch Sie ausführen kann. Der allmächtige Gott wird auf Sie achtgeben. Halten Sie so das Innere der ›Ich selbst‹ genannten Röhre sauber, und ein reiner Strom von Gottes heilender Kraft kann ungehindert in Sie einfließen.

Vertrauen Sie auf den guten Willen anderer

Gottes Liebe, die alles in Harmonie erhält, ist in der gesamten Welt am Werke – in allen Existenzen. Vor allem anderen müssen Sie das glauben, wie chaotisch auch Ihre Umgebung sein mag. Selbst wenn alles in totaler Verwirrung zu sein scheint, ist das nur ein Übergangsprozeß, durch den sich die Welt ewigem Frieden und ewiger Harmonie entgegen bewegt. Die Menschen müssen mehr Vertrauen in den guten Willen der anderen haben.

Bevor Sie die Wahrhaftigkeit und Aufrichtigkeit von Leuten, die für den Frieden arbeiten, in Frage stellen, müssen Sie zuerst daran glauben, daß hinter ihr Gottes Vorsehung von Harmonie am Werk ist. Ohne diesen Glauben wird es kein Ende der Uneinigkeit geben, und die Menschheit wird ständig von der Gefahr von Kriegen bedroht sein. Da Gottes Liebe und Weisheit in jedem Menschen eingeboren verkörpert sind, können sie heraus und zur Manifestation gebracht werden, indem man sie erkennt und lobt.

Gottes auserwähltes Volk

Erneuern Sie Ihren Entschluß täglich, um Ihr gottgegebenes Talent bestmöglich zu nutzen und wirklich von ihm zu leben. Versenken Sie sich mit völliger Hingabe, geistig wie auch körperlich, in das Werk, das Ihnen gegenwärtig zu tun bestimmt wurde. Dann können Sie ein Gefühl der Freude und des Glücks ernten. Es ist wie mit einem Athleten, der bei den Olympischen Spielen kämpft und sein Bestes gibt, sich selbst bis zu den Grenzen seiner Leistungsfähigkeit antreibt, unter vollständigem Verschwinden seines Ego, sein ganzes Sein konzentriert auf das Spiel.

So ist es mit dem Leben. Die Geburt des Menschen in diese Welt bezeugt die Tatsache, daß er ein von Gott gewählter Gesandter ist, der auf Erden eine bestimmte Mission zu erfüllen hat. Wenn er seine Anstrengungen bis zu dem höchstmöglichen Maß übt, wird er wahres Glück davon haben. Sich über das Fehlen von Freude im Leben zu beschweren, ist nur ein Ergebnis davon, daß man nicht sein Bestes tut. Weil Sie versäumen, sich selbst mit ganzer Kraft einzusetzen, schaffen Sie eine Situation in Ihrem Leben, die Ihnen jedes Glückgefühl nimmt.

Was das Rohr des unendlichen Überflusses behindert

Wenn Sie sich eine unbegrenzte Quelle der Versorgung wünschen, dürfen Sie Ihr Denken nicht das Ventil verengen lassen, durch das die unbegrenzte Fülle des Universums fließt. Sie sollten sich nicht wegen der Höhe oder Quelle Ihres Einkommens oder wegen Ihrer Anstellung entmutigen lassen und denken, daß es kein Mittel gäbe, um diese zu verbessern. Da das All gewaltig und grenzenlos ist, gibt es viele andere Möglichkeiten als die, die Sie sehen, die Ihnen den Weg zu höheren Einkünften freimachen werden.

Wenn Sie meditieren, müssen Sie an den Tunnel der Unendlichkeit denken, durch den unbegrenzte Fülle fließt. Nichts anderes als Ihr selbstbegrenzendes Denken hindert ein umfängliches Fließen der Versorgung. Legen Sie augenblicklich dieses Ihr selbstbegrenzendes Denken ab. Lösen Sie sich von der Vorstellung, daß Ihnen, weil Sie ein Gehalt beziehen, kein anderer Weg zu einem Extra-Einkommen offensteht. Derjenige, der sich selbst Schranken auferlegt, erhält nur so viel, wie es seine Selbstbegrenzung vorschreibt.

Unendlichen Reichtum empfangen

Lassen Sie mich Ihnen von einem gewissen Mann mit Einkommen erzählen. Er erkrankte an Tuberkulose, was das Motiv dafür abgab, daß er mit Seicho-No-Ie bekannt wurde. Er hatte einen Arzt aufgesucht, um sich körperlich untersuchen zu lassen. Zu seiner Bestürzung vernahm er, daß in seinem Speichel zahllose Tuberkelbakterien entdeckt worden waren, und so wurde er angewiesen, sich krankschreiben zu lassen. Während seines Krankheitsurlaubs las er sorgfältig und aufmerksam den *Truth of Life.* Er bejahte mit allem Nachdruck, wie es in dem Buch gelehrt wurde, daß er bereits im vollen Besitz der Gesundheit wie auch der unendlichen göttlichen Fülle sei. Als er sich das nächste Mal ärztlich untersuchen ließ, wurden keine Erreger mehr gefunden. Weder ein Salbentest noch ein Kulturtest brachten Bakterien zum Vorschein. Ihm wurde dann erlaubt, seine Arbeit wieder aufzunehmen.

Er fuhr fort, um Gottes unendlichen Reichtum zu beten, weil er wußte, daß er ihm gehörte. Dann gewann er in der Lotterie und erhielt dadurch das Recht, in einem der betriebseigenen Häuser zu wohnen, was eine monatliche Ersparnis von 3000 Yen bedeutete. Mehr noch: Trotz des Krankenurlaubs wurde am Ende des Steuerjahres sein Gehalt um 2000 Yen erhöht.

Gebet um Entfernung von Angst und Streß

Vor allem anderen entfernen Sie aus Ihrem Geist Irrtum, Angst, Streßgefühle und dergleichen. Bejahen Sie während Ihrer täglichen Meditation bewußt, daß Gott die Quelle unendlicher Fülle und unendlichen Lebens ist. Indem Sie das tun, werden Sie fähig sein, alle Verblendung, Angst, Sorgen usw. aus Ihrem Bewußtsein zu vertreiben. Meditieren und beten Sie wie folgt:

»Gott ist unendliches Leben und unendliche Fülle. Da ich ein Kind Gottes bin, versorgt Gott mich immer mit unendlichem Leben und unbegrenztem Überfluß. Daher werde ich stets gute Gesundheit und überreiche Fülle genießen. Immer unter dem Schutz Gottes, kenne ich weder Kummer noch Angst. Mein Bewußtsein ist stets von hochgestimmten und lichten Gedanken erfüllt. Ich bin ein Rohr, durch das Gottes Leben und Güter unbegrenzt fließen.«

So zu meditieren und zu beten, wird dazu beitragen, Angst und Sorge zu entfernen. Es wird Sie auch befähigen, ein geheimnisvoller Kanal für den Fluß des göttlichen Guten zu werden und von dort zu erhalten, was immer in Ihrem täglichen Leben vonnöten ist.

Keine Erfahrung ist umsonst

Beklagen Sie nicht, was in der Vergangenheit geschehen ist. Die Vergangenheit ist wie der Kokon, dem die Seidenraupe entwachsen ist, oder wie die hohle äußere Hülle, die eine Zikade abgelegt hat. Was für eine Form auch die Muschel der Vergangenheit gehabt haben mag, sie hat nichts mit dem zu tun, was Sie heute sind. Was wirklich wichtig ist, ist nicht die Muschelform der Vergangenheit, von der Sie sich entkleidet haben, sondern wie Ihre Seele wuchs und sich entwickelte, während sie in dieser Muschel war.

Es gibt kein absolutes Minus im Leben, egal wie zahlreich die Fehler sind. Edison hatte schließlich Erfolg mit der Erfindung einer Glühbirne, nachdem er in 1100 Experimenten Fehlschläge erlebt hatte. Es wird von ihm gesagt, daß er diese 1100 erfolglosen Versuche nicht als Fehlschläge, sondern als Fortschritt bezeichnete, weil er aus ihnen die Werte erhielt, die Auskunft darüber gaben, welcher Vorgang welche Ergebnisse hervorbringt.

Die Vergangenheit ist der Dünger geistiger Entwicklung

Halten Sie nicht klagend an den Fehlschlägen und Fehlern Ihrer Vergangenheit fest. Da Er allen Staub und menschliche Abfälle zu Dünger klärt, der gute Ernten erzeugt, läutert Gott auch alle Mißerfolge und Fehler der Vergangenheit und macht sie zu Dünger, um eine gute geistige Ernte zu erzielen. Fehler, die Sie in der Vergangenheit gemacht haben, dienen als eine Hilfe, um

Ihre Sicht des Lebens zu vertiefen, Ihren Standpunkt zu erweitern und die wahre Bedeutung des Lebens zu erkennen.

Aus dieser Sicht wird Ihnen die Vergangenheit helfen, Ihre geistige Verwirrung, Angespanntheit und negative Einstellung wie auch übermäßigen Streß zu beseitigen. Sie wird Ihren Geist mit Frieden, Harmonie und Liebe füllen, und Sie können wahrhaft geistig von Ihren vergangenen Erfahrungen profitieren. Seien Sie auch tolerant den Fehlern anderer gegenüber. Durch scheinbare Fehler ist es möglich, daß sich alle Menschen, Sie selbst wie auch andere, geistig entwickeln.

Weiser Weg zu geben

Indem Sie die Verfehlungen anderer zuerst vergeben und anderen großzügig von sich selbst geben, werden auch Sie überreich Liebe und Leben von Gott empfangen. Geben Sie alles und strengen Sie sich an, soviel Sie können, um zum Wohlergehen der Menschheit beizutragen. Da Ihre Fähigkeiten, materiellen Rückhalte, Ihre Zeit und Ihre geistige wie körperliche Energie allesamt in Gott ihren Ursprung haben, müssen Sie sie der Menschheit in dem Bemühen widmen, dieser Welt Gottes Herrlichkeit zu bringen. Zuerst zu geben, was Sie besitzen, um Gottes Herrlichkeit zu verwirklichen, stellt einen Hauptfaktor dar, der zu Ihrer Gesundheit und Ihrem Wohlergehen beiträgt.

Es taucht dann die Frage auf, wann, wo und was Sie geben sollten, auch wem, und wie Sie dabei zu Werke gehen. Um die Antwort zu erfahren, beten Sie aufrichtig zu Gott, erfassen Sie den Strom der göttlichen Weisheit, und folgen Sie dann seiner Führung. Um weise zu geben, ist es unbedingt notwendig zu beten: »O Gott, enthülle mir, wie, wo und wann ich wem meine Besitztümer geben soll und auf welche Weise.«

Gebet, um Krankheit zu heilen

Falls Sie krank sind, sollten Sie Ihre Gedanken nicht auf Ihren körperlichen Zustand konzentrieren. Statt dessen müssen Sie alle geistige Aufmerksamkeit auf Ihr vollkommenes Selbst richten, wie es von Gott als Sein Kind geschaffen wurde, jenseits der körperlichen Symptome der Krankheit. Es ist wesentlich, daß Sie sich selbst geistig als bereits geheilt und vollkommen gesund abbilden und dieses Bild in Ihrem Bewußtsein behalten. Beten Sie wie folgt:

»Gottes vollkommenes Leben ist mein wahres Selbst. Nur das Vollkommene der gottgeschaffenen Welt ist wirkliches Sein. Da Gott vollkommen ist, ist auch das Leben in mir vollkommen. Da es kein anderes Sein als das Vollkommene gibt, ist mein ganzes Sein, sowohl körperlich wie auch geistig, nichts anderes als vollkommen. Daß, was wirklich existiert, vollkommen ist, bedeutet, daß mein gesamtes Sein gesund ist, körperlich wie geistig. Das, was den Anschein der Unordnung erweckt, ist bloß ein Schatten, der von meiner Verblendung hervorgerufen wurde, die in Unkenntnis der Vollkommenheit der göttlichen Welt war. Verblendung löst sich auf, wenn man die Wahrheit erkennt. Da ich nun durch das Licht der göttlichen Weisheit erleuchtet bin, ist mein Irrtum verschwunden. So ist auch die Krankheit, das Nebenprodukt meines Irrtums, verschwunden.«

Die Versuchung, pessimistisch zu denken

Gott hat dem Menschen vollständige Freiheit gegeben. Wenn Sie sich dieser Wahrheit zuwenden, werden alle Einschränkungen und Begrenzungen verschwinden, die Sie binden könnten. Für diejenigen, die in ihrem Umgang mit den Dingen ihr Augenmerk auf negative und pessimistische Aspekte richten, gibt es keinen Erfolg. Selbst wenn Ihre Arbeit zeitweilig an einen toten Punkt gekommen zu sein scheint, wird Sie der Glaube daran, daß Gott immer bereithält, was Sie an Führung brauchen, unerwartet vor eine neue Möglichkeit führen, wie Sie Ihre Erträge steigern können. Das wird es Ihnen ermöglichen, mehr Geld zu verdienen, als mit Ihrer normalen Tätigkeit und den Betrag auszugleichen, den Sie verloren.

Wenn pessimistische Gedanken in Ihrem Bewußtsein aufsteigen, meditieren und bejahen Sie wie folgt: »Da Gott mein Vater ist, der für mich alles bereithält, was ich suche, muß sich mir ein neuer Weg öffnen. Gott versorgt mich mit unbegrenzter Weisheit und zeigt mir den Weg.«

Löschen Sie die Idee eines Versagens aus

Selbst wenn Ihr Geschäft fehlgeschlagen zu sein scheint, müssen Sie wissen, daß es in Wahrheit nirgends Versagen gibt. Je mehr Sie an dem Gedanken eines Versagens haften, desto mehr Ereignisse, die einem Versagen gleichen, werden nach dem geistigen Gesetz ›Gleich und gleich gesellt sich gern‹ stattfinden. Wenn Sie einen Fehlschlag in einen Erfolg verwandeln wollen, müssen Sie nur einfach die Vorstellung von einem Versagen von der Tafel Ihres Bewußtseins löschen.

Jesus sagte: »Widersetzt euch nicht dem Übel«, und: »Wenn irgendeiner dich verklagen und dir deinen Mantel nehmen will, laß ihn auch noch deinen Umhang nehmen.« Er meinte, daß das Böse, da es keine wirkliche Existenz hat, selbst wenn es anzuwachsen scheinen mag, sich tatsächlich von selbst auflösen wird, wenn Sie sich ihm nicht widersetzen. »Das Negative wird sich mit Sicherheit ins Positive verwandeln«, daher muß sich die Dunkelheit auflösen, wenn die Zeit gekommen ist.

Der Projektor des Bewußtseins

Jemandes Mißerfolg darin, seine Wünsche und Vorstellungen zu materialisieren, kann auf seine Unfähigkeit zurückgeführt werden, sein Bewußtsein in eine Form zu schmieden, die einer Materialisierung günstig ist. Das heißt, der Projektor seines Bewußtseins ist nicht ganz richtig eingestellt oder vorbereitet, um das unendliche Gute, das inhärent im Universum vorhanden ist, auf den Bildschirm der körperlichen Ebene zu projizieren.

Egal was für ein Fehlschlag, jedes in der körperlichen Welt an sich erkennbare individuelle Versagen ist nicht zu bedeutend oder wichtig. Entscheidend ist vielmehr, daß der Bewußtseinszustand, der das Versagen herbeiführte, immer noch unverändert bleibt. Solange man nicht seine auf Versagen programmierte Mentalität aus dem Unterbewußten löscht, wird man fortfahren, ein zweites und drittes Mal zu versagen und viele weitere Male mehr. Versuchen Sie jeden Tag, noch hellere und bessere Gedanken als gestern in die Welt des Heute hinein auszudrükken, denn das wird allmählich dazu beitragen, den Zustand Ihres Unterbewußtseins zu bessern.

Bedingungsloser Dienst an der Menschheit

Wenn Sie eine künftige Besserung Ihres Geschäftes anstreben, ist es von entscheidender Wichtigkeit, daß Sie Ihren Geist in gutgelaunter und freudiger Stimmung erhalten. Da Gott Licht und Freude ist, sind Fröhlichkeit und Freude unverzichtbare Zutaten, wenn man sich auf Gottes Schwingung einstimmen und Seine Segnungen empfangen will. Nachdem Sie Ihr Bewußtsein auf diese Weise vorbereitet haben, müssen Sie dann Dankbarkeit aufbringen für die Segnungen, die Ihnen bisher zuteil wurden. Weiter in Bedrücktheit zu verharren und tagelang über Fehler der Vergangenheit zu trauern, wird nichts außer weiteren Fehlschlägen zur Folge haben.

Das nächste, was Sie tun müssen, ist daher, im Geist zu bejahen: »Gott ist mein Vater, die Quelle unendlicher Fülle.« Erzeugen Sie daraufhin in Ihrem Bewußtsein ein starkes, überzeugendes Gefühl, daß Gottes unendlicher Überfluß bereits in Ihren Händen ist und sich tatsächlich einer Verwirklichung in der körperlichen Welt nähert. Wichtig ist außerdem auch, daß Sie der Menschheit vorbehaltlos nützen und dienen und dabei an Mitteln gebrauchen, was immer Ihnen in Ihrer gegenwärtigen Lage zur Verfügung steht.

Wie man Gottes Schätze empfängt

Die Hauptursache, die zu Fehlschlägen führt, ist vor allem eine ungesunde Haltung, die der einzelne täglich unbewußt nährt – sie liegt in seiner Sicht Gottes, des Lebens, zwischenmenschlicher Beziehungen usw.

Menschen suchen solche Dinge wie Geld, materielle Besitztümer, Unterstützung durch andere, Gesundheit, enge Freunde, die dem anderen Geschlecht angehören usw., aber für sich genommen sind all diese Dinge bloß Fragmente, nicht der wesentliche Teil des Ganzen. Trotz der Tatsache, daß dem Menschen das Ganze bereits in der gottgeschaffenen Welt gegeben ist, neigen die Menschen dazu, statt ein Rohr für den Strom des Ganzen zu werden, jedes einzelne Fragment zu suchen. Dies ist kein Weg, seine Wünsche zu erreichen, weil bei dem Versuch, etwas zu empfangen, das Hauptrohr blockiert ist und nur die Hilfsröhren benutzt werden. Solange man nicht ein richtiges Verständnis von Gott gewinnt und dann die geistige Beziehung normalisiert, so daß sie so ist wie die zwischen einem Mann und seiner Frau, kann man nicht erwarten, das Hauptrohr zu öffnen, aus dem die göttlichen Schätze empfangen werden können.

Gedanke und Wirklichkeit

»...jeder gute Baum bringt gute Frucht hervor; aber ein fauler Baum bringt schlechte Frucht. ... An ihren Früchten sollt ihr sie erkennen.« So lehrte Jesus. In der Tat kann man sagen, daß das unglückliche und schlechte Schicksal eines Individuums Zeugnis davon ablegt, daß sein Denken nicht ganzheitlich oder richtig ist, weil der Gedanke die Ursache, die Realität aber seine Wirkung ist.

Zu sagen, daß sein Denken nicht ganzheitlich oder richtig ist, bedeutet, daß sein Denken nicht das ist, das in seinem wahren, ursprünglichen Sein, wie es von Gott geschaffen wurde, seinen Ursprung hat. Mit anderen Worten: Sein Bewußtsein ist mit Geschehnissen der physischen Welt beschäftigt und trägt in sich ein geistiges Bild des Unvollkommenen, das in der gottgeschaffenen Welt nicht wirklich existiert. Man sollte mehr Bemühen daran wenden, Gottes Helligkeit in das eigene Bewußtsein zu saugen und die vollkommene Harmonie mit allen Dingen in Gottes Welt wiederzufinden im vollständigen Abtun von Haß auf andere. Dann wird das Unvollkommene aus der körperlichen Welt verschwinden, und die vollkommenen Seiten der gottgeschaffenen Welt werden auf die Welt herabkommen und wie im Himmel manifest werden.

Dornige Gedanken und Gefühle

Ein Versuch, die Gesundheit wiederzuerlangen, muß zuerst mit Selbstkritik beginnen. Das heißt, Sie müssen die Gedanken und Gefühle überdenken, die Sie den Menschen um Sie herum gegenüber hegen – ob sie Dornen oder Blumen enthalten, ob sie befleckt sind von einer Neigung, zu leicht die Fehler anderer wahrzunehmen, und ob Ihr Bewußtsein den Geist der Kritik und des Hasses in sich trägt.

Wenn Sie dornige Gedanken und Gefühle in sich bergen, müssen Sie diese durch ein Gefühl der Harmonie ersetzen. Falls Sie eine ablehnende Haltung in sich entdecken, müssen Sie sie durch Liebe und Vergebung ersetzen. Wenn Sie sich verärgert fühlen, müssen Sie ruhig werden und versuchen, in die Schönheit und Vollkommenheit der Welt Gottes zu schauen, die der Grund von allem ist, ohne von den Geschehnissen in der körperlichen Welt zu sehr betroffen zu werden. Wenn Sie frustriert sind, müssen Sie während des *Shinsokan* bejahen, daß »in Gottes Welt alle Dinge im Überfluß« sind, und tief über die Welt der Harmonie kontemplieren, worin alle Ihre Wünsche befriedigt sind, und alle Frustration aus Ihrem System entlassen.

Alles ist Ihr Verbündeter

Die Vollkommenheit der gottgeschaffenen Welt ist bereits in Ihnen. Weiter noch, in Ihrer wahren Natur, wie Gott sie geschaffen hat, sind Sie Gott selbst und daher heilig. Da Ihre wahre Natur in und mit Gott ist, sind Sie ein ewiges Sein, das nicht als eine bloße körperliche Existenz geboren wurde. Als ein geistiges Wesen, das ungeboren in einem Körper ist (obwohl gleichzeitig als ein körperlicher Mensch existierend), kennen Sie weder Anfang noch Ende. Sie sind unsterblich.

Sie sind in Ihrem wahren Wesen Gott und eins mit dem Schöpfer Gott, daher sind Sie in Harmonie mit allem. Da Sie so in Harmonie mit allen Dingen sind, ist alles ein Verbündeter. Die Erkenntnis dieser Wirklichkeit in Gottes Welt – daß alles Ihr Verbündeter ist – sollte dann alle Furcht von Ihnen lösen.

Wenn es nichts mehr gibt, was Ihnen Furcht einflößen könnte, können Sie vollkommenen geistigen Frieden bewahren. Frieden des Geistes andererseits wird zur Folge haben, daß rechte und ganzheitliche Weisheit aufquillt und Sie zu richtigen Handlungen führt, die Ihren Bedürfnissen, Ort und Zeit angemessen sind. Alles wird so beginnen, sich zu Ihrem Vorteil zu wenden.

Erzeugung einer frohen, hellen Atmosphäre

Einer der Schlüsselfaktoren, die in jedem Betrieb zu Wohlstand führen, ist eine Atmosphäre unter den Beschäftigten, die aufgrund strahlender Hoffnungen vibriert. Gerade wie die Leute von den hellerleuchteten Straßen der Ginza angezogen werden und Insekten sich um ein Licht sammeln, genießen es die Menschen wie auch andere Lebewesen, an einem hellen Ort zusammenzukommen. Eine dunkle, düstere Atmosphäre stößt lebensvolle Wesen ab, vertreibt sie und zieht nur unerfreuliche Kreaturen der Finsternis an. Außerdem verringert cine düstere Atmosphäre die Ergiebigkcit der Arbeit der Beschäftigten, setzt die Zahl der Kunden herab und verursacht unter Umständen die Schließung des Geschäfts. Es muß daher gesagt werden, daß das Verschwinden des Lächelns vom Gesicht der Angestellten und der Blick kalter, düsterer Bedrücktheit anzeigen, daß sich das Geschäft allmählich einem Ende nähert.

Im Seicho-No-Ie-Training-Center in Tobitakyu bei Tokyo senden wir um 4.50 Uhr morgens die angenehme Melodie ›Kuckuckswalzer‹, so daß die Hörer durch die Musik und mit der Musik erwachen, bevor sie von neuem an den Tag herangehen. Man kann sagen, daß dies einer der vielen Faktoren ist, denen die Genesung vieler, die krank waren, als sie zum Center kamen, zuzuschreiben ist; und auch ist dies etwas, was vielen ein Gefühl von Sinn in ihrem Leben gibt. Wenn jeder Tag mit froher Musik beginnt, die dazu beiträgt, daß die Stimmung der Angestellten gehoben wird, bevor sie mit Kunden in Berührung kommen, wird das ohne Zweifel Tausende von Kunden anziehen. Und außerdem, wenn diese angenehme Atmosphäre das Büro durchdringt, wird das zu ergiebiger und effektiver Durchführung der Arbeit beitragen und die Produktivität selbst bei solchen Arbeiten steigern, die kompliziert sind und minuziöse Feinarbeit erfordern.

Versetzen Sie jeden Morgen den Geist in Hochstimmung

Die Entschlüsse, die man zu Neujahr faßt, beziehen sich auf Pläne für das Jahr. In ähnlicher Weise spielt der Morgen eine Schlüsselrolle bei der Entscheidung, wie der Tag sein wird. Wenn Sie daher am Beginn jedes Morgens Ihren geistigen Zustand in Freude kräftigen und nötige Verbesserungen vornehmen, um mit der Freude gleichzuschwingen, wird sich ein frohes Vorhaben nach dem anderen im Verlauf des Tages verwirklichen. Wenn Sie versäumen, morgens als erstes Ihr Bewußtsein freudig zu stimmen, und sich erlauben, bedrückt und mit unerfreulichen Gefühlen der Zwietracht belastet zu sein, werden unangenehme Ereignisse den ganzen Tag lang auf dem Programm stehen.

Das menschliche Bewußtsein ist wie ein Radiosender, und gleichzeitig ist es wie eine Empfangsstation. Wie ein Fernsehgerät setzt es die geistigen Schwingungen, die es empfängt, um und bringt sie in eine sichtbare, faßliche Form im wirklichen Leben. Das All ist wie ein Reservoir, das verschiedene geistige Schwingungen auf Lager hat, die in der Vergangenheit bereits gesendet wurden oder die gerade jetzt gesendet werden. So kann man, je nachdem, auf welche Schwingung man sein geistiges Fernsehgerät einstellt, entweder Glück oder Unglück, Erfolg oder Versagen materialisieren.

Atmosphäre im Büro

Menschen wie der Präsident, Abteilungsleiter oder Gruppenleiter einer Gesellschaft oder eines Versandhauses halten in ihren Händen die Macht, den geistigen und gefühlsmäßigen Zustand ihrer Angestellten und Untergebenen zu beeinflussen. Ein einziges Wort, ein Brauenrunzeln oder Lächeln genügt, um diejenigen, die unter ihnen arbeiten, zu berühren. Sie sollten davon Abstand nehmen, ihre Angestellten oder Untergebenen am Morgen mit harten Worten zu rügen. Am Anfang jedes Tages sollten sie Ermutigung schenken, indem sie jenen zuerst die

Tatsache ins Bewußtsein rufen, daß das Geschäft eine großartige Zukunft erwartet, und ihnen helfen, das Licht vor ihnen zu erkennen, so daß sie ein Gefühl der Freude darüber haben, daß sie Teil des Unternehmens sind, und das Gefühl entwickeln, daß sich ihr eigenes Glück mit dem Fortschritt der Gesellschaft entwickeln wird. Solches Handeln wird das Geschäft zweifellos zu Wohlstand führen und auch das Schicksal der Arbeitenden verbessern auf der Grundlage des geistigen Gesetzes: »Das, was im Geist abgebildet wird, manifestiert sich ausnahmslos in der körperlichen Welt.«

Der Präsident einer Gesellschaft oder der Inhaber eines Lagerhauses sollte bei den Arbeitern niemals den Eindruck erwekken, daß sie da seien, um Verweise zu bekommen. Im Gegenteile, sie sollten ihre Wertschätzung und ihre Dankbarkeit zum Ausdruck bringen und so versuchen, eine Arbeitsumgebung zu schaffen, die Wärme ausstrahlt.

Arbeit – Quelle der Erfüllung

Wenn die Arbeitsumgebung nicht eine angenehme Atmosphäre einschließt, werden Angestellte Interesse und Begeisterung verlieren und sogar beginnen, ihre Arbeit als bloß zeitlich begrenzt anzusehen; sie werden nicht lange bei ihrer Tätigkeit bleiben. Dies wird dann zu einem Verlust des Interesses an der Arbeit und der Hingabe an sie führen, und demzufolge wird der Dienst am Kunden nicht aufrichtig und hingebungsvoll sein. So würde das Unternehmen nicht wachsen oder Fortschritte verzeichnen. Umgekehrt gesagt, solange die Angestellten nicht ein Gefühl der Erfüllung und der Vollendung in der Arbeit entwikkeln, das heißt ihrer Arbeit Bedeutung beimessen, und gewillt sind, sich ihr für den Rest ihres Lebens zu widmen, kann eine Gesellschaft oder Vereinigung nicht wirklich gedeihen.

Verhältnis zwischen Arbeitgeber und Angestelltem

Präsidenten und Abteilungsleiter von Gesellschaften und Inhaber von Lagerhäusern, die ihre Angestellten und Untergebenen als Glieder ihrer Familien betrachten, sie lieben und umsorgen und das Glück von deren Familien als ihr eigenes ansehen, können nicht anders als gedeihen. Sie sollten eine Liebe in sich fassen, die tief genug ist, um betroffen zu sein, als ob ein eigenes Kind krank sei, wenn ein Angestellter erkrankt, und sie sollten Anteilnahme zeigen, indem sie im Krankenhaus nach ihm fragen oder ihm ein Geschenk schicken. Wenn der Präsident so beschäftigt ist, daß er nicht die Zeit aufbringen kann, ihn zu besuchen, sollte er wenigstens von sich aus einen Vertreter schicken und sein Fernbleiben erklären.

Aufgrund eines solchen Verhaltens werden Angestellte ihrem Arbeitgeber treu verbunden bleiben, und sie werden sich uneingeschränkt dem Gedeihen des Unternehmens widmen. Wo dieses starke, von Liebe genährte Band zwischen Arbeitgeber und Angestellten besteht, findet selbst der Gedanke an einen Streik keinen Raum. Im Gegenteil, die Angestellten werden in Zeiten schwacher Konjunktur sich freiwillig melden, um vor oder nach der regulären Arbeitszeit noch Überstunden zu machen.

Das Ausdrücken von Liebe von seiten des Arbeitgebers

Ein Unternehmen gehört weder dem Arbeitgeber noch den Angestellten allein, sondern es ist eine Organisation, die aus Faktoren wie Kapital, Management, Arbeitskraft und intellektuellen Kräften zusammen besteht. Wenn das Gefühl der Einheit verlorengegangen ist, beginnt die Stärke des Unternehmens daher zu schwinden. So ist es wichtig, daß das Management eines Geschäfts sich auf die Philosophie gründet, daß Wohlstand des Unternehmens auch Wohlstand der Beschäftigten bedeutet. Vom Management muß deshalb jede Vorstellung aufgegeben werden, die die Angestellten nur als Teil einer Waren erzeugenden Maschine sieht. Die gesamte Arbeitsumgebung sollte daher sorgfältig gestaltet werden, damit sie in sich eine Atmosphäre des Glücks faßt.

Es ist eine gute Idee, daß der Präsident oder Abteilungsleiter die Angestellten von Zeit zu Zeit während der Tee- oder Kaffeepause mit einem besonderen Kuchen oder einer bevorzugten Behandlung beschenkt, um ihr Interesse neu zu wecken. Dies ist ein Ausdruck von Liebe und wird dazu beitragen, die Arbeitsumgebung angenehm zu gestalten.

Füllen Sie das Bewußtsein der Angestellten mit Freude

Eine Arbeitshaltung und -umgebung, die mit Freude erfüllt sind, tragen dazu bei, die Arbeitserträge und die Qualität der Produkte zu steigern, die Gesundheit der Angestellten zu verbessern und nebenbei das Wachstum der Gesellschaft oder des Magazins zu fördern. Wo ein ehrlicher Versuch unternommen wird, die Laune der Beschäftigten zu heben und sie durch ein Gefühl der Freude in ihrem Arbeiten zu motivieren, haben Arbeitsprobleme und Streiks keinen Platz.

Versuchen Sie nicht, die Produktivität zu steigern und die Effektivität zu erhöhen, indem Sie Druck ausüben oder strafen. Genaues Arbeiten und eine aufrichtige Einstellung zur Arbeit können nicht erwartet werden, wenn Druck von oben ausgeübt wird. Nur wenn jemand an seiner Tätigkeit Freude hat und dazu bereit ist, mit aller Kraft zu arbeiten, kann er Ergebnisse erzielen, die wirklich gut und effizient sind. Die Angestellten daher sich unbehaglich fühlen zu lassen, würde bedeuten, ihren Arbeitsertrag zu verringern, so als ob man ein Radlager statt mit Öl mit Sand schmieren wollte. Das wird die Wirksamkeit absinken lassen und vielleicht die Maschine zum Zusammenbruch führen.

Drei Wünsche menschlicher Wesen

›Ölen‹ Sie die Seelen der Angestellten mit Freundlichkeit, Gedenken und Erkenntlichkeit gegenüber dem Wert ihrer Arbeit. Loben und belohnen Sie sie zum Entgelt für ihr Wirken. Außerdem ist es gut, bei jedem die Erkenntnis zu erneuern, daß er sowohl der Gesellschaft wie auch der Menschheit einen großen Dienst erweist.

Es gibt drei Grundbedürfnisse, die für menschliche Wesen lebenswichtig sind:

1. die Sehnsucht, geliebt zu werden,
2. der Wunsch nach Anerkennung,
3. der Wunsch, anderen zu helfen.

Wenn man durch das Wissen abgesichert ist, daß man von seinen Vorgesetzten geliebt und anerkannt wird und daß das, was man tut, dem Wohl des Unternehmens und der Menschheit dient, dann wird die Frage der wirklichen Belohnung unbedeutend und unwichtig. Wie ein Sprichwort sagt: »Der Mensch stirbt für die Person, die er kennt.« Wenn der Arbeitgeber die vollkommen aufrichtige Natur der Angestellten kennt, ihre Ehrlichkeit erkennt und auch ehrt, werden sie schließlich alle ernsthaft für das Wachstum und Gedeihen des Unternehmens arbeiten.

Liebe ist die größte Investition

Diejenigen, die das Unternehmen führen, sollten von ihren Untergebenen nicht furchtsam betrachtet werden, aber sie sollten auch nicht lächerlich gemacht oder verachtet werden. Ihre Waffe sollten geistige Tugenden sein, die stark genug sind, um den Respekt ihrer Untergebenen zu gewinnen. Nicht nur das: Unverzichtbar für sie ist Liebe, die tief genug ist, um deren Zuneigung und Loyalität anzuziehen.

Sollte ein Untergebener einen Fehler machen oder in Schwierigkeiten geraten, so sollte sein Vorgesetzter verständnisvoll genug sein, um ihm zu vergeben, statt ihn zu rügen, mit ihm fühlen und ihm helfen, die Schwierigkeit zu überwinden. Ein aufrichtiges Gefühl der Sympathie, das aus der Tiefe seines Herzens kommt und auf Liebe gründet, bringt den Untergebenen seinem Vorgesetzten näher und verstärkt das Gefühl der Einheit. Es hilft auch, ein starkes und enges geistiges Band zwischen den beiden zu schaffen. Es gibt einfach keine größere Investition für ein Unternehmen als die, sich bei den Arbeitern der Liebe und Treue zu versichern. Liebe ist in der Tat die größte Investition, die es gibt, um die Geschäfte zu verbessern.

Wenn ein Angestellter einen Fehler macht

Es wäre so einfach für einen Vorgesetzten, seinen Untergebenen zu maßregeln, wenn etwas schiefgeht, da beide im Effekt nicht den gleichen Status innerhalb der Gesellschaft haben. Sollten beide Teile gleichgestellt sein, dann mag es, wenn der eine den andern zurechtweist, als eine freie Meinungsäußerung angesehen werden, und daher braucht es nicht unfair oder feige zu sein, den anderen scharf zu kritisieren. Wenn die Beziehung jedoch nicht gleichwertig ist, wie die zwischen einem Vorgesetzten und seinem Untergebenen, würde es von seiten des Vorgesetzten unfair sein, seinen Untergebenen mit harten Worten zu verletzen.

Selbst wenn der Untergebene einen Fehler gemacht hat, kann ein Verweis mit Sarkasmus, Zorn oder Verachtung nicht wieder zurechtrücken oder wiedergutmachen, was geschehen ist. Ganz allgemein: Wenn jemand sich irrt, bedauert er das selber tief und sagt sich selbst mit aller Entschlossenheit, daß er den gleichen Fehler nicht noch einmal machen wird. Wenn er zu so einer Zeit daher kalte und zornige Worte empfinge, würden sich sein Bedauern und seine Überlegung gegenteilig in Widerstand und Gegnerschaft verwandeln.

Einen Minderwertigkeitskomplex überwinden helfen

Wenn jemand einen Fehler macht, zieht er sich sehr leicht in Selbsterniedrigung zurück, wobei er sich selbst verringert und einen Minderwertigkeitskomplex entwickelt, und er ist darauf vorbereitet, von seinem Vorgesetzten gerügt zu werden. Zu solchen Zeiten würde ihn die Tröstung mit warmen und mitfühlenden Worten durch seinen Vorgesetzten anstatt einer Anklage sehr erleichtern. Im Gefühl, ihm etwas zu schulden, würde er Liebe zu ihm entwickeln. Er kann sogar versuchen, noch mehr zu arbeiten, um ihm seine Freundlichkeit und Liebe zurückzuerstatten.

Wenn jemand entmutigt und niedergedrückt ist, kann er keine gute Arbeit liefern. Wenn Sie daher sehen, daß jemand in

Bedrängnis ist und an einem Minderwertigkeitskomplex leidet, nachdem er einen Fehler gemacht hat, sollten Sie ihm eine helfende Hand reichen, damit er sein Vertrauen wiedergewinnen kann, indem Sie ihn mit warmen Worten ermutigen. Kalt und hart zu sein, als ob er ein Sklave wäre, wird nichts bewirken, als den Arbeitenden dazu zu bringen, sich mit einer ähnlich harten Haltung zu rächen. »Gib, und dir wird gegeben werden.«

Warme, überlegte Worte von einem Vorgesetzten

Wenn sie totale und vollständige geistige Freiheit haben, werden Menschen ein Gefühl der Verantwortlichkeit entwickeln und ernsthaft arbeiten. Der Arbeitgeber sollte einen ehrlichen Versuch machen, das Glück und das Wohlergehen seiner Angestellten zu sichern und sie als seine Söhne und Töchter betrachten. Ehrlichkeit zieht Ehrlichkeit an, Herzlosigkeit Herzlosigkeit. Es braucht daher nicht betont zu werden, daß selbst in einer Eltern-Kind-Beziehung, wenn die Eltern kaltherzig sind, die Kinder nichts von ihnen halten und sie unfreundlich behandeln werden. Wenn ein Kind die Liebe seiner Eltern spürt, kann es sich unmöglich gegen sie wenden.

Normalerweise haben die meisten Arbeiter nicht viel Geld und kämpfen um ihr Auskommen. Wenn sie zusätzlich noch harte und unfreundliche Behandlung durch ihre Vorgesetzten erfahren, fühlen sie sich vollständig verloren. Der Arbeitgeber und die für das Management Verantwortlichen müssen lernen, die Härten zu begreifen, denen die Arbeiter gegenüberstehen, und versuchen, ihre Probleme zu verringern. Sanfte Worte, eine mitfühlende Haltung und bedachte Behandlung durch die Vorgesetzten werden die Herzen der Arbeiter erwärmen und ihre Laune heben. Man kann anderen Liebe geben, egal in welcher Stellung sie sind.

Wer raubt, der wird beraubt werden

Präsidenten von Gesellschaften und diejenigen, die Unternehmen verwalten, sollten nicht egoistisch oder gierig sein. Der richtige Weg ist, zusammen mit den Arbeitern Wohlstand zu genießen. Auf den Versuch, Reichtum auf Kosten der Arbeiter zu gewinnen, würden die Arbeiter mit Sabotage und Streik reagieren, gemäß dem Gesetz: ›Die rauben, werden beraubt werden.‹

Außerdem wird, wenn Arbeiter ihren Vorgesetzten und dem Management nicht wohlgesonnen sind, selbst wenn sie nicht offen ihre Zuflucht zu Streik oder Sabotage nehmen, ihr Arbeitswille nachlassen. Das wird dazu führen, daß sie Maschinen, Ausrüstung und verschiedene andere Arbeitsmittel ohne Sorgfalt behandeln und Sicherheitsvorkehrungen vernachlässigen. Das Zusammentreffen dieser Umstände kann unter Umständen eine unerwartete Katastrophe verursachen. Ein ausbrechendes Feuer erscheint häufig als eine Manifestation eines geistigen Zerwürfnisses zwischen den Leuten. Um ein sorgfältiges und vorsichtiges Verhalten bei ihrer Arbeit zu erzeugen, ist nichts wirksamer und machtvoller als Freundlichkeit und Fürsorge für die Arbeiter seitens des Managements.

Wie die warme Sonne

Wenn Pflaumenzweige, die man in einer Vase in die äußere Halle gestellt hat, wegen der Wärme und des Sonnenscheins einige erste Knospen zeigen, sind die Knospen auf dem Pflaumenbaum im Garten immer noch hart, mit Reif bedeckt. Wo Liebe ist, öffnet sich das Leben von innen heraus. Wenn man andererseits mit jemandem in Berührung kommt, der ein Herz hat so kalt wie ein strenger Winterwind, werden das eigene Herz und die Seele natürlich dicht verschlossen bleiben, niemals sich öffnen. Normalerweise ist es Menschen unmöglich, treu für jemanden zu arbeiten, der kalt und grausam ist. Es ist auch in hohem Grade unwahrscheinlich, daß Leute in ihrer Arbeit sorgfältig sein können, wenn ihr Arbeitgeber niederer Gesinnung und geizig ist.

Jenen, die Liebe geben, wird Liebe wiedergegeben werden. Die, die guten Willen zeigen, werden guten Willen erfahren. Die Respektvollen werden Respekt erhalten. Die Freundlichen werden Freundlichkeit empfangen. Wenn Sie sich daher wünschen, von Ihren Arbeitern geliebt und geachtet zu werden und von ihnen erwarten, daß sie sorgfältig und treu arbeiten, müssen Sie diese Tugenden zuerst ihnen geben. Es ist wirklich bedauerlich, daß viele von denen, die im Management tätig sind, diese Wahrheit bis jetzt noch nicht erkannt haben.

Leben ist ein Echo

Die Welt ist ein Spiegel und das Leben ein Echo. Die Welt antwortet Ihnen mit genau dem selben Ausdruck, den Sie in Ihrem Bewußtsein tragen, und das Leben mit exakt dem gleichen Echo wie die Schwingung Ihrer Gedanken. Wenn Sie einem Spiegel gegenüberstehen und Ihre Hand zum Schlag erheben, wird auch die Gestalt im Spiegel ihre Hand in einem Versuch, anzugreifen, erheben. Wenn Sie andererseits strahlend in den Spiegel hineinlächeln, wird die Figur im Spiegel mit dem gleichen Lächeln antworten. Wenn Sie in einem Tal rufen, wird ein Echo genau das zurückrufen, was Sie sagten, und genau so, wie Sie es sagten.

Dasselbe trifft auf die Beziehung zwischen dem Management und den Arbeitern zu. Wenn das Management vertrauenswürdig und aufrichtig ist, was das Wohlergehen der Arbeitenden anbelangt, werden die Arbeiter ihrerseits dies mit Sorge für das Wohlergehen und das Gedeihen der Geschäftsleitung erwidern. So würde es unvernünftig und sinnlos sein, wenn die Geschäftsleitung aufrichtiges Vertrauen von den Arbeitern erwartete, wenn sie diesen nur materielle Bezahlung zur Verfügung stellte, das heißt allein das Gehalt als eine Formalität eines kalten Herzens.

Verschließen Sie Ihr Auge der physischen Welt

Wie alle Dichter und Schriftsteller wissen, kommt das Schreiben, je nachdem, in welcher Stimmung man gerade ist, manchmal zu einem völligen Stillstand, während zu anderen Zeiten die Worte aus der Feder zu fließen scheinen. Auch Architekten und Wissenschaftler müssen ähnliche Erfahrungen mit einem Mangel an Inspiration machen, wenn sie, ganz egal, wie sehr sie sich bemühen, einfach nicht produktiv denken können aufgrund ihrer gegenwärtigen Stimmung. Mit der möglichen Ausnahme rein manueller Arbeit hat das Temperament einen großen Einfluß auf die Qualität des fertigen Produkts.

Wenn eine Inflation kommt und die Nachfrage nach Manufakturgütern sinkt, Stapel davon in den Warenhäusern zurücklassend, und keiner weiß, wann es wieder einen Markt für diese Produkte geben wird, würde jeder leicht bedrückt werden. Um in solch einer Situation die Geschäfte wieder zum Normalen zurückzuführen, ist es jedoch ein überragendes Gebot, daß Sie Ihre Augen vor der Situation, die die physische Welt zeigt, verschließen und versuchen, Ihr Herz zu erheben, indem Sie in die Vollkommenheit von Gottes Welt schauen. Indem Sie das tun, werden Sie mit guten Einfällen inspiriert werden, die Ihnen helfen werden, die Krise zu überstehen.

Das Fundament für Wohlstand

Wenn sie bedrückt sind, können selbst Menschen in leitender Position keine guten Einfälle haben. Genauso wenig können Arbeiter gute Ideen haben oder feine und sorgfältige Arbeit produzieren, wenn sie niedergedrückt sind. Zum Beispiel kann ein Fabrikarbeiter, dessen Leistung gering und unergiebig ist, wenn er sich geistig in einem Zustand der Bedrücktheit und Unsicherheit befindet, erstaunlich gut und effizient arbeiten, wenn er sich sicher, lebendig und froh fühlt.

Ein sicheres Einkommen, Hoffnung für die weitere Entwicklung, Freude über die Versicherung, daß die eigenen Fähigkeiten und Leistungen anerkannt werden, die Erkenntnis, daß man ein Teil der Organisation ist, den diese nicht entbehren kann, die Freude, zu wissen, daß man sowohl vom Präsidenten wie auch von den direkten Vorgesetzten geschätzt wird – dies alles sind notwendige Zutaten, um den geistigen Zustand zu schaffen, aus dem gute Arbeit entsteht. Sie sind wichtige Anreize, die Qualitätsprodukte garantieren und gute Ideen fördern. Aufgabe der Direktion ist es, die Arbeitenden zur Entwicklung anzuregen und einen solchen Bewußtseinszustand zu fördern.

Zeigen Sie Anteilnahme und Liebe für die Familien der Beschäftigten

Gleich und gleich gesellt sich gern; Vögel von verschiedenem Gefieder wollen nichts miteinander zu tun haben. Liebe zieht Liebe an, Herzlosigkeit Herzlosigkeit, Haß Haß. Dies alles ist nichts anderes als das Gesetz des Geistes. Selbst Lehrer zeigen ihre Freundlichkeit, indem sie das Heim ihrer Schüler besuchen, um die Umstände ihres Familienlebens kennenzulernen, und allen etwa benötigten Rat für die Eltern bereithalten, damit sie ihre Kinder besser leiten können.

In ähnlicher Weise sollte die Leitung einer Gesellschaft ihren Untergebenen gegenüber Überlegtheit zeigen. Sie kann das tun, indem sie eine ebensolche Anteilnahme zeigt, als ob sie zur Familie gehörten, und indem sie sie berät, wenn sie Probleme haben. Sie können sie manchmal zu Hause besuchen, um festzustellen, ob irgend jemand in der Familie krank ist, ob irgend eines der Kinder vielleicht Schwierigkeiten mit dem Lernen hat und ob auch jeder zufrieden ist. Die Arbeiter werden eine solche Anteilnahme dadurch beantworten, daß sie alle Bemühung an ihre Arbeit wenden, wie aus Familienliebe. Wenn er mit einem ernsten Familienproblem zu kämpfen hat, ist es jedem unmöglich, effektiv zu arbeiten.

Das Geschäft ist im einzelnen verkörpert

Menschen wirken gegenseitig durch den Geist aufeinander ein. Arbeiter nehmen sofort die Haltung des Managements ihnen gegenüber wahr und empfinden sie. Sie fühlen irgendwie, ob sie manipuliert oder ob sie geliebt werden. Was sie ihrerseits wahrnehmen, spiegelt sich in der Durchführung ihrer Arbeit. Daher kann man sagen, daß die Leistung der Gesellschaft nichts anderes als das Produkt des ›Geistes‹ der Direktion ist.

Wirklich hängt ja Geschäft davon ab, daß es gelenkt wird, und ob die Leitung gut oder schlecht ist, hängt vom Bewußtsein der Manager ab. Die Gesellschaft, die sich fähiger menschlicher Kräfte erfreut und deren Leitung die Ambition und den Wunsch hegt, neue Technologie zu entwickeln und zur Ausführung zu bringen, muß wachsen, selbst wenn die gegenwärtigen Umstände und Bedingungen der Weltwirtschaft sie gewissen Härten unterwerfen mögen.

Falls Sie eine Investition in Waren machen sollten, investieren Sie in diese Art von Gesellschaft, wenn ihre Leistung gering ist, und Sie werden zu gegebener Zeit guten Gewinn ernten. Es muß nicht erst gesagt werden: Das Geschäft ist verkörpert in den Mitarbeitern.

Entzünden Sie ein Licht der Liebe für Menschen um Sie herum

Man verliert nichts, indem man liebende Gedanken ausstrahlt und an andere ausschickt. Vielmehr ist es so, als ob man mit einer Fackel Kerzen anzünde. Es kann die Kraft Ihrer Fackel nicht vermindern, sondern statt dessen wird der Raum heller vom zusätzlichen Kerzenlicht. Wenn es nur das Licht Ihrer Kerze wäre, würden Sie nicht sehen können, was an der Schwelle Ihres eigenen Hauses passiert, wie ein Sprichwort sagt: »An der Schwelle eines hellen Hauses herrscht die Dunkelheit.« Wenn jedoch auch im ganzen Umkreis Kerzen ihr Licht verbreiten, wird das die Sichtbarkeit Ihrer unmittelbaren Nachbarschaft verbessern. Außerdem wird es das Fundament Ihres Wohlstands bilden.

Der Eigentümer einer Gesellschaft ist wie die zentrale Kerze in einem Leuchter, die von vielen kleinen Kerzen umgeben ist. Es ist Ihrer hell scheinenden Kerze allein nicht möglich, genug Licht für den ganzen Raum zu spenden. Nur indem Sie das Licht in den Sie umgebenden Kerzen entzünden, können Sie den ganzen Raum erleuchten und zur gleichen Zeit genug Licht zu Füßen Ihres eigenen Leuchters haben.

Die persönliche Würde des Direktors

Es ist wichtig und unentbehrlich, daß der Direktor sowohl Liebe zu den Arbeitern empfindet als auch eine starke gefühlsmäßige

Neigung zu seiner Arbeit. Fehlende Liebe seinerseits den Arbeitern gegenüber wird den Verlust der Achtung und des Vertrauens der Arbeiter ihm gegenüber zur Folge haben. Nicht Eitelkeit und Selbstlob, sondern großzügige Liebe ist es, die Achtung erzeugt.

Diejenigen, die sich selbst loben, werden lächerlich gemacht werden, und man wird sie nicht mögen; aber die, die sich selbst demütigen und ihre Liebe anderen geben, werden geliebt und respektiert werden.

Daher würden ein beständiges Achten auf Mängel der Arbeitenden und verächtliche Beschwerden über sie gleichermaßen zu einer Verachtung durch die Arbeiter führen. Wiederholte Beschwerden sind wie das Geräusch einer verkratzten Schallplatte; sie würden einen Verlust der Würde des Direktors als Mensch verursachen und die Wirksamkeit der von ihm geforderten Disziplin reduzieren.

Der ganze Erfolg wäre, daß Widerstand und Haß gegen ihn in den Herzen der Arbeiter keimen würden. Wo ein solcher Bruch in einem Unternehmen besteht, sind Unfälle unvermeidlich. Sie spiegeln die geistige Haltung der Unternehmensführung und der Beschäftigten wider.

Schöpfung neuer Ideen

Ein ebenso unverzichtbarer Vorzug, den jemand in leitender Position haben muß, ist die Eigenschaft, die offen ist für die Entwicklung neuer Unternehmen zur Schaffung von Wohlstand, und die Weisheit und Ambition in sich vereint. Wo Weisheit und Ambition fehlen, ist die Chance für einen künftigen Wohlstand der Gesellschaft sehr gering. Dies wiederum verringert die Hoffnung seitens der Arbeiter. Es ist daher wesentlich, daß den Arbeitern Hoffnungen und Träume gegeben werden, weil, selbst wenn die Vergütung im Augenblick gering ist, die Hoffnung auf die Zukunft sie ermutigen und ihnen genügend Ansporn geben wird.

Management ohne neue Ideen ist nicht besonders attraktiv. Da, was erarbeitet werden soll, von äußerster Wichtigkeit ist, sollten neue, kreative Ideen ständig die Herstellung neuer Produkte fördern in der Hoffnung, den Markt zu erweitern und die Nachfrage nach den Produkten durch den Ruf ihrer Güte zu steigern. Ebenso müssen selbst in der Werbung immer neue Methoden und Ideen entwickelt werden. Um dies zu erreichen, müssen Sie großzügig genug sein, um nicht nur neue, begabte Leute zu entdecken, sondern auch vorausschauend genug sein, um sie in Ihr Unternehmen aufzunehmen.

Ideen für das Management sollten ihren Ursprung in der Liebe zur Menschheit haben

Der Gründer von Kurozumi-kyo gab seiner Organisation ein Motto, das die Wahrheit sehr gut zum Ausdruck bringt. Es lautet: »Das Bewußtsein desjenigen, dem wir gegenüberstehen, ist ein Spiegel, der unsere eigene Gestalt (unseren eigenen geistigen Zustand) widerspiegelt; also laßt uns schauen, wie wir aussehen.« Sie müssen, wenn Sie erwarten, die Göttlichkeit der gottgeschaffenen Welt in jemandem zum Vorschein bringen zu können, zuerst ihm Ihre eigene Göttlichkeit zeigen. Gott ist Liebe. Versuchen Sie nicht, die Liebe anderer zu gewinnen, ohne ihnen zuerst die Ihre zu geben.

Wo wahre und aufrichtige Liebe ist, kommt die Weisheit zutage. Einfälle für Verwaltung und Technologie sind keine Ausnahme. Wenn der Eigentümer und die Leitung die Gesellschaft wahrhaft lieben und hegen und dabei eine intensive und zum Einsatz bereite Liebe zur Menschheit in sich fassen, wenn sie wünschen, mit ihrer Tätigkeit einen Beitrag zu leisten, dann ist sicher, daß sie durch Weisheit und Begeisterung inspiriert werden.

Außerdem wird ihre Liebe zur Menschheit sie mit der Liebe Gottes verbinden, Gottes Weisheit hervorrufen und ihnen genug Mut und Selbstvertrauen geben, um alle Schwierigkeiten zu überwinden, die ihnen begegnen mögen. Folglich werden Ideale, Liebe, Vertrauen und Mut seitens der Leitung sich auf die Arbeiter übertragen und das Geschäft zu noch größerem Fortschritt und Erfolg vorantreiben.

Schlüssel zu Erfolg oder Versagen im Geschäftsleben

Ob Geschäfte Erfolg haben oder fehlschlagen, hängt von der Person ab, die mit der Arbeit zu tun hat. Was bedeutet aber ›Person‹? – ›Person‹ oder ›Mensch‹ ist nicht jemand, der durch begrenzte Fähigkeiten eingeschränkt sein sollte, denn der Mensch ist ein Kind Gottes und verkörpert das Unendliche in sich selbst. Erfolg oder Mißerfolg eines Geschäfts hängen daher davon ab, in welchem Maße man sich aus der eigenen Schublade vom Unendlichen bedient, sowohl qualitäts- als auch quantitätsmäßig. Der, der viel herausnimmt, wird sich großen Erfolges erfreuen, während derjenige, der nur wenig herauszieht, nur geringeren Erfolg haben wird.

So wie die Mehrheit der Firmen organisiert ist, haben die Angestellten keine Möglichkeit, auch nur ein Zehntel ihres eingeborenen Talentes oder ihrer Begabung in ihrer Arbeit zur Anwendung zu bringen. Indem sie den Anweisungen ihrer Vorgesetzten folgen, funktionieren sie fast mechanisch, so daß sie keine Gelegenheit haben, kreativ zu sein. Nur wenn Gelegenheiten und Möglichkeiten für verantwortliches Handeln geschaffen werden, kann man seine Fähigkeiten voll zum Tragen bringen.

Verteilen Sie Stellungen und Verantwortlichkeiten in angemessener Weise

Wenn ihm eine verantwortliche Stellung gegeben wird, wird jeder seine innere und unbegrenzte Begabung zum Vorschein kommen lassen. Viele Frauen haben das bewiesen. Aus guter Familie stammend und ständig, sowohl finanziell als auch in anderer Beziehung, unter dem Schutz ihrer Ehemänner lebend, schienen sie unfähig, irgend etwas anderes als Hausfrauen zu sein, solange ihre Männer am Leben waren. Verwitwet jedoch und in eine Situation gestellt, in der sie keine andere Wahl hatten, als etwas zu tun, um ihre Familien zu erhalten, entwickelten sie, erstaunlich genug, eine leidenschaftliche Geschicklichkeit in Geschäften und zeigten oft so gute Befähigung im Management, daß sie selbst größeren Geschäftserfolg hatten als ihre verstorbenen Männer.

Dies ist das Ergebnis großer Verantwortung, die durch die Umstände auferlegt wurde, die sie in einer schwierigen Situation fanden, in der sie keine andere Alternative hatten, als dem Problem ins Gesicht zu sehen. Dasselbe trifft auf Arbeiter zu. Wenn sie mit einer verantwortungsvollen Position betraut werden und man ihnen Vertrauen einräumt, werden die meisten weit größere Begabung zeigen und viel, viel besser arbeiten.

Überall gibt es Talente

Viele Leute in leitender Stellung klagen, daß es einen Mangel an guten Talenten und Kräften gebe. Das ist so, weil sie nur die physische Seite der Dinge sehen, und nicht, wie diese wirklich, in der gottgeschaffenen Welt, sind. Auf dieser körperlichen Ebene ist ein Individuum eine Projektion daraus, wieviel Anerkennung Sie und andere ihm geben – weder besser noch schlechter als das –, so daß seine gegenwärtige Erscheinung zeigt, wieviel Anerkennung ihm in der Vergangenheit zuteil geworden ist. Daher wird sein künftiger Zustand dadurch bestimmt werden, in welchem Maße seine Fähigkeiten erkannt werden.

Diejenigen, die ein Unternehmen leiten, dürfen keine Worte gebrauchen, die einen Minderwertigkeitskomplex ausbilden würden, und ihre Untergebenen mahnen oder beleidigen. Solche Worte würden den ›Pfeiler der Gesellschaft‹ entfernen, die Quelle künftigen Wachstums für das Geschäft, das heißt diejenigen Arbeiter, die in späteren Jahren Manager und Direktoren würden. Wenn ihnen vertraut wird, wenn man ihnen eine verantwortliche Position gibt und sie mit Worten des Lobes ermutigt, dann werden die Mitarbeiter in ihrer Arbeit vollkommen aufgehen, gleichgültig, wie umfangreich diese sein mag.

Verborgene unendliche Talente

Es gibt eine Anzahl von Beispielen, wo zum Beispiel ein Mann, der, während er für eine gewisse Gesellschaft arbeitet, nur ein durchschnittlicher Mensch ohne hervorragende Befähigung war, auf einmal, nachdem er für eine andere Firma arbeitete, fähig war, sein Talent zu zeigen. Er arbeitete sich dann an die Spitze einer Sektion empor, dann einer Abteilung, schließlich sogar bis zur Entscheidungsebene, und wurde ein unentbehrliches Glied der Gesellschaft. Dies war sein verborgenes Talent, das nun, während es von der ersten Gesellschaft nicht erkannt worden war, entdeckt, erkannt und ans Licht gebracht wurde und dem Gelegenheit und Stellung gegeben wurden. Weil die Direktion der letzterwähnten Gesellschaft oder seine direkten Vorgesetzten ihm vertrauten, ihm eine verantwortliche Position gaben und ihn durch Lob ermutigten, kam die unendliche Fähigkeit, die latent in ihm gewesen war, zum Vorschein.

Die unendliche Befähigung, die im Menschen wohnt, kann in die Manifestation gerufen werden, soweit man will, indem man demjenigen eine verantwortungsvolle Stellung oder eine ähnliche mit Anerkennung verbundene Gelegenheit verschafft. Es ist eine große Verschwendung menschlicher Kräfte, eine befähigte Person anzustellen und zuzulassen, daß ihre Fähigkeiten begraben bleiben.

Vertrauen ist der beste Einsatz, um das Geschäft zu entwickeln

Der bedeutendste Faktor beim Zustandebringen einer Entwicklung des Geschäftes ist das Vertrauen, das seine Kunden ihm entgegenbringen. Es ist gar keine Frage, daß die Gesellschaft oder das Warenlager nur gedeihen können, wenn sie durch die Qualität ihrer Güter, gewissenhafte Geschäftspraktiken und Vertrauenswürdigkeit einen guten Ruf gewinnen. Keine dubiosen Geschäfte oder dunklen Praktiken sollten die Tätigkeit oder das Produkt überschatten. Selbst wenn sich ein zeitweiser Erfolg und damit Wohlhabenheit einstellen mögen: Solche unannehmbaren Handlungen machen es dem Wohlstand schwer, zu bleiben. Eines Tages werden die Handlungen aufgedeckt werden, um einen Vertrauensverlust zu verursachen und damit einen steilen Abstieg der Geschäfte.

Um so etwas zu verhindern, müssen Sie Aufrichtigkeit Ihr erstes Motto sein lassen; und um hoffen zu können, die Zufriedenheit und Bequemlichkeit Ihrer Kunden zu erreichen, dürfen Sie nur mit Ware von guter Qualität handeln, die auch bei langem Gebrauch noch hält. Solche Geschäftspraktiken werden nicht verfehlen, Ihnen einen guten Ruf einzubringen. Im Gegensatz dazu wird der Betrug von Kunden durch das falsche Auszeichnen von Waren oder dadurch, daß man erstklassige Produkte nach oben packt und Mängelexemplare darunter versteckt, zu gegebener Zeit das Geschäft in den Ruin führen. Diesen Handlungen liegt ein Geist des Betrugs und der Habgier zugrunde, was genau der Same ist, der dazu führt, daß man selbst wiederum getäuscht und betrogen wird.

Mensch und Werk sind eins

Wo Wille und Wunsch zur Arbeit vorhanden sind, ist eine Stellung bereits da. Wenn umgekehrt eine Lücke gefüllt werden muß, existiert bereits jemand, der in dieser Position arbeiten möchte. Die ›Person, die mit dem Willen zur Arbeit nach einer Stellung sucht‹ und die ›Stellung‹ sind innerlich untrennbar, jedes nur eine andere Seite ein und desselben Dinges. Nur Verblendung verhindert, daß sie einander finden, obwohl das ›Individuum‹ und die ›Stellung‹ sich gegenseitig suchen. Alles, was ein verirrtes Kind unter solchen Umständen zu tun braucht, ist daher, den Weg nach Hause zu finden, und das Instrument, um den Weg zu finden, ist das Gebet – *Shinsokan*-Meditation.

Wenn Sie nach jemandem ausschauen, der eine freie Stelle in Ihrer Organisation ausfüllen soll, kontemplieren Sie wie folgt:

»Die freie Stelle und die Person, die nach einer Stellung sucht, sind eins. Solange es daher hier eine freie Stelle gibt, muß es irgendwo einen passenden Mann geben, der sie ausfüllt. Dieses passende Individuum ist bereits hier und ist in Wirklichkeit bereits mit der Arbeit beschäftigt.«

Wenn Sie nach einer Stellung suchen, meditieren Sie, wie oben gezeigt, indem Sie die Worte ›Stellung‹ und ›Mann‹ austauschen.

Die Strategie des Eroberns

Welche Situation auch auftreten mag, versuchen Sie nicht, ihr in feindseliger Haltung entgegenzutreten. Wenn eine Rezession den Warenmarkt trifft und einen steilen Sturz der Aktien verursacht, ist es der richtige Zeitpunkt, um neue Waren zu kaufen, während ein Steigen der Aktien der richtige Zeitpunkt ist, um sie abzustoßen. Ähnlich ist es, wenn Ihr Glück ganz oben ist, eine optimale Gelegenheit für Sie, noch demütiger über sich selbst nachzudenken, während, wenn Ihr Schicksal einen Rückschlag erlebt, die Gelegenheit reif geworden ist, einen neuen Anlauf für einen weiteren steilen Aufstieg zu nehmen. Ob daher die Tide in Ihrem Leben steigt oder fällt – es gibt keine Gelegenheiten, die nicht vorteilhaft sind. Was daher Ihr Schicksal auch bringen mag, lehnen Sie es nie ab, verdammen Sie es nicht.

Das Leben ist wie ein Spiel des Eroberns. Wenn der Gegner angreift, ist es Zeit für Sie, einen Sieg zu wagen. Immer die beste Gelegenheit zu finden und zu ergreifen, was auch geschehen mag, ist das Wesen des Eroberns in Gottes Welt. Veränderungen sind genau das Instrument, durch das das Leben neue Gelegenheiten bereitstellt. Fürchten Sie nicht die Fluktuationen in Ihrem Schicksal.

4
Quelle der Gesundheit

Das Leben, das ich lebe, ist unendlich.
Daher bin ich in vollkommener Gesundheit.
Die Liebe, die ich in mir fasse, ist grenzenlos.
Daher bin ich vollkommen glücklich.
Die Weisheit, die in meinem Geist wohnt, ist unendlich.
Daher gehören mir Frieden und Harmonie.
Ich bin nun in Frieden und Sicherheit getaucht
und erfüllt von
einem überwältigenden Kraftgefühl.
Im unendlichen Leben Gottes lebe ich.
In unbegrenzter Liebe lebe ich.
Inmitten grenzenloser Weisheit lebe ich.
Ich danke Dir über alles,
O Gott, mein Vater,
Der Du grenzenlose Weisheit bist, schrankenlose Liebe
und endloses Leben.

Schmerz ist Sache des Bewußtseins

Wenn Schmerz Ihren Körper befällt, glauben Sie nicht, daß er wirklich existiere. Schmerz ist nur eine Vorspiegelung Ihres Bewußtseinszustandes. Da die sogenannte ›Materie‹ nicht mit der Fähigkeit ausgestattet ist, Schmerz zu fühlen, solange der Körper für sich ist, ist sie unfähig, Schmerz zu empfinden und wahrzunehmen. Wenn das Bewußtsein jedoch Schmerz wahrnimmt und ihn als existierend anerkennt, wird der Schmerz vervielfältigt.

Lassen Sie jemanden Ihre Armbeuge berühren. Wenn Ihr Bewußtsein es nicht beachtet, werden Sie überhaupt nichts fühlen, aber wenn Sie sich einmal davon stören lassen, indem Sie es für kitzelnd halten, wird es in wachsendem Maße und unerträglich kitzelnd werden. Wie Sie hieraus sehen können, ist eine physische und materielle Tatsache an sich relativ unbedeutend, solange Sie Ihr Bewußtsein davon abhalten, daß es sich zu sehr damit beschäftigt. Erst wenn Ihr Bewußtsein davon in Besitz genommen wird, beginnen Sie, Schmerz oder Kitzeln zu spüren. Wenn Sie denken, Sie seien krank, bedeutet das, daß Ihr Bewußtsein von der Krankheit ergriffen wird, und dann fängt es an, Ihnen Qual und Schmerz zu verursachen.

Falsch verstandene Röntgenaufnahme

Nehmen Sie an, daß Ihnen, nachdem Sie Ihre Brust während einer medizinischen Routineuntersuchung hatten röntgen lassen, eröffnet wurde, daß auf Ihrem Röntgenbild ein großer, dunkler Fleck entdeckt worden sei. Nachdem Sie sich mit eigenen Augen Gewißheit verschafft haben, gewinnen Sie die Überzeugung, daß Sie tatsächlich Tuberkulose haben. Nachdem Sie sich so überzeugt haben, werden Sie interessanterweise feststellen, daß Sie, obwohl Sie sich bis dahin vollkommener Gesundheit erfreut haben, allmählich an Lebenskraft verlieren und einer gewaltigen Müdigkeit nachgeben, bis Sie fast unfähig dazu sind, zu gehen oder sich zu bewegen. Nichtsdestotrotz werden Sie, wenn Ihnen in der Folge mitgeteilt wird, daß der Film, der diese Entdeckungen brachte, zu einer anderen Person gehörte und daß die Nummern vertauscht worden waren, augenblicklich fühlen, daß die Müdigkeit und der große Druck auf der Brust Sie verlassen. Sie werden bald wieder gesund und kräftig sein, und folglich wird Ihr gesamter Körper erfrischt sein.

Lassen Sie die Vorstellung fahren, daß Sie unter Tuberkulose leiden. Zu glauben, daß Sie Tuberkulose haben und so Ihre Aufmerksamkeit auf Ihre Brust zu konzentrieren, bringt Ihr Blut dazu, langsamer zu zirkulieren, was wiederum zu Verstopfung führen und vielleicht eine Störung Ihres Stoffwechsels verursachen wird. Wenn wirklich Tuberkulose vorhanden ist, wird es ihrem Wachstum nur zusätzliche Stärke verleihen und ihre Ausbreitung nur noch mehr steigern. Es ist in der Tat das Bewußtsein, das eine Krankheit schafft, und es ist auch das Bewußtsein, das sie heilt.

Das, was nicht existent ist, existiert nicht

Rufen Sie Ihr Bewußtsein zu einem kompletten Umdenken auf. Kümmern Sie sich nicht darum, wie die Dinge in der körperlichen Welt gerade jetzt bestellt sein mögen. Alle Dinge in der körperlichen Welt müssen sich verändern, daher wenden Sie Ihr Bewußtsein der Vollkommenheit der gottgeschaffenen Welt zu. Nur die Vollkommenheit der göttlichen Welt ist wahre Existenz. Mit anderen Worten: Die körperliche Welt existiert nicht wirklich. Wie immer die Dinge in der körperlichen Welt daher stehen, Sie brauchen sich nicht zu sorgen, denn Ihre wahre Natur, wie sie von Gott geschaffen wurde, ist die eines Gotteskindes. Als solches sind Sie bereits in diesem Augenblick gesund. Erkennen Sie, daß wahre Existenz immer auch gute Gesundheit ist.

Obwohl sie existent erscheinen mag, ist eine Krankheit ohne Existenz, weil sie nicht zu dem von Gott Gemachten gehört. Wenn Sie scheinbar krank sind, ist das nur, als ob Sie träumten, Sie seien krank. Solche Phantome haben keine substantielle Kraft. Zu denken, daß die Krankheit, ein ›Sein‹ ohne Existenz, existiere, ist irreführend. Eine buddhistische Schrift, die *Prajnaparamita-Sutra,* nennt einen »umgestürzten Begriff« eine »Verblendung« – einen Gedanken, der das, was nicht existiert, in einem Anschein von Existenz wahrnimmt. Legen Sie solche verkehrten Gedanken ab. Das Bewußtsein, das Dinge träumt, ist ein falsches oder irreführendes Bewußtsein. Lassen Sie um jeden Preis ab von so einem täuschenden Bewußtsein.

Der Film des Bewußtseins

Es gibt eine Passage in einer buddhistischen Schrift, der *Samantabha,* die lautet: »...im Sehen und Erfassen des Geistes gibt es keinen Geist«. Eine andere Passage besagt: »...das Phänomen hält sich nicht im Phänomen auf«, was bedeuten will, daß die Erscheinung der körperlichen Welt nicht wirklich im Körperlichen existiert. – Wo aber existiert sie? – Sie existiert im Geist. Die körperliche Welt ist wie ein Film; das heißt, die Figuren, die im Film erscheinen, existieren nicht wirklich in den Figuren, die auf den Bildschirm projiziert werden, sondern sie existieren im ›Film‹. Weil Sie sich im Bewußtsein das Bild einer Krankheit machen, tritt die Krankheit ins Manifeste der körperlichen Welt.

Ein Versuch, die Figuren auf der Leinwand zu verändern oder zu entfernen, würde vergeblich und nutzlos sein. Wenn Sie den Film, den man jetzt sehen kann, nicht mögen, müssen Sie das Negativ Ihres Bewußtseinsfilms korrigieren. Der einfachste und schnellste Weg aber würde sein, den Film Ihres Bewußtseins vollkommen wegzulassen. Das ist es, was mit dem oben zitierten Satz »Im Sehen und Erfassen des Geistes gibt es keinen Geist« gemeint ist. Das Bewußtsein, das in einem Alptraum von einer Krankheit träumt, trägt viel weniger Gewicht, unvergleichlich weniger Existenz als das Bewußtsein, das die innere

Existenz der Gesundheit erkennend verwirklicht, nachdem es aus dem Alptraum erwacht ist.

Psychosomatische Medizin

Sie dürfen den Körper nicht als Materie wie andere Dinge begreifen. Eine Statue im Ueno-Park erkältet sich nicht und holt sich keine Atemprobleme, selbst wenn sie einem kalten Wind ausgesetzt sein sollte, da sie kein Bewußtsein besitzt. Sollte im Gegensatz dazu der menschliche Körper einem kalten Wind ausgesetzt werden, ohne daß die nötigen Vorsichtsmaßnahmen getroffen wurden, so wird er sich unweigerlich erkälten. Selbst ein ernster Fall von Bronchitis kann sich auf diese Weise manchmal entwickeln. Der Grund dafür, daß sich eine Entzündung im Hals entwickelt und man sich erkältet, ist, daß das Bewußtsein von Angst ergriffen wird und dadurch abnorme Schwingungen erzeugt. Die anormalen Schwingungen fallen dann über den Körper her in Gestalt einer Entzündung im Hals oder anderen Atmungsorganen.

Fortschrittliche Ärzte stimmen allesamt darin überein, was psychosomatische Medizin betrifft, die kürzlich große Fortschritte gemacht hat. Selbst ein Tumor im Magen wird von innen durch Angst, Zorn und Haß erzeugt, so daß, falls die fortwährende Schöpfung von Entzündungen von innen (aus dem Bewußtsein) nicht angehalten wird, die Krankheit selbst durch unnachgiebige Anstrengungen, sie mit Medizin zu bekämpfen, nicht vollständig geheilt werden kann.

Bewußtsein, das Krankheiten schafft

Das Bewußtsein kann sich, selbst wenn es im einen Moment in Sorge ist, im nächsten Augenblick des Glücks bewußt sein. Wenn es das tut und Sie lächeln, gibt es das betrübte Bewußtsein nicht mehr. Selbst wenn es jetzt existent erscheinen mag, was in der nächsten Minute verpufft, ist von Grund auf ohne Sein. So ein Bewußtsein wird ›trügerisch‹ genannt. Entzündungen und andere unnormale körperliche Erscheinungen, die als Krankheit auftreten, die durch das gestörte, ›wesentlich nichtexistente Bewußtsein‹ verursacht wird, müssen als letztendlich unwirklich erkannt werden.

Die Krankheit ist eine Randprojektion, deren Bild das Bewußtsein schafft, das ständiger Veränderung unterliegt – von Kummer zu Freude, von Furcht zu Zorn. Hören Sie also auf, zu denken, daß die Schöpfungen eines solchen falschen Bewußtseins wirklich existieren. Wenn Sie sich selbst in beständiger Angst halten, auf einer abnormen geistigen Wellenlänge schwingen und die Symptome, die ursprünglich aus abnormen Schwingungen im ›trügerischen Bewußtsein‹ entstanden, immerfort anschauen, dann gibt es für die Krankheit keine Heilung.

Lassen Sie die Krankheit los! Lassen Sie auch das ›Bewußtsein‹ los, das die Krankheit verwirklicht!

Krankheit ist eine Manifestation des täuschenden Bewußtseins

Obwohl gesunde Leute sich vielleicht nicht für die Diskussion von Krankheiten interessieren mögen, Krankheit wird hier bloß als ein Beispiel für unharmonische Erscheinungen genommen. Andere Disharmonien, wie Zwietracht innerhalb der Familie, Armut, wirtschaftliche Schwierigkeiten und ein Stillstand im Geschäftsleben sind ebenso Schöpfungen des trügerischen Bewußtseins. Demgegenüber entfaltet sich der Zustand der Harmonie, abgebildet durch das wahre Bewußtsein.

Das wahre Bewußtsein ist der von Gott geschaffene Geist, ewig und unsterblich, dessen Teil die Vollkommenheit der von Gott geschaffenen Welt ist. Wo daher die wirkliche Welt herrscht, das heißt die gottgeschaffene Welt, gibt es solche Übel wie Inflation, Disharmonie, Krankheit und Sünde nicht. Verneinen und verlassen Sie das Bewußtsein, das das, was nicht existiert, als existent ansieht, und ersetzen Sie es durch das wirkliche Bewußtsein.

Dann wird alles anfangen, sich dem Guten und dem Licht entgegen zu entwickeln.

Einfluß des trügerischen Bewußtseins auf körperliche Funktionen

Wenn jemand Angst hat, erbleicht sein Gesicht; wenn er sich schämt oder verlegen ist, errötet er. Das bezeugt die Wechselbeziehung zwischen dem Bewußtseinszustand und dem Körper. Ein außerordentliches Gefühl verursacht einen plötzlichen Wechsel in der Hormonausscheidung, was zu einer örtlichen Ausdehnung oder Verengung der Blutgefäße führt und damit zu einer Veränderung der Durchblutung. Das ist der Eindruck, der von innen nach außen gedrängt wird und im Ausdruck des Gesichts nachwirkt. Um auf den Punkt zu kommen, habe ich Ihre Aufmerksamkeit auf die Veränderung gelenkt, die im Gesicht stattfindet, da sie sichtbar und für Sie leichter verständlich ist. Aber diese außerordentlichen Gefühle führen auch innerlich zu anormalem Funktionieren, zum Beispiel des Herzens, der Lungen und des Magens.

So hat das irreführende Bewußtsein einen großen Einfluß auf die physiologischen Funktionen des menschlichen Körpers. Nehmen Sie zum Beispiel die Betäubung. Indem sie die Funktion des täuschenden Bewußtseins auf Null herabsetzt, erleichtert sie manchmal Symptome der Unordnung, die ja ein Produkt dieses Bewußtseins ist. Wenn Sie ein Kaninchen für einige Tage an die Decke hängen würden, die vier Beine fest zusammengebunden, würde das Kaninchen aufgrund von Furcht und Unsicherheit eine derartige Hormonveränderung erleben, daß es vielleicht stürbe. Selbst wenn es jedoch an die Decke gehängt würde, auf dieselbe Weise gebunden, aber zuvor mit einer betäubenden Injektion versehen, würde das Kaninchen nicht sterben, weil sein täuschendes Bewußtsein aufgrund der Injektion gleich Null ist; daher ist es unfähig, sich zu fürchten oder unsicher zu sein.

Schmerz liegt im täuschenden Bewußtsein

Wenn ein Patient, der wegen Krebs operiert wird, Chloroform bekommt, wird sein täuschendes Bewußtsein, das über das Gehirn funktioniert, taub. Sobald das täuschende Bewußtsein taub wird, wird der Schmerz durch den Krebs nicht länger empfunden. Der Grund dafür, daß der Schmerz nicht empfunden wird, ist, daß das täuschende Bewußtsein betäubt ist. Wie hierdurch gezeigt wird, sitzt der Schmerz nicht im Körper selbst, sondern vielmehr im trügerischen Bewußtsein.

Wenn jedoch die Anästhesie nachläßt und das täuschende Bewußtsein seine Sinne wiedererlangt, fängt der Schmerz, der die Folge der Operation ist, an, spürbar zu werden. Das Wesentliche, was man tun muß, ist, sein täuschendes Bewußtsein zu verneinen und sein wahres Bewußtsein zum Auftauchen an die Oberfläche zu bringen. Dann kann das wahre Bewußtsein über die Erkenntnis befehlen, daß der Mensch, seinem wahren Wesen nach, ein Kind Gottes ist, ein inkarnierter Buddha, unzerstörbare und unbesiegbare geistige Existenz, die nie zuvor unter einer Krankheit gelitten hat noch nach diesem unter einer solchen leiden wird. Ohne diese Erkenntnis wird Gesundheit im wahren Sinne nicht lange dauern.

Äther und täuschendes Bewußtsein

Um die menschliche Existenz zu analysieren: Das Selbst, das Sie normalerweise als ›Ich selbst‹ anerkennen, ist nicht das physische Ich, sondern ein geistiges, unzerstörbares, unbesiegbares Sein.

Über diese geistige Entität sind solche sinnlichen und emotionellen Systeme wie die ätherischen und die Astralkörper miteinander verflochten. Um diese Körper einzuschließen, bedeckt sie die Physis, deren Handlungen durch Gefühl und Intellekt gelenkt werden. Der ätherische Körper versorgt das trügerische Bewußtsein, so daß es an alle körperlichen Wahrnehmungen gelangen kann. Der Bequemlichkeit halber faßt es sie als körperlich seiend auf, während es gleichzeitig den Körper als Materie manifestiert.

Der Astralkörper ist Sitz des trügerischen Bewußtseins, von wo Emotionen kommen. Wenn daher diese Emotionen in Verwirrung gebracht werden, befällt eine Unordnung die Physis in Form einer Krankheit. Das, was im Körperlichen in materieller

Form zum Ausdruck kommt, ist das täuschende Bewußtsein. Wenn daher die Wohnsitze des täuschenden Bewußtseins, die ätherischen und die astralen Körper, den Körper zur Zeit des Todes verlassen, verfallen Form und Gestalt des Individuums zu Leere.

Selbst wenn jedoch der Körper ins Nichts zergeht, ist das unzerstörbare, unbesiegbare, geistige Ich, das Ihr wahres Selbst ist, ewig und löst sich nie auf, wenn es auch mit dem Verschwinden des Körpers seine Sichtbarkeit verlieren mag.

Krankheit ist ein Alptraum

In seinem wahren Wesen ist der Mensch eine unbesiegbare, unzerstörbare Existenz, daher ist eine Krankheit nichts anderes als ein Alptraum. Manchmal kann die Medizin Krankheiten heilen, weil der Glaube, daß Krankheiten medizinisch heilbar seien, einen träumen läßt, daß man geheilt ist. Es gibt nichts Geheimnisvolles um die Tatsache, daß das Phantom Krankheit durch einen Traum anderer Art geheilt werden kann. Obwohl Medikamente eine Heilung möglich machen, ist diese Art der Heilung nicht darauf gegründet, daß man zu der Wahrheit seiner wahren Natur erwacht ist, und deshalb kann sie keine moralische Unterstützung geben, die stark genug wäre, einem weiteren Alptraum widerstehen zu können.

Nichtsdestoweniger: Wenn Sie erst einmal wirklich zu der Erkenntnis gelangen, daß Sie ein ›unzerstörbares, unbesiegbares geistiges Sein‹ sind, wird diese Erkenntnis, selbst wenn Sie wieder träumen sollten, Sie davon fernhalten, von einer Krankheit zu träumen.

Glauben Sie unbekümmert, daß der Mensch unbesiegbar und unzerstörbar ist und daher keine Krankheit kennt. Bringen Sie Mut und gute Laune auf, und Sie werden sich auch physisch belebt fühlen. Da der Körper den ätherischen und emotionalen Körpern unterliegt, gibt es für Sie, solange Sie sich nicht aufrichten und sich aus einer geistigen und gefühlsmäßigen Depression reißen, keinen Weg, um die Gesundheit vollkommen wiederherzustellen.

Es gibt keine gradweisen Abstufungen der Schwere einer Krankheit

Das Leben findet man nicht in der Materie an sich, sondern das Leben ordnet im Gegenteil die Materie. Es ist auch das Leben, das die Materie hervorbringt und uns sie als Materie wahrnehmen läßt. Materie ist bloß ein Schatten des Lebens, nicht die Substanz. Vielmehr ist die Substanz Leben, Leben, das geistig, unzerstörbar, unbesiegbar ist, etwas weit Größeres als Materie, etwas, das keimt und das Viren nicht beschädigen können. Warum aber scheint es dann so, als ob es infiziert würde? – Es ist ein Interpretationsfehler, die in ihrem Wesen geistige Existenz als körperlich seiend aufzufassen, und diese Fehlinterpretation verleitet einen schließlich zu einer materialistischen Sicht der Dinge.

Die Vorstellung, die Sie als eine körperliche Existenz sieht, die Krankheit und Tod ausgeliefert ist, ist ein Alptraum, den Ihr täuschendes Bewußtsein träumt. Was ist ein Alptraum? Es ist ein momentanes Etwas, durch das Sie aufwachen. Dadurch, daß die Krankheit ein bloßer Alptraum ist, gibt es auch keine verschiedenen Schweregrade für sie; das heißt, keine Krankheit ist leichter oder schwerer als andere. Wenn eine kleine Störung geheilt werden kann, so sollte es doch auch eine schwere mit gleicher Leichtigkeit können. Weil beide gleichermaßen Erzeugnisse eines Alptraums sind, werden Sie, wenn Sie erst einmal aufgewacht sind, weder eine kleinere noch eine ernste Krankheit finden. So werden im Erwachen alle Anormalitäten wieder verschwinden.

Entfernen Sie das Lid, daß die Vollkommenheit der göttlichen Welt bedeckt

Zorn, Haß, Sorge, Furcht, Bosheit, Gier und Eifersucht basieren alle auf Ihrem Versuch, sich zu schützen in der Meinung, daß Sie, ein körperliches Sein, für Entbehrung und Schmerz anfällig seien. Wegen dieses geistigen Protektionsmechanismus verbergen Sie vor sich den vollkommenen und harmonischen Zustand der göttlichen Welt und geben einen Anstoß zu körperlicher Unvollkommenheit. Der Zustand innerer Göttlichkeit, die so überdeckt ist, wird ›Krankheit‹ genannt. Daher sind, um eine Krankheit zu heilen, zwei Arten von Therapie möglich. Die eine ist, das Lid zu entfernen, das die Vollkommenheit der gottgeschaffenen Welt verdeckt, das Lid, das aus Gefühlen wie Zorn, Haß, Kummer etc. besteht.

Versöhnen Sie Ihr Bewußtsein mit einer Person, die Sie nicht mögen oder über die Sie sich ärgern. Schließen Sie Ihre Augen, und wiederholen Sie im Geiste immer und immer wieder, als ob Sie wirklich zu demjenigen sprächen. »Ich habe Dir vergeben; ich bin Dir dankbar; ich liebe Dich.«

Angst vor Krankheit, die es nicht gibt

Wie es heißt: »Das Wort war Gott«, hat das, was wörtlich geäußert wird, eine Kraft, die Dinge zu bewegen, wie es befiehlt. Wenn Sie wiederholt im Geiste sagen: »Ich habe Dir vergeben; ich bin Dir dankbar; ich liebe Dich«, werden diese Worte allmählich eine starke Wurzel in Ihrem Bewußtsein ausbilden, so daß Sie wirklich spüren werden, daß sich der Zorn und Haß für jene Person verringert, und außerdem werden Sie fähig sein, sich in ihre Lage zu versetzen und sich aus anderer Perspektive eine andere Meinung zu bilden. Wenn Sie diese Stufe erreicht haben, werden Sie tatsächlich anfangen, diesen Menschen zu lieben. So kann die erste Ursache Ihrer Krankheit entfernt werden. Nach der Entfernung dieser ersten Ursache müssen Sie die Furcht vor Krankheit fallen lassen, diese Grundangst, die in Ihrem Bewußtsein ihren Ursprung hat, das glaubt, daß die Krankheit wirklich existiere. Erinnern Sie sich daran, daß Gott nicht Krankheit geschaffen hat und es daher keine Krankheiten gibt. Nichtexistente Krankheiten aber haben keine Macht, Ihr Leben zu nehmen. Lassen Sie diese Wahrheit Ihr gesamtes System durchdringen und umhüllen, indem Sie die Realität der Welt Gottes wiederholt bejahen. Zu diesem Zweck ist es hilfreich, die *Heilende Sutra* selbst zu lesen oder sie sich von jemandem vorlesen zu lassen.

Behalten Sie das Pferd des Geistes unter Kontrolle

Lassen Sie sich nicht von Symptomen beirren, die auf Ihrem Körper erscheinen. Wenn Sie Ihr geistiges Bild der Symptome befestigen und daher Ihre Angst auf sie konzentrieren, wird sich die Krankheit um so mehr verschlimmern, in Befolgung des geistigen Gesetzes ›Was im Geist abgebildet wird, wird eine faßbare Form in der körperlichen Welt annehmen‹. Das Bewußtsein ist das Pferd – genau das Pferd, das ein betrübliches Gepäck trägt, Krankheit genannt. Indem Sie dieses Pferd unter Kontrolle behalten, können Sie es daher, wenn Sie wollen, die Krankheit von sich forttragen lassen. Aus diesem Grund sage ich: »Achte auf dein Bewußtsein.«

Denken Sie über sich selbst nach und fragen Sie sich, ob es irgend jemanden gibt, den Sie unterbewußt hassen. Können Sie mit Zuversicht sagen, daß Sie wirklich den Bewußtseinszustand erreicht haben, in dem Sie allen Dingen auf Erden dankbar sein können? Haben Sie nicht noch immer Angst vor Krankheit? Plagt Sie nicht immer noch die Vorstellung, daß sie wirklich existiere? Sind Sie wirklich froh und hochgemut? Stellen Sie sich wirklich beständig die Vollkommenheit der göttlichen Welt vor, denken an sie und stimmen so Ihre geistige Schwingung auf die von Gottes Welt ein? – Nachdem Sie so über sich nachgedacht haben, machen Sie eine äußerste Anstrengung, mit der Vollkommenheit der Welt Gottes in gleiche Schwingung zu geraten.

Chemikalische Umsetzung des täuschenden Bewußtseins

Durch Versuche, Ihr Bewußtsein zu erziehen, damit Sie in gleicher Schwingung mit der göttlichen Vollkommenheit sind, können Sie Ihr trügerisches Bewußtsein schrittweise trainieren und zu geistigem Aufstieg bilden, bis schließlich Ihr wahres Bewußtsein zum Vorschein kommt. Das Hervortreten Ihres wahren Bewußtseins wird die Verwirklichung der Vollkommenheit der göttlichen Welt auf körperlicher Ebene möglich machen. Wie die göttliche Vollkommenheit so manifest wird, so wird auch Ihr

Leben beginnen, harmonisch zu werden, und Ihre körperlichen Funktionen, vollkommen zu sein.

Wenn das trügerische Bewußtsein verschwindet, erfährt eine Krankheit manchmal eine starke und drastische Veränderung, indem sie scheinbar verschlimmerte und gesteigerte Symptome als ein Ergebnis eines plötzlichen Zusammenfallens der Täuschungen präsentiert, die das trügerische Bewußtsein aufgebaut hatte, sogenannte chemische Umsetzungen. Wenn so etwas passiert, so lassen Sie sich davon nicht aufregen oder in Panik versetzen. Bejahen Sie nur im Geist: »In Gottes Welt gibt es keine Chemikalisierung und auch keine ernsten, kritischen Zustände. Gott und nur Gott ist der Schöpfer aller Dinge, daher sind negative Symptome völlig ohne Existenz. Ich bin vollkommen gesund.« Lassen Sie so alle Ängste los. Eine heilige Sutra von Seicho-No-Ie, ›Die Gesänge des Engels‹, stellt fest: »Mit der Angst verschwinden auch alles Unglück und alle Krankheit.«

Erfassen Sie die Lebenskraft der gottgeschaffenen Welt

Wenn Ihr Geist mit der Schwingung der gottgeschaffenen Welt übereinstimmt und das Licht der göttlichen Welt Ihren gesamten Körper beherrscht und durchdringt, wird Ihre Krankheit, ein Schatten, den die Dunkelheit warf, von selbst verschwinden. Licht wird die Dunkelheit zerstreuen; wirkliches Sein in der gottgeschaffenen Welt wird eine zeitlich begrenzte Existenz der körperlichen Welt ins Nichts zurückführen; die Wahrheit wird die Unwahrheit zerstören. Wenn Verärgerung durch Dankbarkeit, Haß durch Liebe, geistige Disharmonie durch Ausgeglichenheit ersetzt wird, dann führt diese Veränderung im Bewußtseinszustand nur zu Gutem. Außer der Zeit, in der Ihr Leben an sein Ende kommt und Sie in die geistige Welt überführt werden, kennt das Körperliche keinen Abfall seiner Lebenskraft. Glauben Sie diese Wahrheit, denn Glaube ist Kraft. Lassen Sie Ihre Überzeugung nicht wankend werden.

Der Bewußtseinszustand, der mit der göttlichen Vollkommenheit auf gleicher Wellenlänge schwingt, versorgt den Körper mit Lebenskraft und Energie von Ihrem wahren Selbst und macht ihn gesund. Wie ernst und schwer Ihr Zustand auch sein mag, seien Sie nicht entmutigt, da die Krankheit nichts mit Ihrer Lebensspanne zu tun hat. Haben Sie den Glauben, daß nur die Vollkommenheit der gottgeschaffenen Welt wirkliches Sein ist und daß kein Übel der körperlichen Welt stärker als dieses ist.

Gedanke, um Krankheit zu verneinen

Überzeugen Sie vor allem Ihr Herz bis zum Grund davon, daß Übel nicht von Gott gemacht und daher ohne Existenz sind. Wenden Sie dann Ihr geistiges Auge vom negativen Stand der Dinge ab und den vollkommenen Ansichten der göttlichen Welt zu. Alles Schlechte ist nur an der Oberfläche vorhanden und existiert nicht wirklich. Überzeugen Sie sich, daß es eine Verblendung ist, ein Alptraum, den Ihr Bewußtsein im Schlafen träumt – das Bewußtsein, das verschwinden wird, wenn Sie einmal aufwachen. Erklären Sie Ihrem innersten Wesen immer und immer wieder: »Das Böse existiert nicht; Krankheiten existieren nicht; was nicht existent ist, hat kein wirkliches Sein. Es ist ein bloßes Produkt der Verblendung, ein Schatten der Einbildung.« Wenn die Furcht, bis dahin von der Einbildung genährt, verschwindet, werden es auch Krebsgeschwüre, Entzündungen, Tumore oder andere anormale Erscheinungen.

Verstehen Sie eine chemische Umsetzung nicht als eine Verschlimmerung der Krankheit. Dieses Symptom ist ein Oberflächenphänomen, das ständiger Veränderung unterliegt. Der gegenwärtige Zustand ist nicht der des nächsten Augenblicks. Bier produziert Schaum, wenn die Flasche geöffnet wird und verborgenes Gas ausströmt. In ähnlicher Weise zeigt die Krankheit ein scheinbar verschlimmertes Symptom, genau aus dem Grunde, weil es im Schwinden begriffen ist.

Sie sind kein physischer Körper

Zu sagen, daß Gott Geist ist, allgegenwärtig und Alles in Allem, führt zu der Schlußfolgerung, daß alle Existenzen ohne eine einzige Ausnahme Geist sind und daß die Materie, selbst obwohl sie materiell erscheint, nirgendwo existiert. Die Physis, so muß gesagt werden, ist nicht aus Materie zusammengesetzt, sondern ein geistiger Körper. Dies ist tatsächlich wahr. Dies ist der wahre Stand der Dinge in Gottes Welt. Wie sehr auch die Unwahrheit auf ihrer Existenz bestehen und sich dem Menschen so präsentieren mag, als sei sie körperlich, so ist doch Unwahrheit bei letzter Untersuchung falsch.

Solange Sie daher in Ihrem wahren Wesen ein geistiger Körper sind, ist Ihre äußere Erscheinung, wenn sie auch entschieden materiell und körperlich erscheint, eine zeitweilige und oberflächliche – eine Erscheinung in Verkleidung und daher falsch. Was nicht wahr ist, ist falsch; wenn Sie daher erst einmal das oberflächliche Gebaren, das ›physischer Körper‹ genannt wird, verneinen, wird Ihre wahre Natur als unzerstörbarer, unbesiegbarer geistiger Körper in eine manifeste Form heraustreten.

Der Mond ist allezeit innerlich vollkommen und harmonisch

Der Mensch als die höchste Form göttlichen Selbstausdrucks verkörpert in sich die ›Idee‹ der Unendlichkeit Gottes. Gott beabsichtigte das menschliche Leben als ein Instrument, um diese unendliche ›Idee‹ auszudrücken, und das immer ausgedehnter und im Laufe der Zeit immer verfeinerter. In der innersten Tiefe menschlichen Bewußtseins wohnt Gottes Geist, und da liegt alles Gute, das in Gottes Besitz ist. Wenn wir es daher nur durch Meditation ausbilden, so wird dieses Gute faßbare Form in der materiellen Welt annehmen, als Güter der Gesundheit, des Wohlstands, Glücks usw.

Das Wahrnehmungsvermögen der sogenannten ›fünf Sinne‹ ist darin begrenzt, daß es nur die äußere Welt erkennt und deshalb ›immun‹ ist gegenüber den unendlichen Schätzen, die in der Tiefe des menschlichen Bewußtseins liegen. Mit anderen Worten, der Mensch ist unfähig, mit seinen fünf Sinnesorganen die wahre menschliche Natur zu erkennen, die ein Kind Gottes, eine geistige Existenz ist. Die fünf Sinne irren sich leicht in ihrer Wahrnehmung und werden zu dem Glauben verleitet, daß der

Mond nicht voll ist, wenn sie den zunehmenden Mond ansehen. Die sinnliche Wahrnehmung ist nicht in der Lage, die Wahrheit zu bemerken, daß der Mond in seinem Wesen allezeit rund, harmonisch und vollkommen ist, und das selbst dann, wenn er im Wachsen begriffen erscheint.

Sie sind immer gesund

Wenn Sie Ihre intuitive geistige Kraft durch praktizierte Meditation ausbilden, werden Sie die Fähigkeit entwickeln, eine inspirationshafte Wahrnehmung menschlicher Göttlichkeit zu erfassen. Der Mensch in seiner wahren Existenz ist weder ein Sein, das vom Rest der Menschheit durch die Grenze des Körpers getrennt und isoliert existiert, noch ein solches Sein, dessen Individualität zu vollkommenem Nichts wird bei körperlichem Tod, so daß seine geistige Existenz vom Ozean des universalen Geistes verschluckt würde. Da jedes einzelne Individuum ein Geist ist, eine Manifestation der ›Idee‹ Gottes, ist es eins mit dem Allgegenwärtigen, aber gleichzeitig wird sich seine Individualität ewig erhalten. Ein Individuum, indem er ganz, eine Ganzheit, indem er Individuum ist – diese unerklärlich wunderbare, verwunderliche und herrliche Existenz ist der Mensch.

Vor allem anderen: Haben Sie den Glauben an die Vollkommenheit und Unendlichkeit der Macht Gottes. Mit Seiner unendlichen Kraft wurde der Mensch geschaffen und kann als ein Instrument dienen, um Gottes Vollkommenheit auszudrükken. So ist es für den Menschen, von Gott vollkommen geschaffen, unmöglich, die Vollkommenheit zu verfehlen. Aus diesem Grund sind Sie immer vollkommen und gesund.

Barometer der Täuschung

Viele Dinge mögen in Ihren Träumen kommen und gehen; aber wenn Sie erwachen, werden Sie sehen, daß sie alle verschwunden sind. Aus psychologischer Sicht ist das, was man träumt, eine symbolische Projektion von Gedanken, die im eigenen Unterbewußtsein eingebettet sind. Das Gehirn mit seinem automatischen Gedächtnissystem programmiert, was es im Wachen erfaßte, und läßt es in einen Traum einfließen, der in der Gegenwart stattfindet, so daß es dasjenige aus einer objektiven Perspektive sehen kann. Jedoch ist dieser vom Gehirn beschworene Traum nicht wirklich existent. Außerdem macht man nicht nur während eines Traumes, sondern auch im Wachen denselben Prozeß durch. Das ›Sinnenbewußtsein‹ mit seinen Gedanken stellt vor, was es seiner Auffassung nach als wirklich existierend wahrnimmt, und zwar mit dem Eindruck lebhafter Realität, obwohl es wirklich nicht existent ist.

Vor dem Zweiten Weltkrieg erfand ich ein kleines Gerät, das ich ›Barometer der Täuschung‹ nannte. Damit konnte ich die Macht des Denkens und Glaubens beweisen; ich konnte zeigen, daß Glaube, der stark genug ist, jemanden wirklich dazu bringen kann, zu sehen und davon überzeugt zu sein, daß irgendein Objekt sich vorbeibewegt, obwohl in Wirklichkeit nicht genug Platz gegeben war, daß es sich hätte vorbeibewegen können. Andererseits konnte ich das Objekt manövrieren, so daß es schien, daß es sich nicht bewegte, wenn es sich in Wirklichkeit aber durch den Raum bewegte. Ich habe gehört, daß das Mittel versuchsweise von der Seicho-No-Ie-Frauenvereinigung erprobt wird und in den Verkauf gehen soll.

Wenn das wahre Bewußtsein an die Oberfläche tritt, wird die Verblendung verschwinden

Wenn Sie auch wirklich einen Film auf dem Bildschirm sehen, sei es nun eine Komödie oder eine Tragödie – in wahrhafter Wirklichkeit gibt es keine solchen Komödien oder Tragödien. Was Sie sehen, sind bloße Figuren, die der Projektor abbildet, indem er die Schwingung des Lichts auf den Bildschirm überträgt. Was für eine Figur er auch immer projizieren mag, sie hat kein wirkliches Leben.

Das trifft auch für Krankheiten zu. Eine Krankheit besteht in einer Schwingung irrtümlichen Glaubens, die von Täuschung ausgestrahlt wird. Daher hat sie kein Leben aus sich selbst und ist ohne die Kraft, sich zu entwickeln.

Warum vermittelt die Krankheit dann einen so lebhaften und augenscheinlichen Eindruck des Fortschreitens, wenn sie es doch nicht sollte? – Das kommt daher, weil das trügerische Bewußtsein, von der Krankheit verstört und in Besitz genommen, schwankt und als ein Ergebnis davon Schwingungen des Krankseins aussendet. Schließen Sie daher Ihre Augen für die Symptome Ihrer Krankheit, und rufen Sie durch Meditation Ihr wahres Bewußtsein hervor. Schauen Sie unablässig in Ihr wahres Wesen, das als Gottes Selbstausdruck innerlich vollkommen ist.

Es ist das wahre Bewußtsein, das wahre Existenz trägt, und das täuschende Bewußtsein ist nur oberflächlich. Wenn auf solche Weise das wahre Bewußtsein hervorgebracht wird, kann das täuschende Bewußtsein nur von sich aus verschwinden.

Gutes Modell im Atelier des Geistes

Nach dem Modell einer häßlichen Frau kann man unmöglich eine schöne Frau schnitzen. Um etwas Schönes zu schnitzen, ist es notwendig, daß man ein schönes Modell benutzt. Das ist auch in bezug auf das Leben wahr. Mit dem, was Sie sich vorstellen, schnitzen Sie (oder Ihre Lebenskraft) entweder eine gesunde oder eine kranke Gestalt aus dem Material Ihres Körpers.

Die Tatsache, daß Sie sich guter Gesundheit erfreuen, zeigt nun an, daß Sie sich zuvor einer gesunden Gestalt als Modell bedient haben, um im Atelier Ihres Geistes eine Statue zu schnitzen, und so einen gleichen Zustand Ihrer körperlichen Funktionen zugeschnitten haben. Wenn es Ihnen andererseits an Gesundheit mangelt, zeigt das, daß Sie, indem Sie sich ein ungesundes Vorbild genommen und mit Ihrem geistigen Auge am Schmerz festgehalten haben, ein Werk von kränkelnder Körperlichkeit geschaffen haben. Wenn Sie es daher nicht mögen, körperlich krank zu sein, warum ändern Sie nicht im Geiste das Modell, das heißt warum ersetzen Sie nicht das ›kranke‹ Modell durch ein gesundes? – Schließen Sie die Augen, und meditieren Sie, und schnitzen Sie mit totaler Konzentration Ihres Geistes eine solide, feste Statue, die zeigt, daß Sie bereits gesund sind.

Anfangsstadium der Verwirrung

Prägen Sie Ihrem Bewußtsein kein Bild von Krankheitssymptomen ein, indem Sie sich sorgen. Sie müssen das grundlegende Gesetz der Beziehung zwischen Körper und Geist begreifen, das besagt, daß der Körper genauso gebaut ist wie das im Bewußtsein bewahrte Bild. Ein Verständnis dessen sollte klarmachen, daß, solange Sie ein geistiges Bild der Symptome hegen, selbst der Versuch, sie medizinisch abzutöten, vergeblich wäre. Jene geistige Vorstellung mit ihrem krankhaften Modell schafft unaufhörlich ähnliche Krankheiten, eine nach der anderen; daher ist es eine Krankheit ohne Ende. Grundsätzlich ist das Anfangsstadium der Verblendung, die einen krank macht, jene Anschauungsweise, die den Menschen als einen physischen, materiellen Körper ansieht. Das heißt: Glauben, daß Sie eine körperliche Existenz seien, bedeutet, daß Sie von der Vorstellung eingenommen sind, daß Sie irgendwann aufgebraucht sein werden und verfallen müssen; mit anderen Worten, daß Sie krank und alt werden.

Glauben Sie nicht daran, daß der menschliche Körper physisch sei, sondern erkennen Sie ihn als geistig seiend. Glauben Sie, daß der Mensch ein Kind Gottes ist. Wann immer Sie Zeit haben, sei es auch nur für den Bruchteil einer Minute, schließen Sie Ihre Augen und bejahen Sie fest in Ihrem Bewußtsein: »Ich bin ein Kind Gottes, eine geistige Existenz, ich bin im Besitz unendlicher Kräfte. Ich werde niemals krank werden, altern oder sterben, in Ewigkeit nicht.«

Ziehen Sie das Kleid des physischen Körpers aus

Während Sie in immer tiefere und sicherere geistige Erleuchtung eintreten, wird auch Ihr Körper vergeistigt werden und schrittweise den körperlichen Verfall, die Müdigkeit und die Altersschwäche abbauen. Außerdem werden Sie mit Erlangen der Geistigkeit dazu befähigt, Ihre Ihnen von Geburt an mitgegebene Mission, eine Selbstinkarnation Gottes zu werden, noch vollkommener durchzuführen.

Gott ist Geist. Sich selbst als bloße physische Existenz zu begreifen, wird Ihre Begabung minimieren und Sie daran hindern, Ihre Aufgabe, die höchste Form göttlicher Selbstwerdung zu sein, zu erfüllen. Um Ihre Arbeit als Gottes höchste Selbstinkarnation vollständig ausführen zu können, ist die Erkenntnis, daß Sie ein geistiges Wesen sind, unbedingt erforderlich. Von dorther wird die Vollbringung Ihres Werkes, vollkommenste Selbstverkörperung Gottes zu sein, möglich werden. Ziehen Sie unter allen Umständen das Kleid des physischen Körpers aus, das die Welt Ihres Geistes bedeckt, und ziehen Sie einen geistigen Körper an.

Die Körperlichkeit als Kleid des Lebendigen

Aus etwas, das leblos ist, kann Leben nicht ins Sein treten. Anders gesagt, das Leben hat seinen Ursprung nicht im Physischen und Materiellen. Die Wahrheit ist vielmehr umgekehrt; das heißt, die Materie ist Produkt des Lebens. Darum ist selbst in einem Atom, der fundamentalsten und einfachsten Form von Existenz und wahrscheinlich dem ersten Anzeichen von der Geburt der Materie, ein Schatten von Verstand. Dies ist bewiesen durch die Tatsache, daß seine Zusammenschlüsse und Teilungen nach einer bestimmten, festgesetzten Ordnung und Regel ausgeführt werden. Was diese Ordnung aufrechterhält und dirigiert, ist nichts anderes als ›Leben‹ und ›Intellekt‹. Das beweist, daß ›Geist‹ oder ›Leben‹ die wahre, die substantielle Existenz ist, obwohl es in das Materielle gehüllt ist.

Wenn wir jedoch durch wissenschaftliches und anderes menschliches Wissen zu der Vorstellung verleitet werden, daß der Mensch physisch ist und sich aufgrund des Körperlichen verhält, werden wir aus der Welt, wo das Leben vollkommen und harmonisch ist, vertrieben werden, aus dem Land der Gesundheit. Das hieße, den Fehler von Adam und Eva zu wiederholen; denn nachdem sie die Frucht vom Baum der Erkenntnis aßen und sich mit Feigenblättern bedeckten, wurden sie aus dem Garten Eden vertrieben, und ihr Zustand geistiger Vollkommenheit ging ihnen verloren.

Falsches Verständnis von geistiger Existenz

›Materie‹ ist nicht wirkliche Materie, sondern ›eigentlich geistige Substanz‹, obwohl wir sie mit unseren fünf Sinnen als materiell interpretieren. Es würde angemessener sein, zu sagen, daß wir ›mißinterpretieren‹, statt daß wir interpretieren. Es ist in der Tat sehr weit hergeholt, wenn wir das, was in Wahrheit geistig ist, für Materie halten, die doch starr, festgelegt und unvollkommen, ohne Freiheit und Veränderlichkeit ist.

Normalerweise sind wir Menschen, wenn wir Dinge sehen oder wahrnehmen, eher dazu geneigt, die Vollkommenheit der geistigen Welt, in der alles gesund ist, zu übersehen, und damit den blühenden Wohlstand darin. Statt dessen sehen wir lieber Sünde, Krankheit, materielle Armut usw. und unterliegen den verschiedensten Begierden. Als Ergebnis davon versuchen wir, einander zu bestehlen, was natürlich Krieg und Unfrieden verursacht. All das ist die Auswirkung der ›Frucht des Baumes der Erkenntnis‹, die wir gegessen haben, der Frucht der Erkenntnis, die uns mit Verblendung plagt und uns dazu verführt zu glauben, daß diese Welt materiell ist und der einzige Weg, zu Wohlstand zu gelangen, demzufolge der sei, andere zu berauben. Sie müssen wissen, daß die Beraubung anderer selbst die Reichen arm macht.

Löschen Sie den Alptraum aus

Alles ist Geist, wie alles, was wahre Existenz ist, Gott ist und Sein Selbstausdruck. Da Gott Vollkommenheit und Harmonie ist, wäre es für diesen vollkommenen und harmonischen Gott unmöglich, Unvollkommenheit und Unfrieden auszudrücken, nicht wahr? Daher würde es auch nicht wahrscheinlich sein, daß der Mensch, Gottes äußerste Selbstinkarnation, in Unvollkommenheit und Kränklichkeit herabsänke. Wenn Sie trotzdem unvollkommen und krank erscheinen, so ist das bloß auf ein Alptraumgebilde zurückzuführen, das Ihr täuschendes Bewußtsein träumt. Wenn Sie nicht gesund sind, so ist das ein Alptraum. Wenn Ihr Kind ein Straftäter ist, ist es ein Alptraum. Wenn Sie arbeitslos sind, ist es ein Alptraum. Verneinen Sie alles, was unvollkommen ist, während Sie andererseits mit überzeugenden Worten bejahen, daß »all so etwas ein Alptraum« ist. Erklären Sie sich dann im Geiste immer und immer wieder, daß die Vollkommenheit Ihrer wahren Natur *bereits ist.*

Wenn diese Bejahung so weit gelingt, daß sie mit der Vibration der Vollkommenheit der gottgeschaffenen Welt zusammenklingt, wird sie wirklich die Vollkommenheit Ihres wahren Wesens zur Verwirklichung in einer körperlich sichtbaren Form treiben.

Seien Sie der Vergangenheit dankbar

Entspannen Sie Ihr Bewußtsein. Die Vergangenheit ist bereits fort und existiert daher nicht. Qualen und Leiden, die Sie jetzt foltern, werden schon jetzt, Minute für Minute, vergangene Dinge. Sie alle sind bloß äußerliche Erscheinungen, die vergehen werden. Das, was vergeht, ist niemals Träger wahrer Existenz. Nicht wahr, es ist sinnlos, sich um das zu sorgen, was nicht wirklich da ist, und sich so selbst zu quälen? Belasten Sie Ihr Bewußtsein nicht. Egal wieviel Leid Ihnen etwas verursacht hat –, wenn es vorbei ist, danken Sie ihm. Alle unangenehmen Erlebnisse haben Ihnen eine Art von Erfahrung gegeben und Sie eine geistige Lektion gelehrt.

Wenn Sie geistig auf die Ebene gehoben werden, auf der Sie von allem, was vorbeigeht, mit Dankbarkeit Abschied nehmen können, werden Sie etwas viel Besserem begegnen. Wenn Sie alles im Geiste segnen und verehren, wird Sie nichts mehr verletzen. Es sind Haß, Neid und Rachegedanken, die Sie in das dunkle Tal des Unglücks tragen.

Überlegenheit des Lebensgesetzes

Das Leben hat schon immer den materiellen und anorganischen Zustand der Dinge erfolgreich besiegt und diese nach der Form seines eigenen Denkens gestaltet. Wäre das Leben dem mechanischen Gesetz der Materie unterlegen, so hätten keine lebenden Wesen geboren werden können. Eine genaue Beobachtung der Ordnung der Dinge im Universum macht es offensichtlich, daß die Rolle, die das Gesetz der Materie spielt, der des Lebendigen definitiv untergeordnet ist. Tatsächlich: Das Leben befehligt das Körperliche und baut es in der Form, die es wünscht. Es tut das, indem es geschickt das physiochemische Gesetz nutzt, das die materiellen Elemente kontrolliert, welche den Körper bilden, und gleichzeitig ihre Funktionen unterdrückt, wie es je nach den Umständen erforderlich ist.

Wenn daher unser Bewußtsein irrtümlich nachgeben und dem Gesetz der Materie die Oberhand überlassen sollte, würde unsere Lebenskraft sich den materiellen Verhältnissen anpassen. Das Ergebnis davon wäre die Verringerung der Unabhängigkeit und der Kraft des Lebens. Nur da, wo das ›Gesetz des Geistes‹ eine übergeordnete Stellung gegenüber dem ›Gesetz der Materie‹ behält und kontrolliert, kann das Leben sieghaft sein. Es war tatsächlich die überlegene Kraft des geistigen Gesetzes, die lebende Geschöpfe dazu befähigte, ins Sein zu treten. Und nicht nur Schöpfung und Geburt lebender Wesen erzeugen, sondern auch unser individuelles Leben schafft in ähnlicher Weise organische Dinge, indem es das Gesetz des Anorganischen beherrscht. Durch geschicktes Umgehen mit dem Gesetz des Anorganischen und indem es Zellen in einer bestimmten Ordnung verbindet, schafft es ein verwickeltes, automatisch funktionierendes, einheitliches System. Und nicht nur das; es hält dieses System auch gesund durch beständig arbeitende Wiederherstellungsmechanismen. Sollte das ›Gesetz des Geistes‹ seiner Überlegenheit beraubt werden und der anorganischen Desintegration der Materie auch nur für eine Sekunde zum Opfer fallen, so wird eine Krankheit auftreten. Daher ist es wesentlich, daß wir auf Gott schauen und unseren innewohnenden Gott sogar noch gesünder werden lassen. So werden wir die Überlegenheit des ›Lebens‹ (oder Gottes) über das Gesetz der Materie zu allen Zeiten erhalten.

Licht und seine Quelle sind eins

Stellen Sie sich niemals, weder gefühlsmäßig noch in Gedanken, vor, Sie seien von Gott getrennt. Worte, die man betet, wie »Unser Vater, der du bist im Himmel«, vermitteln das Gefühl, daß Sie auf der Erde sind, während Gott im Himmel ist, das heißt, daß Sie Gott entfremdet sind; also ist es nicht ratsam, sie im Gebet anzuwenden. Wenn Sie beten, sollten Sie Worte wählen und gebrauchen, die helfen, das Gefühl der Einheit mit Gott zu verstärken, zum Beispiel »Gott, der du tief in mir bist, laß Deine unendliche Kraft hervorkommen!«

Das Wort bewegt den Gedanken. Selbst jene Worte, die achtlos und unbewußt geäußert werden, entwickeln, wenn sie immer wieder wiederholt werden, eine treibende Kraft, Ihre Gefühle und Ihr Denken dementsprechend zu lenken und zu drängen, ob Sie wollen oder nicht. In ›*Nektarregen der Heiligen Lehre*‹ heißt es dementsprechend, daß so, wie das Licht und seine Quelle eins sind, auch Mensch und Gott eins seien. Das Band, das Gott und Mensch verbindet, ist so eng und stark, daß es Gott keine Distanz erlaubt, aus der er erst vom Himmel herabkommen müßte, um den Menschen zu retten.

Selbsterfüllung Gottes

Der Mensch ist die höchstmögliche Form göttlicher Selbstverwirklichung, Sein geliebtes Kind, das alles, was Er ist, in seiner Totalität verwirklicht. Hätte es nicht die irdische Geburt des Menschen in diese Welt gegeben, so wäre Gott gezwungen gewesen, Seine schöpferische Kraft der Natur zu überlassen, verhindert, Seine Schöpfung zu vollenden. Anders gesagt: Die Geburt des Menschen auf Erden ist Gottes materialisierter

Wunsch, Sein erfüllter Zweck in der Selbsterfüllung Gottes selbst. So ist Ihre Existenz für Gott unfaßbar wertvoll und geschätzt.

Ohne die Geburt des Menschen in diese Welt würde Gott seine Selbstverwirklichung nicht vollendet haben können. Nur durch den Menschen kann Gott Sein Ideal auf Erden abbilden. Wenn Sie Ihr Bewußtsein läutern und es unternehmen, auf Gottes ›unhörbare Stimme‹ zu hören, wird Gott nicht verfehlen, den für Sie besten Weg zu enthüllen, damit Sie in Ihrem Handeln Sein Ideal in der Welt verwirklichen. Mehr noch, wenn Sie dieser Enthüllung völlig folgen, werden Sie vollkommen glücklich sein.

Leben Sie jeden Tag mit Gott

Um die Ruhe des Geistes zu finden und Gottes Stimme zu hören, sollten Sie *Shinsokan*-Meditation praktizieren. Wie eine buddhistische Schrift lehrt: »Wenn der Mensch an Buddha denkt, denkt Buddha wiederum an den Menschen.« Wenn wir daher Gott anrufen und an Ihn denken, wird Gott auch an uns denken und auf uns Seine Liebe und die Weisheit Seiner Führung ausgießen. Auch wenn wir beständig in Gottes Gedanken bleiben, selbst wenn wir nicht an Ihn denken, wie können wir Sein Denken wahrnehmen, wenn unser Geist nicht Ihm zugewandt ist? – Wir können es nicht, und das ist im Effekt das gleiche, als wenn Gott nicht an uns dächte.

Gott in allen Dingen um Rat zu fragen und so zu handeln, wie Sie von ihm geführt werden, wird eine glatte Entwicklung der Dinge fördern, ohne daß Sie unnötige Zeit und Energie in Ihren Bemühungen zu opfern brauchen. Verwenden Sie die Zeit, die Sie normalerweise für Ihre Anstrengungen aus eigener Kraft verbrauchen, auf die Kommunikation mit und das Erspüren von Gott, während Sie ein tiefes Gefühl der Dankbarkeit aufbringen. Verstärken Sie gleichzeitig Ihr Empfinden der Einheit mit Gott. Es wird Ihr Leben zweifellos sehr erhellen, Ihnen zu besserem Gedeihen verhelfen und Ihr Leben zu glatterem Verlauf führen.

Hören Sie die Stimme Gottes

Vor welch ernsten Schwierigkeiten Sie auch gerade stehen mögen, Sie brauchen sich nicht zu quälen. Sie brauchen sich nur Gott zuzuwenden. ›Sich Gott zuwenden‹ bedeutet nicht, sich einem Gott zuzuwenden, der außer Ihnen ist, sondern ›dem Gott, der in Ihnen wohnt‹. Der Körper ist ›Gottes Tempel‹, eine Schöpfung des Lebens, durchdrungen von seiner Schwingung. Er ist die ›Bühne‹, auf der Gott Seine Selbstverwirklichung inszeniert. Rufen Sie diesen innewohnenden Gott während der Meditation hervor, und sprechen Sie zu ihm.

Um Gottes Stimme zu hören, muß Ihr tägliches Leben so gereinigt werden, daß es für Gottes Gegenwart bereit ist. Daher müssen Sie jeden Tag so rein wie möglich leben. Wenn Sie Gott nur anrufen, wenn Sie in Schwierigkeiten sind, nachdem Sie Ihre physische Existenz beschmutzt und zerrüttet haben, kann Ihre Wellenlänge die Gottes nicht treffen. Sie sollten jede mögliche Anstrengung unternehmen, jederzeit, um Ihr Leben zu läutern und Ihre Erkenntnis des Einsseins mit Gott zu vertiefen. Meditieren Sie, wann immer es möglich ist, und bleiben Sie in Verbindung mit Gott.

Wenden Sie Ihr Bewußtsein Gott zu

Wenn Sie krank sind, so wenden Sie Ihr Bewußtsein Gott zu und lassen Sie es die ganze Zeit bei Ihm. Nichts außer Gott ist die Quelle ständig frischer Energie, von wo neue Lebenskraft Ihrem ganzen Sein eingeflößt wird. Rufen Sie sich das ins Bewußtsein und versenken Sie sich in seine Bejahung. Sich etwas bewußt zu machen und es zu bejahen heißt, sich auf seine Schwingung einzulassen. All die verschiedenen hygienischen Vorschriften, die den Menschen als körperliches Produkt behandeln, bewirken meistens seine Vertreibung aus der Welt göttlicher Gesundheit, gerade so, wie Adam aus dem Garten Eden vertrieben wurde, nachdem er die ›Frucht vom Baum der Erkenntnis‹ gegessen hatte. Einige Leute beschweren sich über ihr Kranksein: Sie stellen fest, daß sie Magenschmerzen haben, weil sie schlecht verdauliche Nahrung gegessen haben, oder daß sie Kopfschmerzen haben, weil sie seit längerer Zeit kaum geschlafen haben. Der Magen und der Kopf jedoch sind, für sich genommen, genau wie Geschirr und Möbel, nicht mit der sinnlichen Fähigkeit ausgestattet, Schmerz zu fühlen.

›Schmerz‹ ist Schmerzempfinden des Bewußtseins. Es sind, anders ausgedrückt, nicht die körperlichen und materiellen Ursachen wie Verstopfung und Schlaflosigkeit, die Schmerz herbeiführen, sondern das ›Bewußtsein‹ tut weh und ist mit solchen Dingen wie Verstopfung und Schlafmangel beschäftigt. Der Geist des einzelnen, anfällig für Angst, empfindet Schmerz und verursacht körperliche Schmerzen. Dies ist der Grund, warum es weit besser ist, wenn man versucht, Schmerzen zu lindern, nicht zu beachten, was wie eine Krankheitsursache aussehen mag, weil so der Geist nicht vom Schmerz vereinnahmt werden wird. Wenn Sie Zeit haben, nach materiellen und physischen Ursachen der Krankheit zu suchen, so wenden Sie Ihr Bewußtsein Gott zu, und bejahen Sie fest für sich, daß der Fluß neuer, frischer Energie von Gott nie aufhören wird und daß Sie beständig überfließende Kraft von Ihm empfangen.

Der Geist beherrscht den Körper

Unter den Büchern, die ich geschrieben habe, befindet sich eines mit dem Titel ›*Befehlige dein Leben mit dem Geist*‹. Wahrhaftig erteilen Sie Ihrem Körper Befehle durch den Geist. Das Körperliche, da materiell, ist nicht in der Lage, die Position oder Struktur seiner Zellen zu ändern. Es ist der Geist, der Zellen, die kränkeln, ersetzt und rekonstruiert.

Wenn daher der Geist seine Herrschaft über den Körper nicht ausübt, weil er sie nicht erkennt, gibt er sein Recht als Befehlshaber auf. Indem er das tut, nimmt er an, daß die physische Ursache ihm überlegen ist, wie sich in Bemerkungen wie »wegen der und der materiellen Lage, der und der möglichen und wahrscheinlichen Krankheitsursache bin ich krank geworden« erweist. Dann zerfällt Ihre Lebenskraft wegen der scheinbaren Symptome. Das wird zu geistiger Anspannung führen, die, durch die Angst vor Krankheit verdoppelt, früher oder später ihre wahrgenommene Unordnung in faßbarer Form auf die Körperzellen übertragen wird, um tatsächlich eine Krankheit zu erzeugen. Selbst in solchen Fällen jedoch ist es schließlich und letzten Endes das Bewußtsein, das die Herrschaft hat; die Krankheit ist nicht mehr als ein Nebenprodukt seiner Verfassung, die auf den Körper abgebildet wurde.

Stellen Sie die Oberherrschaft des ›Geistes‹ wieder her

Wenn das Bewußtsein seine allmächtige Fähigkeit vergißt, jeden möglichen Gedanken auf das Leben zu projizieren, und vor der Krankheit ängstlich zurückschreckt, hat es seine eingeborene Kraft verraten, seine Herrschaft über das Materielle, und sich dem Recht des Materiell-Physischen gebeugt. Da die Souveränität ursprünglich dem Geist zukommt, ist es nicht dessen natürliches Wesen, daß er diese aufgibt und das Recht, über die Materie zu bestimmen. Als Folge davon wird er den Bezug zu sich selbst verlieren. So eine geistige Disharmonie wiederum wird sich in Form einer Störung auf den Körper abbilden. Stellen Sie unbedingt die Herrschaft des Bewußtseins und sein Recht, die Materie zu beherrschen, wieder her.

Wenden Sie sich vollständig Gott zu

Da Gott die Quelle des Lebens an sich ist, muß man sein Bewußtsein, wenn Disharmonie im eigenen Leben auftritt, Gott zuwenden, der Wurzel des Lebens, um eine volle Versorgung mit gesundem Leben zu erhalten. Wenden Sie Ihren Geist Gott zu. Wenn Sie krank sind, wenden Sie Ihre geistige Aufmerksamkeit von den Symptomen der Krankheit ab, und wenden Sie sich Gott noch mehr zu.

Wenn Ihr Bewußtsein ganz Gott zugewandt ist, wird Seine Heilkraft freigesetzt werden und reichlich und verschwenderisch in Sie einfließen.

Gehen Sie über den ›Gott der Liebe und des Hasses‹ hinaus

Ich sagte, daß man sich Gott zuwenden soll, aber es gibt Götter von verschiedener Natur. Wenn wir uns einem individuellen Geist oder Gott zuwenden, der Gefühle wie Liebe und Haß hat, werden wir durch seine Schwingung von Liebe und Haß kontrolliert und geben ihr nach. Wenn wir vor einem individuellen Gott oder Geist knien, der von Liebe und Haß beseelt ist, werden wir Wohltaten und Profit erhalten, solange wir unter seiner Liebes-Schwingung sind; während unsere Furcht, daß das Unglück über uns kommen könne, ein weiteres Mißgeschick oder eine Krankheit herbeiführen wird.

Wir müssen über Götter der Liebe und des Hasses hinausgehen und uns dem Gott zuwenden, der allgegenwärtig und von unteilbarer Liebe ist. Dann löst sich unsere Angst vollkommen auf, Frieden fängt den Geist, und Glück wird als eine Projektion der geistigen Ruhe verwirklicht.

Als Gott den Menschen schuf, wollte Er, daß der Mensch gesund sei

Im Buche Genesis steht geschrieben: »Gott sah alles, was er gemacht hatte, und siehe, es war sehr gut«; oder: »Gott schuf den Menschen nach seinem Bilde, zum Bilde Gottes schuf er ihn.« Insoweit aber Gott den Menschen nach Seinem eigenen Bild geschaffen hat, das vollkommen ist, gibt es für den Menschen keine andere Möglichkeit, als vollkommen, gut und gesund zu sein. Mehr noch, nachdem Er alles, was Er geschaffen hatte, angesehen hatte, stellte Gott fest, daß es »sehr gut war«. Daher kann man, egal wieviel Kraft man aufwenden oder wessen Autorität man gebrauchen mag, einfach nicht das verändern, was Gott als vollkommen geschaffen hat, und die Ursache dafür werden, daß es zu Unvollkommenheit und Ungesundheit verfällt.

Wenn eine Täuschung eine Erscheinung von Krankheit oder ein Krankheitssymptom Ihrem körperlichen Auge präsentiert, lassen Sie sich nicht zu dem Glauben verführen, daß dasjenige wirklich existiere. Vor allem anderen ist es notwendig und wesentlich, daß Sie an das Gute, an Liebe, Weisheit, Vollkommenheit und Kraft Gottes glauben und fest die unwandelbare Überzeugung aufrechterhalten, daß alle von Gott geborenen Geschöpfe in der Tat vollkommen sind; Sie müssen, mit anderen Worten, an die Vollkommenheit und innere Gesundheit des Menschen glauben. Das ist es, was es heißt, wirklich an Gott zu glauben.

An was glauben Sie, an Gott oder an das Körperliche?

In unserem Alltag sind wir oft dazu genötigt, zu entscheiden, ob wir an Gottes Vollkommenheit oder an die unvollkommene physische Welt glauben sollen. Stellen Sie sich vor, wir legten Gott auf das eine Ende einer Waage und die ›physische Welt‹ auf das andere und hielten beide in vollkommener Balance. Die Seite, der Sie das meiste Gewicht beilegen, wird das Pendel dieser Seite zuneigen – entweder ›Gott‹ oder dem ›Materiellen‹ entgegen.

Wenn es sich dem Materiellen zuneigt, hat man sich unter das Gesetz der ›Materie‹ gestellt, so daß die Gesundheit Grenzen unterliegt, die der eigene Glaube an materielle Faktoren und die Abhängigkeit davon gesetzt haben. Mit anderen Worten, wenn man kalter Luft ausgesetzt ist, wird man sich erkälten, und wenn man Bazillen ausgesetzt ist, wird man mit einer Krankheit angesteckt werden.

Wenn sich andererseits der Glaube an Gott vertieft und das Pendel dazu bringt, sich Gott zuzuneigen, wird man ein Stadium erreichen, in dem die Gesundheit allmählich unabhängig wird von Einflüssen des materiellen Gesetzes, und schließlich wird man über die physischen und materiellen Bedingungen der äußeren Welt hinauswachsen. Dann ist die Zeit gekommen, wo man seine wahre Natur vollkommener Gesundheit jederzeit auf den Körper übertragen kann, ohne an die Veränderungen der äußeren Umstände zu denken.

Vertikale und horizontale Wahrheit

Wenn die Krankheit in Gestalt eines gewissen Symptoms in Erscheinung tritt, ist sie nicht ausgebrochen. Lange vorher schon haben Faktoren wie medizinisches Wissen über die Krankheit, Furcht und Ängstlichkeit vor einer Berührung mit der Krankheit oder das Bild eines Symptoms im Bewußtsein Wurzeln geschlagen. Das Erscheinen von etwas Anormalem ist nur das Resultat solcher Faktoren, die in der physischen Welt Blüten treiben. Nehmen Sie zum Beispiel Pflanzen. Eine sofort wirkende Ursache, die zum Sprießen führt, kann ein nächtlicher Regen sein. Häufig nach einer regnerischen Nacht im Frühling entdekken wir morgens, daß ein Krokus im Garten die Erde durchbrochen und zu knospen begonnen hat.

Wenn jemand sich selbst die ganze Nacht mit quälenden Gedanken peinigt, ist es wie mit dem die ganze Nacht andauernden Regen: Er wird entdecken, daß sich am folgenden Tag irgendeine physische Störung an seinem Körper bemerkbar macht. Der Krankheitserscheinung ging jedoch eine geistige Formung der Krankheit voraus. Die Unordnung ist dieses geistige Modell, das, so genährt, als körperlich erkennbare Störung an die Oberfläche aufgestiegen ist, angeregt durch die nächtelange geistige Quälerei. An der Wurzel der Krankheiten liegt letztendlich die menschliche Grundüberzeugung, daß »der Mensch unter Krankheit und Alter leiden muß«, tief eingegraben im menschlichen Bewußtsein. Genau dieser Glaube tritt in manifester Form an die Oberfläche, was durch verschiedene geistige und gefühlsmäßige Schocks oder Ängste herbeigeführt wird. Wenn Sie daher ein genaues Verständnis der Wahrheit haben, daß der Mensch ein Kind Gottes ist, und diesen Glauben anstelle der tiefsitzenden Täuschung setzen, daß der Mensch krank werden kann, und alle geistig-seelischen Störelemente entfernen, so wird die Krankheit verschwinden.

Die wahre Natur des Menschen als eines Gotteskindes zu kennen, ist, wie wir es nennen, die »vertikale Wahrheit«; sich auf die Lehre des ›geistigen Gesetzes‹ zu berufen und psychoanalytische Methoden in dem Versuch zu befürworten, geistige und seelische Probleme zu beseitigen, heißt, die ›horizontale Wahrheit‹ anzuwenden.

Chemikalisierung von Täuschung

Wenn Sie die ›vertikale Wahrheit‹, daß der Mensch ein Kind Gottes ist, von daher wesentlich gesund lernen und erkennen und Ihr geistiges Leiden, gestützt auf die ›horizontale Wahrheit‹, daß die körperliche Welt so ist, wie das Bewußtsein sie abbildet, auflösen, werden die Symptome des Krankhaften, sofern die Täuschung nicht zu tief verwurzelt ist, sofort verschwinden. Wenn die Täuschung jedoch tiefer sitzt, bringt die Erleuchtung in bezug auf die Wahrheit das Symptom dazu, vorerst ein scheinbar verschlimmertes Krankheitsbild zu zeigen. Sollte so etwas passieren, dürfen Sie sich nicht bestürzen lassen, denn eine ernste chronische Krankheit ist wie ein Hochhaus mit einem Fundament aus Sand; so bricht es mit lautem Krachen zusammen, wenn sein Fundament zu wanken beginnt. Der Krach, mit dem es zusammenfällt, und die Trümmer nach der Zerstörung zeigen ein noch häßlicheres Bild als vorher, als das Gebäude mit der Krankheit noch stand. Das ist ein Zeichen dafür, daß die Täuschung im Begriff ist, zerstört zu werden.

Obwohl das verschlimmerte Symptom für einige Zeit bleiben wird, bis der letzte Überrest der zerstörten Täuschung durch den reinigenden Mechanismus der Natur aus Ihrem System herausgewaschen ist, kann man sagen, daß die Krankheit in dem Moment verschwunden ist, als das Trugbild zusammenbrach, denn das Zeichen der Reaktion ist in sich selbst Beweis dafür, daß die geistige Basis der Krankheit ausgerottet worden ist.

Immer mehr Medizin, immer mehr Krankheit

Je mehr man sich um Medikamentierung und um seine Gesundheit sorgt, desto anfälliger wird man für Krankheit. Lassen Sie mich Ihre Aufmerksamkeit auf die Tatsache lenken, daß es Leute gibt, die, obwohl umgeben von Vitamintabletten und anderer Medizin, unter Vitaminmangel leiden oder ständig erkältet sind. All das ist das Resultat ihres Glaubens, der dem Materiellen zuschwingt und zu wenig Gewicht hat auf der Seite des ›Menschen als eines Gotteskindes‹. Je häufiger man Medizin nimmt, desto fester wird die Ansicht im Bewußtsein verwurzelt, die den Menschen als einen körperlichen Reaktor ansieht. Folglich kann der, der die Überzeugung besitzt, daß er eine körperliche Existenz ist, gar nicht anders, als sich dem materiellen Gesetz des Verfalls auszuliefern. Das ist es, was das anscheinend paradoxe Phänomen hervorbringt, daß es trotz des Überflusses an Medizin in der Welt so viele Kranke gibt.

Einige Leute weigern sich, die Wahrheit zu akzeptieren, daß, ›was im Geist geboren wird, sich in der körperlichen Welt manifestiert‹, aus dem Grunde, weil sie krank wurden, obwohl sie nicht an Krankheit dachten. Selbst wenn sie keinen bestimmten Gedanken an Krankheit in der direkten Vergangenheit gehegt haben, so wird doch der Glaube, daß der Mensch eine körperliche Existenz sei, ein vergängliches und äußerliches Sein, das dem Verfall unterliegt, sich mit der Zeit in Gestalt einer Krankheit auf der körperlichen Ebene verwirklichen als ein Prozeß des Verfalls und der Zerstörung.

Medizin ist eine Zusatzmaßnahme

Was für neue materielle Mittel oder neue Behandlungsformen auch entdeckt werden mögen, die zur Heilung von Krankheiten dienen: im Leben selbst liegt die Heilkraft. Die Rolle, die Medizin und verschiedene medizinische Behandlungen spielen, ist nur ergänzend und steht nicht im Widerspruch zu der natürlichen Heilkraft. Zusatzmaßnahmen werden benötigt, genau wie Holzvorräte benötigt werden, um einen Tunnel in einer Kohlenmine zu verstärken, damit es keinen Einbruch gibt.

Nichtsdestoweniger reduziert zu viel Sich-Verlassen auf solche zusätzlichen Maßnahmen das Von-Gott-Abhängen (der die Quelle des Lebens ist). Daher kann man sagen, daß es einem einerseits, in materieller Hinsicht, hilft, davon zu profitieren, andererseits aber auf Kosten von etwas sehr Wertvollem geht, das man dabei verliert.

Der Mensch ist kein Fleischaggregat

Die Ansicht »Der Mensch ist ein Körper, der aus physischem Fleisch zusammengesetzt ist«, bedeutet, daß die Menschen die ›Frucht vom Baum der Erkenntnis‹ gegessen haben, nachdem sie von der Schlange betrogen wurden. Die ›Schlangenweisheit‹ Materialismus lehrt, daß der Mensch ein Aggregat von Materieteilchen sei. Lassen Sie mich Sie dann aber fragen: »Nehmen Sie an, jemand verliert einen Arm, würde das dieses Individuum als menschliches Wesen entwerten? Wird er zu einem ›Mensch minus ein Arm‹?« – So etwas wird nie geschehen. Es gibt Leute, die es trotz des Verlustes von einem Arm oder Bein fertigbringen, nicht mutlos zu werden, und mehr an Humanem und Bedeutungsvollem leisten als diejenigen mit zwei Armen und zwei Beinen. Damit soll gesagt sein, daß ein Individuum an sich mit dem Anwachsen oder der Verminderung seiner körperlichen Teile weder größer noch kleiner wird.

Wenn der Mensch ein bloßer Körper wäre, wäre er nicht sehr verschieden von dem Fleisch, das im Fleischerladen hängt. Wenn das der Fall wäre, müßte sein Wert an seinem Gewicht gemessen werden, aber die Wahrheit sieht anders aus. Sehr oft ist ein dünner und kleiner Mensch in seinem Dienst an der Menschheit weit mehr wert als einer, der groß und schwer ist. Das lehrt uns, daß der Mensch nicht ein bloß körperliches Wesen ist.

Erkenntnis, die Sie von der ›Physis‹ abbringt

Seicho-No-Ie lehrt, daß der Mensch nicht physisch oder materiell ist. Es lehrt auch, daß Materie nicht existent ist; der Körper ist nicht existent. All das sind Worte, die dazu bestimmt sind, diejenigen zu beeindrucken, die den Menschen als physisch und materiell ansehen, und um ihren Blick auf die Erkenntnis zu lenken, daß der Mensch ein Kind Gottes ist, eine geistige Existenz.

Ein Abendländer stellte einst die Frage: »Wenn eine Krankheit durch Meditieren verschwindet und dadurch, daß man bejaht, daß die Krankheit nicht existiert, dann sollte durch die Bejahung dessen, daß der Körper nicht existiert, auch dieser verschwinden. In Wirklichkeit tut er das jedoch nicht. Ist das nicht ein Widerspruch zu der Theorie?«

Die ursprüngliche Absicht der Worte »der Körper ist ohne Existenz« und »die Krankheit existiert nicht« ist, das Bewußtsein derjenigen zu verändern, die, damit beschäftigt, daß Körper oder Krankheit fest bestehende Einrichtungen seien, ihre Freiheit verloren haben und daher unfähig sind, das wahre Wesen des Menschen als einer geistigen Existenz zu begreifen. Wenn daher diese Worte effektiv wirken, indem sie sie erwecken und ihnen helfen, sich von der geistigen Störung betreffs des Körpers oder der Krankheit zu befreien, wird ihre Vollkommenheit als gottgeschaffene aufscheinen, und sie werden gesund sein. Selbst wenn daher der Glaube, daß der Körper nicht existiert, sich vertieft, wird dieser doch nicht verschwinden. Er wird im Gegenteil nur bessere Gesundheit manifestieren.

Auch das Körperliche ist in Wahrheit Buddha-Verkörperung

Daß das Körperliche und die Materie nicht existent sind, heißt, anders ausgedrückt, daß, obwohl der Mensch jedwede Existenz mit seinen fünf körperlichen Sinnen wahrnimmt und sie des Praktischen halber als materiell und physisch interpretiert, das bloß eine Auslegung ist, die der Mensch der Bequemlichkeit des täglichen Lebens wegen benutzt oder, mit den Augen der Wahrheit gesehen, daß es eine Fehlinterpretation ist. Mit anderen Worten, wenn die Realität der göttlichen Welt ohne Interpretieren erfaßt wird, wird man begreifen, daß alle Dinge, Berge, Flüsse, Gras, Bäume und Land, selbst obwohl sie materiell erscheinen, nicht materiell, sondern sämtlich verkörperter Buddha sind. Was daher dem menschlichen Auge physisch erscheint, ist, wenn es nicht falsch interpretiert wird, nicht wirklich physisch, sondern eine geistige Existenz – eine Selbstmanifestation des göttlichen Lebens.

Wenn daher das, was Materie zu sein scheint, nicht materiell, sondern verkörperter Buddha ist, und das, was der Körper zu sein scheint, nicht körperlich, sondern ein geistiger Körper ist, so sind Materie und Körperlichkeit nichts. Von ihnen als Materie und Physischem zu denken, ist nichts anderes als eine Täuschung, eine phantastische Einbildung, ein Mißverständnis. Das ist es, was mit ›Materie existiert nicht‹ und ›der Körper existiert nicht‹ gemeint ist.

›Physis‹ ist falsch ausgelegte ›geistige Existenz‹

Nur die geistige Existenz hat wahre Existenz an sich, so daß eine Wahrnehmung der Dinge als materieller und physischer nichts als eine Fehlinterpretation ist. Selbst wenn falsch konstruierte Feststellungen zu existieren scheinen, insofern als sie nicht ausdrücken, ›was wirklich existiert‹, vermitteln sie doch nur und drücken aus, ›was eigentlich nicht existiert‹. Das ist es, was mit ›das Materielle ist nicht existent‹ und ›der Körper ist nicht existent‹ gemeint ist.

Fehlinterpretationen haben keine wirkliche Substanz. Ähnlich hat auch das Materielle keine wirkliche Substanz. Also ist das Körperliche selbst nicht mehr als ein Ausdruck dessen, der interpretiert, des ›Bewußtseins‹, das sich mit einem Zerrbild beschäftigt. Der Grad der Fehlinterpretation variiert von Interpret zu Interpret, und einige sind imstande, die korrekte Bedeutung des ursprünglich Geschriebenen mehr oder weniger zurückzuhalten. In ähnlicher Weise wird sich, wenn das Bewußtsein die Wahrheit versteht, was der Mensch wirklich, in der gottgeschaffenen Welt, ist, die Vollkommenheit der Welt Gottes vollkommener auf den Körper übertragen. Darum verbessert sich die körperliche Gesundheit, wenn man von der Wahrheit erleuchtet wird.

Das Leben ist ewig

In der Sutra ›Nektarregen der Heiligen Lehre‹ wird gelehrt: »Der Mensch ist kein materielles Wesen, der Mensch ist in Wirklichkeit nicht seine körperliche Existenz, noch ist sein Gehirn sein Wesen, oder seine Nervenzellen, auch nicht seine Muskeln; weder seine Blutkörperchen noch sein Serum sind das, woraus er besteht; hinwiederum ist er auch nicht das Zusammengesetzte von ihnen allen.« Die Anatomie kann den menschlichen Körper auseinandernehmen oder zerteilen, wenn sie ihn studiert und analysiert. Aber geht auch das Umgekehrte, das heißt, kann ein menschliches Wesen hervorgebracht werden, indem man diese Teile kombiniert? – Die Antwort ist nein. Ein solches Handeln wird niemals einen Menschen erzeugen.

Der Mensch kann nicht geschaffen werden, indem Materieteilchen zusammengesetzt werden, egal wie man es anfangen mag. Der Körper ist nicht Mensch, sondern eher das Erzeugnis des Menschen, das, obwohl es geschaffen wurde und obwohl ihm Leben verliehen wurde, eine verlassene Muschel wird wie eine Schlangenhaut, wenn das geistige Leben es verläßt. Der Mensch selbst ist eine geistige Existenz, die ewig lebt, selbst nachdem die Muschel des Körpers entfernt worden ist, wie die Schlange zu leben fortfährt, nachdem sie ihre alte Haut abgestreift hat.

›Geist‹ ist der Interpret der gottgeschaffenen Welt

Obwohl der Mensch nicht körperlich, sondern ein Kind Gottes und eine geistige Existenz ist, sind die fünf Sinne des Menschen unfähig, diese geistige Existenz wahrzunehmen und zu begreifen.

Es erfordert einen Interpreten, um die ›gottgeschaffene Welt‹ in eine körperlich erkennbare Form zu übersetzen. Dieser Interpret ist der ›Geist‹.

Wenn daher der Geist ein vollständiges Verständnis der Spiritualität der gottgeschaffenen Welt hat, wenn er übersetzt, wird die Vollkommenheit der gottgeschaffenen Welt sich in dieser dreidimensionalen körperlichen Welt verwirklichen. Dies stimmt, selbst obwohl die Größe des Menschen als einer geistigen Existenz sich vielleicht nicht vollständig manifestiert wegen der Beschränkungen, die dadurch entstehen, daß die sublime und unerhörte Schönheit und Vollkommenheit der dimensionslosen Welt Gottes in Begriffe der dreidimensionalen physischen Welt übersetzt werden soll.

Untersuchen Sie zuerst das ›Bewußtsein‹

Gedanken und Gefühle haben eine dynamische Kraft, Dinge zu bewegen, eine Kraft, die Hormonabsonderung direkt zu beeinflussen und die Anordnung von Zellen, den Abbau, die Verdauung, Absorption, Assimilation und den Nährwert der Nahrung zu kontrollieren. Es gibt Frauen, die, nachdem sie erfahren haben, daß ihre Ehemänner untreu gewesen sind, gefühlsmäßig so geschockt und aufgeregt sind, daß sie kollabieren und so schwach werden, daß sie das Bett hüten müssen. Der Geist hat in der Tat eine Macht, die stark genug ist, den Körper zu berühren und zu verändern. Es muß daher gesagt werden, daß es sinnlos und unlogisch ist, nur die Behandlung durch einen Arzt zu suchen, wenn man krank wird. Man muß auch das eigene Bewußtsein überprüfen, um die Ursache der Krankheit bestimmen zu helfen.

Es ist geistige Disharmonie, was eine Krankheit verursacht, und die unnormalen Anzeichen, die auf dem Körper erscheinen, sind bloß das Ergebnis. Zu versuchen, allein medizinische Behandlung wahrzunehmen, die sich des Symptoms annimmt, ohne zugleich die Ursache zu beheben und zu ändern, würde daher so sein, als ob man versuchte, das fließende Wasser stromabwärts zu reinigen, aber den Oberlauf schmutzig ließe. Materielle medizinische Behandlung kann kein dauerhaft wirksames Resultat liefern. Obwohl es zeitweise so scheinen mag, als habe sie die Strömung kuriert, kann sie ein Wiedererscheinen der gleichen oder das Befallenwerden von einer anderen Krankheit nicht verhindern, und all das, weil das Bewußtsein, das der Oberlauf des Flusses ist, nicht gesäubert worden ist.

Irrtum der modernen Medizin

Alle Krankheiten sind Erzeugnisse des Bewußtseins. Sie sind eine Übersetzung, mit der der Körper selbst das Bewußtsein durchdringt. So sind Krankheiten, die durch geistige Führung heilbar wären, nicht mehr auf funktionelle Krankheiten beschränkt, sondern weiten sich auch zu organischen Krankheiten aus. Wir können zahlreiche Beispiele von Fällen anführen, in denen Erkrankungen wie Krebs durch einen Bewußtseinswandel geheilt wurden. Tatsächlich ist es das Bewußtsein, das gesunde Zellen dazu anregt, zu Krebszellen zu werden.

Das ist durch von Ärzten erstellte Statistiken belegt, die auf die Tatsache hinweisen, daß die Mehrheit der Krebskrankheiten im Bereich der Gebärmutter und der Brust bei Frauen auftreten, denen die Liebe der Familie fehlt oder die damit nicht zufrieden sind – Frauen ohne Kinder zum Beispiel, Frauen, die seelisch gequält sind, weil ihre Männer untreu gewesen sind, und Frauen, die ihre Männer nach nur kurzer Ehe verloren haben; alle leiden sie in der einen oder anderen Weise an fehlender Befriedigung oder an Komplikationen in der Liebe. Trotzdem versuchen Ärzte, die Symptome durch Operation, Röntgenbestrahlung, Terramycinininjektionen usw. zu behandeln, wobei sie versäumen, geistige Führung anzubieten. So wird die wahre Ursache unbehandelt gelassen.

Linse des Bewußtseins

Die körperlichen und umweltmäßigen Bedingungen des einzelnen sind das Ergebnis seines Bewußtseins, das die gottgeschaffene Welt (oder geistige Existenz) interpretiert und so auf die Welt der Länge, Breite und Höhe überträgt. Wenn sein Bewußtsein den Körper verläßt, verschwinden mit ihm sowohl Umgebung wie auch Körper. Es ist wie eine Szene auf dem Bildschirm, die verblaßt, wenn die Linse des Filmprojektors entfernt wird; daher das Bild von der ›Linse des Bewußtseins‹.

Wenn sich die Bewußtseinslinse zusammenzieht und verzerrt, verzerren sich auch die Gestalten, die auf den Bildschirm projiziert werden. Wie vollkommen die Dinge in der gottgeschaffenen Welt auch sind, wenn die Linse des Bewußtseins nicht auf den Brennpunkt der gottgeschaffenen Welt eingestellt ist, kann sich die Vollkommenheit nicht manifestieren und wird daher außerhalb des Bereichs der Sehschärfe bleiben. Wie die existierende Landschaft schön und klar ist, auch wenn das auf dem Bildschirm Abgebildete verzerrt und unscharf erscheint, sind sowohl die gottgeschaffene Welt wie auch wir in unserem wahren Wesen vollkommen. Scheinbare Unvollkommenheit in unserer Gesundheit und unserer Umgebung ist nur eine Spiegelung der Kontraktion, der Verzerrung und der Wolken und ähnlicher Bildungen der Linse des Bewußtseins.

Übersteigen Sie das Allgemeinbewußtsein

Wenn eine starke geistige Bejahung dessen, daß eine Krankheit nicht existiert, die Krankheit vernichten kann, dann müßte theoretisch auch die Bejahung, daß der Körper nicht existiere, diesen zu Nichts machen, – aber ist das so? Es entsteht hier die Frage, warum der Körper durch Bejahungen dieser Art nicht verschwindet. Das ist so, weil das Bewußtsein aus vielen miteinander verflochtenen Schichten besteht, so daß der Bejahung auf der Oberflächenebene eines Bewußtseins die Kraft fehlt, so leicht entweder das Bewußtsein der Menschheit zu verändern oder die eigenen, tief im Unterbewußtsein eingebetteten Überzeugungen.

Das Bewußtsein jedes einzelnen sammelt und trägt dazu bei, eine gigantische Welle schaffen zu helfen, die ›Allgemein-‹ oder Menschheitsbewußtsein genannt wird, und auf dieser Welle treibt das Bewußtsein jeder einzelnen Person. Wenn daher jemand Gift nimmt, was die Menschheit für tödlich hält, wenn er genug trinkt, wird er, selbst wenn er selbst sich gar nicht bewußt ist, Gift genommen zu haben, sterben, aufgrund dieses Wissens des Artbewußtseins. Daher sollte man ernsthaft *Shinsokan*-Meditation üben und in die Vollkommenheit der gottgeschaffenen Welt blicken, mit unveränderlicher Festigkeit, und einen unzweideutigen Glauben in sich aufbauen, der stark genug ist, den Wellen des Menschheitsbewußtseins zu widerstehen und sie zu überragen. Sonst wird er erdrückt und zerstört werden von der Flutwelle dieses Allgemeinbewußtseins wie ein sinkendes Schiff, das hilflos umhergeworfen wird, der Gewalt der tosenden Wogen ausgeliefert.

Der Grund, warum trotz der bewußten Bejahung eines Individuums, daß der Körper nicht existiere, der Körper nicht verschwindet, ist der, daß sein Unterbewußtsein einen Glauben daran nährt, daß er existiert, und er also unfähig ist, die Wellen des Menschheitsbewußtseins zu übersteigen, in denen eine tiefliegende Überzeugung vorhanden ist, daß ›jedes Mitglied der menschlichen Rasse einen Körper besitzt‹.

Ein Wildpferd erkältet sich nicht

Ein Wildpferd erkältet sich nie, aber wenn es erst einmal gefangen, gezähmt und zum Haustier gemacht worden ist, in einem Stall untergebracht und aufmerksam versorgt wird, zum Beispiel, indem es während des Winters nachts eine Decke bekommt, damit es warm bleibt, dann wird sich das Pferd höchstwahrscheinlich gerade dann erkälten, wenn es in so einer Winternacht einmal nicht zugedeckt ist. Sollte der Mensch es fangen, in einen warmen Raum bringen und sich sorgen, daß es sich erkälten könnte, so wird es sich bald erkälten.

Warum passiert das trotz der sorgfältigen Pflege? – Weil die Pferde mit dem Krankheitsglauben des Menschheitsbewußtseins in Berührung kommen, darin verwickelt werden und von ihm angegriffen werden. Mit anderen Worten: Der Mensch hat das Tier mit der ›Frucht vom Baum der Erkenntnis‹ gefüttert und mit einer Krankheitsmentalität erzogen. Bücher über Pathologie oder Diätkunde zu lesen, Medizinsendungen im Radio zu hören und die Reklame für verschiedenste Medizin im Fernsehen zu sehen, das alles wirkt darin zusammen, daß es dem menschlichen Unterbewußtsein den Gedanken einmeißelt: »Der Mensch ist ein Opfer von Krankheiten.« Ein Überwiegen davon verursacht manchmal gesellschaftliche Zwischenfälle wie die Schließung einer Schule wegen Grippe. Der Einfluß der Massenmedien auf die Förderung einer solchen Krankheitsmentalität wird die Menschheit noch kranker machen. So werden Ärzte und Medizin zur einzigen Hilfsquelle, und als ein Ergebnis dessen würde, paradox genug, ein gleichzeitiges Schließen ihrer Praxen ein gewaltiges soziales Problem schaffen. Sie müssen wissen, daß nichts anderes als Ihr Glaube an das Leben Ihre Krankheit wirklich heilen kann.

Ergeben Sie sich nicht der Medizin

Die Gewohnheit, einem Baby zu jedem Essen Vitaminpillen zu geben, wie es von Kinderärzten empfohlen wird, führt in vielen Fällen zu einer Schwächung des Babys, weil durch dieses Tun dem Baby die Vorstellung eingeflößt wird, daß es nicht ohne materielle Hilfe gesund sein kann, besonders nicht ohne Medizin. Damit möchte ich jedoch nicht behaupten, daß Vitamine zur Förderung des kindlichen Wachstums unnötig seien. Was ich meine, ist, daß man, obwohl Vitamine für Kinder unverzichtbar sind, aufpassen sollte und, wenn man plant, darauf achten sollte, nicht Pillen zu geben, sondern zu versuchen, sie natürlich durch Nahrung zu ersetzen.

Wenn die Theorie vom untergeordneten und von der Medizin abhängigen Menschen erst einmal in der Kindheit dem Unterbewußtsein eingepflanzt worden ist, ist es sehr schwer, diese Idee zu verlassen, wenn man erwachsen wird. Lehren Sie Ihr Kind daher von klein auf beständig und nachdrücklich, daß der Mensch ein Kind Gottes ist und keine Krankheit kennt. Das ist das Geheimnis für eine ständige gute Gesundheit des Kindes.

Schmücken Sie sich nicht mit Ärzten und Medizin

Sie sollten nicht glauben, es seien nur die Reichen, die einen Arzt zu Rate ziehen können, wenn jemand in der Familie ein Zeichen von Krankheit zeigt. Ich bin unterrichtet, daß es einige Frauen gibt, die sich unsicher fühlen, wenn sie nicht ständig unter der Obhut eines Arztes stehen. Wenn man dieses Stadium erreicht, hat sich die Krankheit in die tiefsten Tiefen des Individuums eingeschlichen; anders ausgedrückt, für diese Leute ist das Bedürfnis, einen Arzt aufzusuchen und Medizin zu nehmen, zu einem Zierat oder Accessoir geworden, ohne das sie sich einsam fühlen. So beginnt der Teufelskreis: Immer, wenn sie sich einsam fühlen, werden sie krank, so daß sie ihr geistiges Bedürfnis nach solchen Zutaten stillen können, indem sie einen Arzt aufsuchen und Medizin nehmen; und wenn ihr Zweck so erfüllt ist, werden sie wieder gesund.

Wenn jemand dieses Stadium erreicht, ist es mit ihm wie mit Adam und Eva, die die ›Frucht vom Baume der Erkenntnis‹ aßen. Obwohl sie intelligent sind, haben solche Leute ihre Freiheit verloren und sind in die Falle des Wissens von der Krankheit gegangen, das sie gegessen haben. Sie sind wie Adam, der, als Jehovah rief und fragte, wo er sei, nicht antworten konnte. Sein Bewußtsein war nicht länger in Gottes Land, sondern unter der Bedingung der Täuschung. »Daher sandte der Herr Gott ihn fort aus dem Garten Eden, den Boden zu bebauen, von dem er genommen war.« Hier symbolisiert die ›Erde‹ Materie, und die Botschaft, die vermittelt wird, ist die, daß der Mensch die materialistische Sicht des Lebens durchpflügen und in der Welt des Mangels leiden, kämpfen und sich abmühen muß.

Medizin, die Gott keine Beachtung schenkt

Gott ist die Quelle allen Seins (dessen, was wahrhaft existiert), und ebenso hat, was wirklich existiert, seinen Ursprung in Gott. Folglich wird die Kraft, die die gründliche und wahre Heilung einer Krankheit hervorbringt, aus Gott, und nur aus Gott, abgeleitet. Die Fallen des Materialismus liegen in dem Versuch, Sachen aus eigener Kraft und ohne Beachtung Gottes fertigzubringen. Chemikalien können Gift zerlegen und ihm entgegenwirken, aber nur Gott kann solche zersetzten Partikel aus dem Körper hinausbringen, das Blut sterilisieren und vom Gift beschädigte Bänder reparieren und wiederbeleben.

Materie kann sich nicht aus sich selbst bewegen. Sie muß durch die Kraft von etwas außer ihr Liegendem angetrieben werden. Da sie keinen Intellekt hat, ist Materie an sich unfähig, ohne die Führung der Weisheit des Lebens (Gott), die innewohnt, zu wissen, welche Substanzen sie zurückhalten, welche sie absondern soll, oder wie sie die Zellenorganisation ändern muß, um eine neue, lebendige Zelle zu schaffen. Mit anderen Worten: Was für eine vollständige Wiederherstellung von Körperorganen, die vom Gift der Krankheit beschädigt wurden, lebenswichtig und unverzichtbar ist, ist Weisheit, und diese Weisheit kann nur aus dem ›dem Menschen innewohnenden Gott‹

(Leben) hervorgerufen werden. Medizin, die Gott keine Beachtung schenkt, ist unglaubwürdig und hat keine Daseinsbasis.

Das Wissen um den großen Vorgang der Geburt

Es ist gegen den Willen Gottes, daß der Mensch sich auf die Materie mehr verläßt als auf Gott. Je größer die Abhängigkeit von der Materie wird, desto mehr wird die Kraft des inwendigen Gottes vermindert. Je mehr die wissenschaftlichen Kenntnisse fortschreiten, um so ärmer wird die inspirative Wahrnehmung des Menschen. Ein starkes Sich-Verlassen auf die Medizin verursacht einen Verlust an geistiger Macht, Krankheiten zu heilen. Auf der Waagschale, die Gott auf der einen Seite, auf der andern Seite wissenschaftliche Erkenntnis hält, bedeutet eine Mehrbetonung der wissenschaftlichen Seite eine Verminderung der Macht Gottes und einen Anstoß für die Wissenschaft, ›Gottes Weisheit‹ zu ersetzen. Selbst wenn die Wissenschaft versuchen sollte, Gottes Weisheit zu ersetzen, und so weit geht, ein von Menschen gemachtes Raumschiff zum Mars zu senden, so trägt doch solcher wissenschaftliche Fortschritt, der Gott außer acht läßt, nichts zum Wohl der Menschheit bei oder erschließt eine Quelle für menschliches Glück. Statt dessen kann es sein, daß er die Menschheit die Zerstörung fürchten läßt.

Die Geburt des Lebens wird möglich, wenn das unsichtbare Leben die Materie leitet und, indem es physiochemische Gesetze gebraucht, organisch lebende Zellen erschafft, die nachzubilden materielle Gesetze allein einfach unfähig sind. Selbst wenn jemand Erfolg darin haben sollte, eine Aminosäurekultur in einem Reagenzglas zu isolieren, ist das nicht mehr als eine künstliche Ähnlichkeit mit dem, was das Leben hervorbringt, also ist es nicht die ›Geburt des Lebens‹. Biochemische Experimente können kein Leben hervorbringen, das fortgeschrittener ist als Ameisensäure. Die unverzichtbare Vorbedingung dafür, daß ein lebender Organismus geboren werden kann, ist, daß das Leben, während es einerseits physiochemische Gesetze anwendet, gleichzeitig seine wesensgemäße schöpferische Kraft entfaltet, die jene Gesetze überschreitet.

Erwachen zu dem Selbst, das allumfassend ist

In seinem Leben erfährt fast jeder zumindest einmal einen kurzen Augenblick, in dem ihm eine intuitiv-inspirative Erleuchtung aufdämmert, daß der Mensch nicht ein bloß körperliches Sein ist, sondern daß in ihm etwas wohnt, das größer ist als das Materielle und Physische, etwas, das sein Dasein unterstützt und trägt. Dies sind zum Beispiel Momente, in denen man großer Gefahr gegenübersteht und es keine Chance zu geben scheint, aus eigener Kraft zu überleben; aber Sie bringen es irgendwie mit Hilfe einer geheimnisvollen Macht fertig. Oder Sie stellen fest, nachdem ein Arzt Ihre Krankheit als tödlich bezeichnet hat, daß Sie immer noch leben. In diesen Augenblicken kann man gar nicht anders als erkennen, daß das Leben, das man lebt, nicht einem selbst gehört, sondern von etwas Größerem erhalten wird.

Für einige Leute haben diese Erfahrungen sehr wenig Bedeutung. Sie lassen es zu, daß sie ihrem Bewußtsein entschwinden, und vergessen sie. Andere werden so tief und intensiv bewegt, daß ein dramatischer und vollständiger Wechsel in ihrer Menschensicht stattfindet. Von dem kleinen, individuellen ›Selbst‹ zu dem größeren universellen ›Selbst‹ zu erwachen – das bedeutet, neu geboren zu werden. So meint Wiedergeburt im wahren Sinne ein geistiges Erwachen.

Erleuchtung und praktisches Handeln

Die Entdeckung des größeren Selbst in Ihnen ist ›Wiedergeburt‹, die im Buddhismus ›Erleuchtung‹ oder ›Erkenntnis‹ genannt wird. Der Grund jedoch, warum für viele Leute ›Erleuchtung‹ nicht mehr sein kann als ein vorübergehendes Entzücken oder eine Euphorie und nicht zu einer andauernden Kraft wird, ist der, daß sie nicht danach leben. Von dem Zen-Mönch Hakui wird gesagt, er habe zu achtzehn verschiedenen Malen Erleuchtungen von erhabener Größe erlebt. Ich nehme an, so drückte er rückblickend den großen Weg der ›Erleuchtung‹ aus, den er ging, aber es zeigt an, daß seine Erleuchtung nicht passiv war, sondern als aktive und dynamische Kraft in die Praxis umgesetzt wurde.

Bei jedem würden Fähigkeit und Kraft verfallen, wenn sie nicht gebraucht werden. Geistige Erleuchtung ist keine Ausnahme. Wenn sie daher nicht im realen täglichen Leben ins Werk gesetzt wird, wird die ›größere Macht‹ in Vergessenheit sinken. Tatsächlich sind diejenigen, die Größe im Leben erreicht haben, die nämlichen, die es gelernt haben, sich die größere innere Kraft, die sie durch Erleuchtung erlangen, frei verfügbar zu machen.

Das Innere und Äußere verbinden

Wenn er mit den fünf körperlichen Sinnen begriffen wird, ist der Mensch nicht mehr als eine materielle Existenz oder ein materieller Körper. Nichtsdestoweniger wird eine tiefere Stichprobe in das innere Wesen des Menschen auf die Existenz des innewohnenden universellen Lebens hindeuten. Das große universelle Leben, das den Kosmos durchdringt, fließt in jedes Individuum ein, um dort sein inneres Leben zu bilden. Die Tatsache, daß das universelle Leben im inneren Sein des Individuums seinen Sitz hat, bedeutet jedoch nicht notwendigerweise, daß es praktisch gebrauchbare Kraft hervorbringen kann, wie auch ein Blitzlicht, das mit Elektrizität geladen ist, nicht unbedingt Licht in praktischer Hinsicht erzeugt.

Um daher ›Licht‹ der inneren elektrischen Kraft in die äußere Welt zu bringen und den Motor in Bewegung zu setzen, müssen Sie den Hebel einschalten, der das Innere mit dem Äußeren verbindet. Der Hebel, der dazu dient, begrenzte Kraft in Ihrem körperlichen Selbst mit der ›größeren Kraft‹ tief innen zu verbinden, ist das Bewußtsein. In der Tat geschieht es vermittels des Bewußtseins, daß die unendliche Kraft des inneren Geistes in die äußere Welt gebracht wird, um ihre Stärke zu zeigen.

Weisheit des inneren Geistes

Der innere Geist ist ein weit größeres Selbst, während er gleichzeitig weit größere Weisheit ist. Derjenige, der unter der Führung dieser Weisheit lebt, kommt schnell voran, so als rudere er mit der Strömung eines Flusses. Andererseits muß der, der die Führung dieser Weisheit im täglichen Leben nicht beachtet, die verschiedensten Schwierigkeiten und Unannehmlichkeiten erdulden, so als rudere er gegen den Strom. Daher müssen wir die ›Weisheit unseres inneren Geistes‹ hervorrufen und gehorsam ihrer Führung folgen.

Zu versuchen, auf unsicherem Weg voranzukommen, indem man nur begrenztes Wissen zur Führung nimmt, würde Sie nur erschöpfen und Ihre physische Stärke aufzehren, so daß Sie daran gehindert wären, irgend etwas fertigzubringen. Die Kraft, die Weisheit des inneren Geistes hervorkommen zu lassen, ist im Bewußtsein; daher können Sie, indem Sie Ihr Bewußtsein durch *Shinsokan*-Meditation stärken, in gleiche Schwingung mit Ihrem inneren Geist kommen und so tatsächlich diese innere Weisheit an Ihrer physischen Existenz verwirklichen.

Großer Weg des Glücks und des Friedens

Ein Leitwort des Zen-Buddhismus besagt, daß jeder Tag ein schöner Tag sei. Um ein so malerisches und bilderreiches Leben zu leben, als segele man mit der Strömung des Flusses, muß Ihr Bewußtsein sich in vollkommener Harmonie befinden, muß Ihr ›körperliches‹ Selbst auf die Wellenlänge Ihres ›inneren Geistes‹ eingestellt sein. Obwohl Gott für den Menschen einen großen Weg von Glück und Frieden vorbereitet hat und ihn nie straft, stolpert der Mensch manchmal und verletzt sich, weil sein physisches Selbst nicht mit der Führung seiner inneren Stimme übereinstimmt. Folglich geht er auf einem Weg, den Gott nicht bereitet hat.

Mit anderen Worten, unser Verletztwerden ist kein Zeichen göttlicher Strafe, sondern ein Ergebnis unserer Unwissenheit darüber, wie wir die Führung der inneren Weisheit erlangen und gebrauchen sollen. Oder wir verfehlen den Weg, selbst obwohl wir ihn kennen, weil wir ihn nicht in Anspruch nehmen, fallen und sind verletzt. Gott hat Gesetze bereitgestellt, und Er gab dem Menschen die Fähigkeit, diese Gesetze zu entdecken, indem er die Kraft seines Geistes ausschöpft.

Der Geist ist der Kapitän der Lebensreise

Das Leben sollte nicht schwierig oder hart sein, wenn man versucht, natürlich zu segeln, ohne gegen die Strömung anzugehen. Alles, was einem im Leben gegeben wird, sei es aus der wissenschaftlichen oder aus der geistigen Welt, wird durch das Gesetz vermittelt. Das Bewußtsein entdeckt das Gesetz, und zwar durch geistige Einstimmung und Übung.

Wenn man es mit dem Lernen ernst nimmt, ist man dazu in der Lage, sich darauf zu konzentrieren, und das Bewußtsein wird harmonisch. Die Frage, ob die Übung in die richtige oder in die falsche Richtung gelenkt wird, kann jedoch nicht entschieden werden, wenn das Bewußtsein nicht empfänglich ist. Wenn man verzweifelt aufs Geratewohl rudert, kann man einen Unfall haben, auch wenn man es noch so aufrichtig versucht. Der Geist ist der Kapitän. Seine Aufgabe ist es, die Handlung des einzelnen in die richtige Richtung zu lenken.

Der inwendige Gott wartet darauf, gerufen zu werden

Gott ist immer mit Ihnen. Das bedeutet, daß das innere Leben in Ihnen Gott ist. Solange er jedoch nicht angerufen wird, fährt der innewohnende Gott fort, nur physiologische Mechanismen in Stille arbeiten zu lassen, und wird sich nicht enthüllen. Er ist kein Diktator; daher wird Er niemandem Seine Absichten aufzwingen, sondern einfach warten, bis Er vom physischen Selbst angerufen wird.

Wenn wir andererseits den inwendigen Gott mit einem festen Ziel in Anspruch nehmen und alles in Seine Hände legen, wird Gott stets den Weg zeigen. Wenn wir Gott anrufen, muß der

Zweck jedoch gut sein. Gott anzurufen, um eine eigennützige Absicht zu fördern, würde nur niedrige böse Geister, die unter dem Deckmantel göttlicher Erscheinung umhertreiben, veranlassen, uns irrezuführen und zu täuschen.

Beziehung zwischen Geist und körperlicher Erscheinung

Jede Art von Gefühlen oder Gedanken wird, wenn sich genug davon angesammelt hat, mit der Zeit den Körper verändern und zeichnen. Manchmal kann ein intensiv empfundenes Gefühl sofort eine dramatische Veränderung des Körpers bewirken. Man kann sich so erschrecken, daß man wie versteinert steht und entweder nicht gehen kann oder am ganzen Körper zittert. Starker Zorn kann zu einem Schlaganfall oder zu Herzschwierigkeiten führen. Diese beobachtet man oft in unserem Alltag.

Wenn wir solche Wechselbeziehungen zwischen Geist und Körper verstehen, sollten wir unserem geistigen Zustand nähere Betrachtung widmen und Sorge tragen, keine unliebsamen, zerstörerischen Gedanken in unser Bewußtsein zu schließen oder eine Ursache für emotionelle Unruhe zu schaffen, indem wir uns an irgendeine Person oder an irgendein Ding zu sehr binden. Das ist eine Tatsache, auf die nicht allein die Religion verweist, sondern die auch von der Medizin durch Studien gestützt wird, die durch Experten auf dem Gebiet der Geist-Körper-Beziehung durchgeführt werden. Kürzlich haben diese Studien ein neues Fach entstehen lassen, das ›Psychosomatische Medizin‹ genannt wird.

Unglaubliches Wissen des Unterbewußtseins

Der Teil unseres Bewußtseins, der die körperlichen Funktionen lenkt, ist derjenige, dessen wir uns nicht bewußt sind, ist unbewußtes Bewußtsein. Er wird ›Unterbewußtsein‹ genannt, während das Bewußtsein, das eine klare Vorstellung von den Dingen und bestimmt erfaßte Wünsche hat, ›bewußtes‹ Bewußtsein (conscious mind) genannt wird.

Mit dem (Ober-)Bewußtsein verglichen ist die Sphäre des Unterbewußtseins viel weiter, da dort alle Arten von Erinnerungen angesammelt sind. In ihm liegt die verwunderliche Kenntnis, die, obwohl wir dessen nicht inne sind, physiologische Funktionen in verschiedenster Weise regelt, indem sie die komplizierten und komplexen Körpermechanismen im Gleichgewicht hält. Dies ist das Bewußtsein von gewaltiger Weisheit, das ohne Augen feststellen kann, welche Nahrung im Magen ist, das das passende Verdauungsenzym freisetzen kann, zwischen den verdauten Substanzen unterscheidet, bestimmt, was davon ausgeschieden und was absorbiert werden soll, und das weiß, welche der verarbeiteten Substanzen miteinander kombiniert werden müssen und wohin sie geschickt werden sollen. Der Mensch wird immer so lange gesund bleiben, solange er dieses weise Bewußtsein nicht ignoriert.

Energie aufgestauter Gefühle

Das Oberbewußtsein ist der Schurke, der den Menschen krank macht, indem er das vollkommene und ordnungsgemäße Funktionieren des Unterbewußtseins, das den physiologischen Prozeß befehligt, stört. Wenn alles, was das Oberbewußtsein täte, wäre, die Dinge so zu bewahren, wie sie sind, ohne Eindrücke in das Unterbewußtsein zu schleudern, dann würde es keine Beschwerden geben. Das, was das Oberbewußtsein verdrängt, wird jedoch im Unterbewußtsein als Erinnerung gespeichert. Was für ein Gefühl auch immer das Bewußtsein erzeugt, wenn es tief bewegt ist, es wird im Unterbewußtsein als Energie eingelagert, wie eine Batterie, die zu gegebener Zeit in Kraft treten wird.

Wenn so das Gefühl, das sich angesammelt hat, entstellt wird, dann wird eine Entstellung auf dem Körper Form annehmen. Wenn das angesammelte Gefühl eine feste Form wie ein Klumpen hat, dann wird es sich als Klumpen am Körper verwirklichen. Viele Beispiele bezeugen diese Wahrheit: Tumore verschwanden, wenn die Opfer dazu geführt wurden, ihre gefühlsmäßigen Probleme zu beseitigen.

Der Körper wird in jedem Augenblick erneuert

Es gibt keinen Grund, warum Sie über Ihren kränkelnden Körper besorgt oder ängstlich werden müßten, denn der Körper wird beständig erneuert. Nehmen Sie an, Sie schneiden sich während des Rasierens. Im Augenblick bluten Sie. Der Grund, warum das Blut rot ist, von der verdächtigsten Farbe, ist der, daß es als ein Warnsignal dafür dient, daß es gefährlich sein würde, wenn Sie sich noch tiefer schnitten. Außerdem besorgt das Bluten die Desinfektion, indem es Krankheitserreger auswäscht, die versuchen, in den Körper einzudringen.

Nachdem es seine Pflicht, zu warnen und zu reinigen, erfüllt hat, schließt sich das Blutgefäß, um die Blutung anzuhalten, und erhärtet dann, um eine Kruste zu bilden, die die verletzte Zone schützen soll. In wenigen Tagen ist die Verletzung geheilt, und neue, gesunde Haut ist entstanden. So verhält es sich auch bei anderen Störungen und Abnormitäten sowie bei inneren Verletzungen.

Der Körper wird in jedem Augenblick repariert

Die unglaubliche, wunderbare Weisheit, die das Unterbewußtsein besitzt, hat die Macht, alle entarteten Zellen und alle Verletzungen zu heilen. Im Lichte ihrer physiochemischen Struktur sind Körperzellen so gemacht, daß sie sich durch den Gebrauch abnützen, schwach werden und schließlich sterben. Es ist eine sehr gute Sache, daß das geschieht, weil alle bösartigen Zellen und Organe, die noch so sehr beschädigt sind, sich auch verbrauchen, an Kraft verlieren und sterben. Anders gesagt, keine defekte Zelle wird ewig leben; ohne Ausnahme werden alle früher oder später sterben und fortgetragen werden, um durch neue Zellen mit neuen Substanzen ersetzt zu werden.

Der Körper wird jeden Tag erneuert. Das zeigt sich deutlich am Stoffwechsel der Haut. Nach Vollendung ihrer Aufgabe trocknet die Haut aus und schält sich oder verschwindet, wenn sie stark gerieben wird. In der Zwischenzeit wird bereits neue, gesunde Haut geschaffen, die die alte ersetzen soll.

Außer Kontrolle geratener Lastwagen der Gefühle

Warum aber bricht die Reparaturarbeit des Körpers von Zeit zu Zeit zusammen und produziert eine Schwellung oder eine Entzündung der Haut, wenn doch neue Haut ständig geschaffen werden sollte? – Weil die Kenntnis des Unterbewußtseins, die angenommenerweise die ganze Zeit neue gesunde Zellen hervorbringt, getäuscht und aus irgendeinem Grund verborgen wird. In der Folge lenkt sie falsch und entstellt die Konstruktion des Körpers, wenn sie physiologische Funktionen leitet.

Was aber entstellt physiologisches Funktionieren und führt es auf Abwege? – Gefühle werden aus der bewußten Sphäre ins Unterbewußtsein getragen wie Krankheitsglaube, aufgestauter Ärger, unterdrückter Kummer, auch Erregung und Zorn. Wie ein Lastwagen, der mit einem Zug zusammenstößt, den Zug aus den Schienen wirft, so führen diese Gefühle die Weisheit auf Abwege, die einen gesunden Körper schaffen wollte. Es ist von ungeheurer Bedeutung, daß wir den Lastwagen unserer Gefühle steuern, der leicht außer Kontrolle geraten kann.

Warum wird der Mensch senil?

Warum altern die Leute, obwohl doch jeder den lebhaften Wunsch hat, ewig jung zu bleiben? – Weil die Menschheit durch wiederholte, bewußte Erfahrungen der Vergangenheit die Vorstellung in sich verankert hat, daß der Mensch mit zunehmendem Alter schwach wird. Außerdem hat diese Idee tief im Rassenbewußtsein Wurzeln geschlagen und ist zu einem festen Glauben geworden. Weil daher jedes Individuum inmitten des Menschheitsbewußtseins lebt, kann niemand seinem Einfluß entkommen, wie stark er sich ihm auch widersetzen mag.

Da der menschliche Körper jedoch einem beständigen Stoffwechsel unterliegt, durch den alte Zellen durch neue ersetzt werden, werden Blutgefäße, Haut, Muskeln, innere Organe etc. ständig neu belebt, so daß ein ›alter Körper‹ oder ein ›gealterter Körper‹ nicht wirklich existieren kann. Daher ist jedermanns Körper, wie alt er auch sein mag, ›neu‹, erst kürzlich vollkommen wiedererschaffen. Wenn dies so ist, kommt einem eine andere Frage in den Sinn: Warum präsentiert sich der ›neue Körper‹ in der Erscheinung einer alten und faltigen Person? – Es ist wie mit Leder: Das fertige Produkt wird, wenn es aus weichem faltigen Leder gemacht ist, voller Falten sein, selbst wenn es neu ist.

Lebenskraft als Konstrukteur und das Unterbewußtsein als Architekt

Der Schlüssel zu ewiger Jugend liegt darin, daß man verhindert, daß die Vorstellung des Alterns ins Unterbewußtsein dringt, wenn der Körper sich gerade erneuert. Unsere Lebenskraft ist wie ein Erbauer, der in aller Ruhe hart arbeitet, und unser Unterbewußtsein ist wie ein Architekt, der den Bauenden nach seinem spezifischen Entwurf lenkt. Das Bewußtsein andererseits ist derjenige, der die Bauarbeiten überwacht und den für den Job erforderten Architekten beschäftigt.

Das Unterbewußtsein, das die Allumfassende Weisheit verkörpert, wird den Körper in vollkommener Gesundheit bauen, wenn man es allein arbeiten läßt. Jedoch ist es der Schwingung, die vom Rassenbewußtsein der Menschheit ausgestrahlt wird und sagt: »Der Mensch wird im Alter alt aussehen«, nicht nur verdächtig, sondern es steht auch unter dem hypnotischen Einfluß des eigenen Bewußtseins des einzelnen, das sagt: »Dieser dein Körper ist so viele Jahre alt, daß er auch anfangen muß, so alt auszusehen.« Wenn der Überwacher den Architekten nach einem solchen Entwurf arbeiten läßt, hat der Architekt keine andere Wahl, als den Körper so zu konstruieren, wie er angewiesen wird, und ihn daher alt aussehen zu lassen.

Machen Sie mit dem Gedanken des Alterns keinen Entwurf

Lassen Sie niemals Ihr Bewußtsein den Gedanken des Alterns unterhalten. Dieser Fehler wäre so, als gäbe der Bauherr seinem Architekten eine Matrize des Alters, wenn dieser einen neuen ›Körper‹ baut oder ihn neu erstellt. Der Grund dafür, daß so viele Leute sich im Alter von fünfzig oder sechzig Jahren alt und schwach finden, ist der, daß ihr Unterbewußtsein nicht nur dem Menschheitsglauben über das Altern unterliegt, wie er sich in einigen Sprichworten zeigt wie »Fünfzig Jahre – ein Menschenleben« (man's life of a mere fifty years), der einzelne Mensch nährt auch selbst einen entsprechenden Gedanken in seinem Bewußtsein und überträgt ihn auf sein Unterbewußtsein, den Aufseher über die Konstruktion des Körpers.

Fünfzig bis sechzig Jahre sind für den Menschen auf alle Fälle nötig zu leben, damit er durch viele Probleme Erfahrung erlangen und dem Leben Gutes abgewinnen kann. Daher wäre es sehr bedauerlich, wenn man in diesem Alter sterben sollte. Die Natur kann unmöglich so unökonomische Pläne machen. Es ist auch nicht die Absicht der Vorsehung, die Lebensspanne des Menschen auf fünfzig oder sechzig Jahre zu begrenzen. Wir müssen alle fest daran glauben, daß wir entschieden länger leben können.

Lassen Sie sich nicht durch den Gedanken des Alterns begrenzen

Da der Mensch ein Kind Gottes, Gottes höchste Selbstverwirklichung ist, liegt es in seiner ursprünglichen und wesentlichen Natur, daß in ihm reiches Leben und vollkommene Gesundheit verkörpert sein sollten. Selbst jedoch bei unendlichem Leben hat der ›Lebenskraft‹ genannte Baumeister keine andere Möglichkeit, als dem Entwurf zu folgen, wenn dieser vorgegebene Konstruktionsplan von kleinem Ausmaß ist, und in seinem begrenzten Rahmen zu wirken. Sollte daher die Dauer der Lebensspanne durch die allgemeine menschliche Auffassung bestimmt werden, daß der Mensch sein Leben zu einem bestimmten Zeitpunkt enden muß, dann wird die eigene Lebenskraft dahin wirken, die Aufgabe innerhalb dieser Zeitgrenze zu beenden. Darum dürfen wir Vorstellungen vom Altern nicht erlauben, sich auf den Architekten des Unterbewußtseins zu übertragen.

Die dokumentarische Erzählung eines bestimmten Autors beschreibt, wie er, als er einmal zu einer Insel im Südpazifik segelte, dort Japaner fand, die dort lebten und die in die Kleidung der

Tokugawa-Ära* gekleidet waren. Er erzählt, wie sie während der Tokugawa-Ära durch einen Schiffbruch auf der Insel landeten. Er berichtet auch von ihrer Unkenntnis ihres eigenen Alters, da sie weder Uhr noch Kalender hatten. So lebten sie wie junge Leute, obwohl sie hundert Jahre alt waren!

Seien Sie dankbar für die Kraft zur Wiedergeburt

Gott, der den Menschen als die höchste Form seiner eigenen Selbstinkarnation schuf, regt ihn durch ein inneres Drängen beständig an, in jeder Hinsicht noch größeren Fortschritt, Vollkommenheit und bessere Gesundheit anzustreben. Angesichts der Tatsache, daß verletzte Haut innerhalb weniger Tage vollständig wiederhergestellt wird, muß man annehmen, daß die Kraft, jedwede Verletzung zu heilen, im Menschen liegt, egal welch schädliche Keime und Viren ihn befallen mögen. Daraus folgt, daß, selbst wenn der Körper Schaden erleiden mag und sich wegen des Alters im Verlauf der Zeit abnützt, die Kraft, sich mit jungen Zellen wieder aufzubauen und zu verjüngen, ihm inwendig mitgegeben ist.

Alles, was erforderlich ist, ist, daß das Bewußtsein gute Ideen und Pläne auf das Unterbewußtsein überträgt, das die Leitung über die Aufgabe der Rekonstruktion des Körpers hat. Das heißt, machen Sie jeden Versuch, Gedanken der Unvollkommenheit und des Alterns zu vermeiden, behalten Sie eine frohe und hochgemute geistige Stimmung und erzeugen Sie in sich tiefe Dankbarkeit, indem Sie sich ins Bewußtsein rufen, daß die große Kraft der Natur Sie in jedem Augenblick wiedergebiert.

Erhalten Sie Ihren Geist im Zustand des ›Wie es ist‹

Der Körper ist ein Gebäude, das errichtet wird von dem ›Unterbewußtsein‹ genannten Architekten, und das Bewußtsein als sein Überprüfer hat alle Autorität, es mit jeder erwünschten

* Feudales Zeitalter in Japan vom 17. bis zum späten 19. Jahrhundert

Matrize zu beliefern. Daher kommt das Grundmuster, nach dem der Körper gebaut wird, von der gedanklichen Vorlage, die immer das Bewußtsein beherrscht. Man kann sagen, daß das Phänomen Senilität ein Erzeugnis des Altersdenkens ist, das der Bewußtseinsmatrize aufgeprägt ist. Ähnlich attestiert die Verhärtung von Blutgefäßen, Muskeln und Haut den Verlust der geistigen Flexibilität.

Um das Altern zu blockieren und immer jung zu sein, muß man einen beweglichen Geist haben. Wenn man ein eisenhartes Bewußtsein hat und den Entwurf eines ›störrischen, einen eisernen Willen besitzenden alten Mannes‹ ausbildet, wird unvermeidlich Kontraktion in Venen, Haut und Muskeln verursacht. Auch hier wieder ist ein zahmes, weiches Bewußtsein des ›Wie es ist‹ unverzichtbar.

Meditieren Sie jeden Tag

Wenn das Oberbewußtsein verschiedene Phänomene mit den fünf Sinnen ansieht, faßt es böse, unvollkommene und ungesunde Anzeichen als Dinge von wirklicher Existenz auf; daher motiviert es den Körper schnell zur Handlung, um dem entgegenzuwirken und diese Übel zu entfernen. Weil es sie jedoch als existierend versteht, erzeugt es einen Teufelskreis; das heißt, indem es ihre Existenz anerkennt, besteht es darauf, ein geistiges Bild dieser Übel beizubehalten; so prägt sich die eingebildete Unvollkommenheit dem Unterbewußtsein als Leitmuster ein. Daher steuert der Architekt Unterbewußtsein den Stoffwechsel gemäß der Vorlage der Unvollkommenheit und baut als Ergebnis einen unvollkommenen Körper.

Es ist für uns ein Leitprinzip, jeden Tag eine bestimmte Zeit für die Meditation festzusetzen und mindestens dreißig Minuten täglich zu meditieren, um unsere geistige Vorlage zu regeln und gesund zu erhalten, über die Vollkommenheit Gottes nachzusinnen und in unsere innere Vollkommenheit als Gotteskinder zu schauen, während wir Harmonie in allen Aspekten unserer Existenz bejahen. Das ist es, worum es bei *Shinsokan*-Meditation geht.

Geheimnis des Jungbleibens

Beständig zu bejahen, daß Sie jung sind, immer mit jungen Freunden zusammenzukommen, um jugendliche Gedanken zu erhalten, immer an Freude zu denken und schmerzliche Gedanken zu vermeiden, Störrigkeit loszulassen und ein weiches und offenes Herz zu behalten – das alles stellt den Schlüssel zu ewiger Jugend dar. Solche jugendlichen Gedanken gehen alle daran, zur Zeit der Rekonstruktion des Körpers die ›Matrize des Geistes‹ anzufertigen, und sie werden darin erfolgreich sein, den Körper des einzelnen tatsächlich zu verjüngen.

Leben ist entwickelte Unendlichkeit. Daher wird niemand jemals den Zustand erreichen, in dem er sagen kann: »Da ich so viel erreicht habe, ist meine Aufgabe vollendet.« Wenn er denkt, seine Mission sei beendet, beginnt der einzelne, sich auf den Aufbruch zur nächsten Ebene (geistigen Welt) vorzubereiten. Physisches Altern, Muskelverhärtung, Verlust von jugendlicher Kraft, Ermüdung usw. – das alles sind Produkte des Bewußtseins. Haben Sie immer eine Vision, erhalten Sie sich das Gefühl einer Aufgabe, und vernachlässigen Sie nie Ihr Unternehmen, Fortschritt und Verbesserung anzustreben.

Senilität wird durch geistigen Stillstand verursacht

Das Bewußtsein, das es beständig und unablässig unternimmt, zu verbessern und Fortschritte zu machen, verjüngt den Menschen. Ein geschäftiges Leben hat keine Zeit zum Altern. Ein Kreisel, der sich mit sehr hoher Geschwindigkeit dreht, steht fest, ohne zu schwanken, während er bei sinkender Geschwindigkeit zu schwanken beginnt. Mit dem Menschen ist es das gleiche, denn man altert schnell, wenn man sich erst einmal zur Ruhe setzt und müßig ist. Mir wurde einmal erzählt, daß die durchschnittliche Lebenserwartung derjenigen, die bei der Japanischen Eisenbahn gearbeitet haben, nach ihrer Pensionierung nur noch fünf Jahre beträgt.

Was die Leute älter macht, ist nicht ihr bezifferbares Alter, sondern ihr Unvermögen, Arbeitseifer und -willen zu behalten.

Geistiger Stillstand ist die größte Einzelursache für Senilität. Der beste Weg, Senilität zu verhindern, ist, weiter seine geistigen Fähigkeiten anzuwenden, zum Beispiel durch Erlernen von Fremdsprachen oder ein Mathematikstudium. Altern durch harte Arbeit ist nicht das Ergebnis der Arbeit selbst, sondern des geistigen Drucks, der durch das Gefühl der Verantwortlichkeit, durch Angst vor möglichem Versagen auferlegt wird und durch Bedrohungen durch andere um einen herum.

Haben Sie einen Traum

Wenn Sie aufhören, einen Traum zu hegen, und die Hoffnung verlieren, ist die Zeit gekommen, wo Fortschritt und Verbesserung zu einem Stillstand gekommen sein werden und das Altern einsetzt. Machen Sie sich nichts daraus, wenn die Leute über Sie lachen und sagen, daß Sie tagträumen, sondern träumen Sie weiterhin. Auch wenn er sich nicht verwirklicht, einen Traum für die Zukunft zu haben, schadet dem Menschen nicht, sondern hilft, einen jugendlichen Geist aufrechtzuerhalten, und verjüngt gleichzeitig seinen Körper. Wenn er dem ›geistigen Muster‹, das er sich erträumt, Fleisch und Knochen verleihen kann, dann wird das, was er an Gutem erreicht, zweifach sein: sowohl geistig als auch körperlich.

Vom Menschen konstruierte Raumschiffe und Raketen mögen in der Vergangenheit ein bloßer Tagtraum gewesen sein, dessen Umsetzung unmöglich war, aber heute sind sie definitive wissenschaftliche Realität. Zögern Sie daher nicht, zu träumen. Während Sie das tun, streben Sie immer danach, neues wissenschaftliches Wissen aufzunehmen, um mit der Zeit Schritt und sich auch geistig jung zu halten. Selbst wenn Sie körperlich jung erschienen, würde es für Sie kein Vorteil sein, wenn Sie dabei geistig alt wären.

Brennender Tätigkeitseifer

Diejenigen, die großen Erfolg im Berufsleben genossen haben, altern nicht schnell, sondern bleiben selbst noch, nachdem sie das Alter von, sagen wir, siebzig Jahren erreicht haben, in der Leitung vieler Gesellschaften und nehmen großes Interesse an Plänen für neue geschäftliche Unternehmungen. Es sind ihr Interesse und ihr Eifer, die sie vom Altern abhalten. Das heißt, sie setzen immer große Träume und Hoffnungen ins Geschäft und fahren gleichzeitig in ihren Bemühungen fort in der Überzeugung, daß ihr Traum sich mit Sicherheit erfüllen wird.

Träume, Hoffnung, Überzeugung und Unternehmungsgeist sind geistige Eigenschaften, die das Altern verhindern. Die Mentalität der Leute, die auf diese Weise leben, ist immer sehr flexibel, so daß sie, wie hindernd auch immer die Umstände sind oder wie ernst ein Rückschlag sein mag, mit der geistigen Beweglichkeit ausgerüstet sind, nicht aufzugeben, sondern zurückzuschlagen. Diese geistige Flexibilität verleiht Blutgefäßen, Muskeln und Haut Elastizität und hält den Körper jung. Haben Sie immer einen Plan für irgend etwas. Der Geist, der einen Samen der Tätigkeit sät und sich an seinem Wachstum erfreut, belebt den Menschen neu.

Bewußtsein, das den menschlichen Körper verjüngt

Alle Gedanken, die aus Liebe entspringen, so wie ein warmes Herz, gute Absicht, Großzügigkeit und Mitgefühl, tragen dazu bei, Menschen zu verjüngen. Im Gegensatz dazu verhärten solche geistigen Haltungen, die gegen Liebe sind, wie ein kaltes Herz, Bosheit, Engstirnigkeit und schlechte Absichten, den Körper und verursachen Verengungen in Blutgefäßen und Muskulatur; und das ist das Bewußtsein, das Altern verursacht.

Egal wie ungünstig die Umstände, in denen man sich befinden mag, das Bewußtsein, das in der Lage ist, sich sofort zu drehen und dem Lichten zuzuwenden, verjüngt den Körper. Man wird immer seine eigene Stimmung heben und erhellen, wenn man die geistige Fähigkeit hat, die selbst den schlechtesten Mann mit der Wahrheit der Welt Gottes durchdringen kann und, ohne ihn des Bösen anzuklagen, in sein inneres, durch Gott angelegtes Gutes sehen kann. Auf diese Weise kann man sich die ganze Zeit eines angenehmen und fröhlichen Bewußtseinszustandes erfreuen, und daher wird auch der Körper dadurch wiederbelebt. Der, der Fehler in anderen entdeckt und Freude daran findet, sie bloßzustellen, wird, weil er immer Feindseligkeit in seinem Bewußtsein trägt, die Hormonausscheidung stören; das Ergebnis werden körperliche Unordnung und eventuell Senilität sein.

Erholung in Ihrem täglichen Leben

Niemand wird jemals alt werden in solcher Umgebung, wo sich die Familie zusammenfindet und jeder die Gesellschaft des anderen mit erheiterndem Lächeln und mit Lachen genießt. Der Geist, der das Böse im Leben sieht und dadurch immer beschwert und verstört ist, ist es, der das Altern verursacht. Egal wie weit Ihr gegenwärtiger Zustand von Ihrem Ideal entfernt sein mag, sich darüber aufzuregen wird zu nichts führen.

Egal wie negativ die Dinge sich jetzt darstellen mögen, es ist wesentlich, daß Sie sich Glauben und Hoffnung erhalten. Sagen Sie sich selbst, daß der gegenwärtige Zustand der Unvollkommenheit der Prozeß ist, durch den das schlechte Karma der Vergangenheit sich selbst zerstört, ein Zeichen, das der Verwirklichung Ihrer Idealvorstellung vorausgeht. Würde es dann genügen, herumzusitzen und zu warten, wenn Sie Glauben und Hoffnung haben? – Nein. Sie müssen Ihren gegenwärtigen Zustand zu einem Sprungbrett machen und die notwendigen Schritte für den nächsten Zug unternehmen. Es funktioniert auf dieselbe Weise wie Schach. In gewisser Weise ist das Leben ein Spiel. Der, der wirklich Freude aus seinem Leben zieht, wird verjüngt sein.

Reden Sie gut von anderen

Der, der immer guten Willen und gute Absichten hat, zieht wohlgesonnene Leute in seine Nähe. Erlauben Sie sich nie, üble Absichten anderen gegenüber zu hegen, da auch darin das Gesetz ›Gleich und gleich gesellt sich gern‹ am Werke ist. Eine schlechte Absicht zieht Leute mit schlechten Absichten an. Wenn Freunde oder Familienglieder sich versammeln, lassen Sie das nicht zu einer Versammlung von Klatsch werden, wo Sie über die Fehler anderer herziehen und Spaß daraus gewinnen, über sie zu reden. Statt dessen, warum nicht ein Zusammenkommen mit der Familie zumindest einmal im Monat veranstalten, um ›die guten Eigenschaften von jedem zu entdecken, zu loben und anzuerkennen‹. Wenn Sie dahin gelangen, in anderen nichts als das Gute zu sehen, wird Ihre Umgebung ohne Zweifel zu einem himmlischen Paradies werden.

Wenn Sie dagegen jeden Monat regelmäßig zusammenkommen, um die Mängel anderer aufzudecken und verachtungsvoll über sie zu klatschen, werden Freundlichkeit und Liebenswürdigkeit aus Ihrer Persönlichkeit verschwinden, und der Hang, auf Opposition zu stoßen, wird Ihr Denken beherrschen. Auf diese Art wird Ihr Charakter entstellt werden und Ihr Körper schnell altern, und Ihr Schicksal wird sich kümmerlich gestalten.

Wahrnehmung des ›heiligen Menschen‹

Wiedergeboren werden bedeutet, seine Konzeption vom Menschsein vom ›Physischen‹ zum ›Heiligen‹ zu ändern. Es heißt, spontan die Erkenntnis des ›heiligen Menschen‹ im Gegensatz zum ›unreinen Menschen‹ zu haben.

Die Ursachen verschiedener Verbrechen können auf die Annahme zurückgeführt werden, daß der Mensch aus sexueller Begehrlichkeit heraus geboren wird, aus unreiner Lust. Weil man Unreinheit und Sünde im Ursprung seiner Existenz vermutet, haßt man sie und versucht, durch verschiedene kriminelle Akte vor ihr davonzulaufen, nur um um so mehr von der Unreinheit eingefangen zu werden. Noch mehr, man zieht sich in Selbsthaß und Selbstbestrafung zurück, und als Ergebnis davon kommt man dahin, seine Eltern zu hassen, die für dieses Leben verantwortlich sind, weil sie einen geboren haben, und langsam wird diese Welt zu einer Hölle. Auch Sakyamuni entwickelte solche Probleme, und ihretwegen verließ er das weltliche Leben und wurde Priester. Durch den Buddhismus erkannte er schließlich, daß er nicht vom ›Körperlich-Menschlichen‹, sondern vom ›Geistigen‹ geboren war, und entdeckte sein wahres Selbst, das ewig ist und keinen Tod kennt.

Wiedergeburt

Wenn Sie sich mit der Erkenntnis auseinandersetzen, daß Sie eine geistige Existenz sind, wird Ihr ganzes Leben eine dramatische Veränderung von Sünde zu Heiligkeit erfahren und Geistigkeit erlangen. Die Erkenntnis, daß Sie eine geistige Existenz sind, wird zu der Erkenntnis führen, daß auch andere geistige Existenzen sind. Wenn Sie so erleuchtet werden, werden Sie dahin kommen, zu wissen, daß alles, jedes Ding, das in Ihrer Umgebung existiert, nicht materiell ist, sondern eine Manifestation des Geistigen. Als Sakyamuni diese Erleuchtung erfaßte, drückte er sie so aus: »Alle Dinge auf Erden, empfindsame und unempfindsame – Berge, Flüsse, Gras, Bäume, Land –, alle sind Buddha-Verkörperung.«

Ob im Besitz eines Bewußtseins oder nicht, alle Dinge sind, wie sie sind, verkörperter Buddha. Sakyamunis Erleuchtung war, daß Berge, Flüsse, Gras, Bäume, Erde usw. allesamt Selbstverwirklichungen Buddhas sind.

Danach schrumpft die Welt der Unreinheit ins Nichts, und die Welt der Reinheit ist verwirklicht. Das unreine Selbst verschwindet, und das heilige Selbst ersetzt es. Das Materielle ist besiegt, das Physische verdunstet, und das wahre Selbst, das Buddhaschaft und Gottheit ist, ist in Besitz genommen, das Geistige, Ewige und Unzerstörbare. Das bedeutet, im wahren Sinne ›neu geboren‹ zu werden.

Himmel und Erde werden sich öffnen

Die geistige Erleuchtung, daß Sie selbst eine geistige Existenz sind, wird Ihre Wellenlänge in eine Schwingung mit dem allumfassenden Geist bringen. Es wird Sie dann in die Lage versetzen, inspirativ Botschaften des universellen Geistes zu empfangen. Es ist diese Kraft, die die Ursache dafür ist, daß Sie das Gefühl einer Aufgabe haben, und die Sie dazu drängt, die Wahrheit zu verbreiten. Wenn Sie so ein Stadium erreichen, werden Sie, der Sie ein körperlicher Zwerg gewesen waren, ein geistiger Gigant geworden sein. Sie werden sich von einem blinden Saulus zu einem heiligen Paulus wandeln, einem geistigen Riesen, fähig, unzählige Wunder zu tun.

Ihre Überzeugung wird Sie dazu bringen, den Glauben von Paulus anzunehmen, der sagte: »Das Leben, das ich jetzt lebe, ist nicht meines, sondern es ist das Leben, das Christus in mir lebt«; oder den von Sakyamuni, der sagte: »Ich bin es, der alles durchdringt und überall lebt im Himmel und auf Erden: sieh, ich bin der Größte«; oder den von Munetada Kurozumi, der sagte: »Das Leben, das ich nun lebe, ist nicht länger meines, sondern das der Sonnengöttin.« Sie werden sich verändern, und so wird es die Welt. Sie werden wiedergeboren werden, und so wird es die Welt. Sie werden die Erde vibrieren hören und hören, wie sich die Türen von Himmel und Erde öffnen.

Verbindung zwischen Gott und Selbst

Wir werden bessere Gesundheit und mehr Wohlbefinden erreichen, wenn wir mehr mit der ›Schwingung des göttlichen Lebens‹ zusammenarbeiten. Seien Sie sich auch immer der besseren Seiten Ihres täglichen Lebens bewußt. Obwohl die Schwingung des göttlichen Lebens überall entdeckt werden kann, wenn wir unsere Augen erst einmal den geheimnisvollen Werken der großen Natur zuwenden, solange wir nicht einen Berührungspunkt zwischen uns und dem allgegenwärtigen All-Leben finden, wird die Mitarbeit, die wir in seiner Schwingung leisten, unsicher, kann sie nicht vollständig sein.

Die Entdeckung dieses Berührungspunktes leitet sich von der Erkenntnis her, daß in Ihnen selbst Leben, eben das All-Leben, wohnt, und daß in dieser Hinsicht das universelle Leben Ihr Leben *ist*.

Seine Entdeckung wird Ihr kleines physisches Selbst mit dem All-Leben verbinden, das Jetzt mit der Ewigkeit, das individuelle Selbst mit Gott, Endlichkeit mit Unendlichkeit, und Ihr augenblickliches Leben wird sich zu unendlichem Wert ausdehnen. Was Sie an diesem Punkt des ›Jetzt ist die Ewigkeit‹ fähig sein läßt, mit Gott zu verschmelzen, ist Meditation. Sie dürfen niemals vergessen, jeden Tag zu meditieren.